作者简介

鲍 金 男,1980年出生,山东潍坊人。哲学博士,现为上海交通大学马克思主义学院副教授,硕士生导师,主要从事马克思哲学、意识形态和政治哲学的教学与研究。多次出国访问或参加国际学术会议,系美国爱荷华州立大学、韩国国立庆尚大学访问学者。主持国家社科基金项目1项、教育部社科基金青年项目1项等。在《中国社会科学文摘》、《马克思主义研究》、《马克思主义与现实》、《哲学动态》、《自然辩证法研究》等发表论文50余篇,出版专著《〈资本论〉哲学的新解读》等,获省部级教学、科研奖多项。

中国书籍·学术之星文库

生存论消费哲学

鲍 金 ◎著

中国书籍出版社
China Book Press

图书在版编目（CIP）数据

生存论消费哲学/鲍金著 . —北京：中国书籍出版社，
2016.5
ISBN 978-7-5068-5590-7

Ⅰ.①生… Ⅱ.①鲍… Ⅲ.①消费经济学—哲学—
研究 Ⅳ.①F014.5-05

中国版本图书馆 CIP 数据核字（2016）第 110041 号

生存论消费哲学

鲍 金 著

责任编辑	毕 磊
责任印制	孙马飞 马 芝
封面设计	中联华文
出版发行	中国书籍出版社
地　　址	北京市丰台区三路居路 97 号（邮编：100073）
电　　话	（010）52257143（总编室）　（010）52257153（发行部）
电子邮箱	chinabp@ vip.sina.com
经　　销	全国新华书店
印　　刷	北京彩虹伟业印刷有限公司
开　　本	710 毫米×1000 毫米　1/16
字　　数	215 千字
印　　张	14.5
版　　次	2019 年 1 月第 1 版第 2 次印刷
书　　号	ISBN 978-7-5068-5590-7
定　　价	68.00 元

版权所有　翻印必究

目 录
CONTENTS

绪　论　消费的生存论转向 …………………………………… 1
　　一、消费生存论的彰显　　　　　　　　　　　　/ 1
　　二、三种流行消费方式及其反思　　　　　　　　/ 4
　　三、研究视域的转换和阐释概念的更新　　　　　/ 8

第一章　消费的生存论研究范式 ……………………………… 14
　　第一节　现代性的视角　　　　　　　　　　　　/ 15
　　第二节　后现代性的视角　　　　　　　　　　　/ 36
　　第三节　消费生存论：消费研究凸显的主题　　　/ 44

第二章　消费的生存论意义 …………………………………… 46
　　第一节　传统消费时代的生存困境　　　　　　　/ 46
　　第二节　现代消费方式与生存内涵的跃迁　　　　/ 51
　　第三节　文化消费与精神生活的拓展　　　　　　/ 82
　　第四节　小结　　　　　　　　　　　　　　　　/ 90

第三章　消费的生存论异化 …………………………………… 92
　　第一节　物化生存　　　　　　　　　　　　　　/ 92

第二节　物化生存的异化性质　　　　　　　　　／121
　　第三节　小结　　　　　　　　　　　　　　　　／130

第四章　消费的生存论张力　　　　　　　　　　　　132
　　第一节　需要与欲望　　　　　　　　　　　　　／133
　　第二节　财富与幸福　　　　　　　　　　　　　／140
　　第三节　生存与发展　　　　　　　　　　　　　／147
　　第四节　经济价值与人本价值　　　　　　　　　／152

第五章　消费生存论关系的探源　　　　　　　　　　161
　　第一节　资本逻辑：消费生存论关系的发生根据　／161
　　第二节　消费生存论关系的双重性质　　　　　　／181
　　第三节　小结　　　　　　　　　　　　　　　　／190

第六章　建构生存论的消费方式　　　　　　　　　　192
　　第一节　生存论的消费方式：消费即生存　　　　／192
　　第二节　生存论消费方式的三个维度　　　　　　／195
　　第三节　生存论消费方式的建构路径　　　　　　／201

参考文献　　　　　　　　　　　　　　　　　　　　216

后　记　　　　　　　　　　　　　　　　　　　　　225

绪 论

消费的生存论转向

我们不难观察到如下现象：随着物质生活条件的改善，现代人的消费方式和消费内容发生了巨大的变化。在20多年前许多人还在为没有发到足够的粮票及其他票证而担心日常生活的必需品，今天却为超市中琳琅满目的商品而不知如何出手；昨天我们的同胞还挤在仅能容身的斗室，今天却在算计着买上哪一套房子才有最大的升值潜力；过去的孩子们还在为节日里能够得到长辈送的一件漂亮衣服而激动不已，现在的90后却因为缺少一个游戏中的装备而愿意花费上万元。这些迥然不同的现象提示我们，消费领域的变化不仅仅是经济条件和生活水平的变化，而是涉及现代人的消费观念、消费方式乃至生存方式的深刻变化。

在本书中，我们将从"现代消费方式"这一本质上不同于"传统消费方式"的现象入手来研究消费与生存的关系问题。构成本书思考出发点的是这样一些问题：既然现代人越来越将物质财富占有的最大化和消费过程的自由畅快定义为生活意义的体现，那么，为什么走在物欲追逐之路上的人们还是频频生出"生活有什么意义"的困惑？如果说生活条件改善的人们还会时常发出意义之问，那么当前的消费观念和消费模式还需要做出哪些改进？以生态危机为例，当不可持续的消费模式招致了大自然对人类的惩罚时，我们究竟需要做出哪些反思呢？

一、消费生存论的彰显

自改革开放以来，消费领域就发生着日新月异的变化，中国人开始进入了一个大众消费时代。就消费类型而言，按照消费对象的不同可以分为物质型消费、服务型消费、精神型消费，按照消费层次的不同可以分为生存型消费、发展型消费、享受型消费，按照消费性质的不同可以分为自给自足型消费、市场交换型消费、按需分配型消费，消费类型如此之多，不一而足。不过就根本尺度而言，可以将迄今为止的所有消费分为两大类型：传统消费方式和现代消费方式。传统消费方式是以自给自足实现的消费方式，现代消费方式是以市场交换实现的消费方式。前者主要存在于自然经济条件下，消费品来源于自己及家庭成员的劳动，人们的劳动目的是满足自己的消费需要，消费需要是劳动的边界，因此传统消费必然是自给自足式的。后者主要存在于商品经济和市场经济条件下，消费品来源于他人即市场形式的劳动，人们的劳动目的不是满足自己的消费需要，而是通过满足他人的消费需要从而追求财富本身的积累，这也就产生了现代消费方式的本质规定性，即市场交换。不难看出，上述各种各样的消费类型正是在传统消费方式或现代消费方式的基础上产生起来的，如物质型消费或生存型消费往往是传统消费的主要表现形式，只有具备了通过市场交换来获取消费品的条件之后，人们才能普遍地追求服务型消费和精神型消费，或者是发展型消费和享受型消费。

传统消费方式向现代消费方式的过渡，带来的最根本变化便是消费的生存论取向的彰显。这里的"生存"不是指与人的发展和享受并列的那种生存，即维持生命存活的生存，也不是指与生存一词有关联的某种具体的哲学形态，如生存哲学、生命哲学或存在主义等。我们所说的消费的生存论是就现代消费方式的基本视界和根本主题而言。传统消费方式的基本视界和根本主题是生存主义，其特征是把消费看成一个保证和维持生命存活的问题，看成一个如何繁衍"人"这一物种并一直延续下去的问题。重视基本的生存是传统消费方式的特质，而解决基本的生存问题也成为传统消费方式的基本视界和根本主题。学者郑红娥在《社会转型与消费革命》一书中列举了传统消费的十项指标："不论有钱没钱，生活都要节俭"；"过日子要长远打算，不能借债度日"；"穿着打扮是腐朽堕落生活的表现"；"人活着的目的主要在于从工作中创造乐趣和获得成就"；"过日子要符合自己的社会等级和社会身份";"居家过日子要以吃穿为主,以温饱为准则";"穿衣服、买东西要随大流,不能太突出";"人要知足常乐";"人要讲面子,在人际交往中要舍得花钱";"实用比流行更重要"。[1] 这十项指标是以计划经济时代为背景的,如果再加上中国延续了两千多年的自然经济的背景(其实,自然经济背景下的消费才是传统消费方式的典型代表),不难发现,传统消费方式就其基本视界和根本主题来说,始终都没有超出维持生命存活的范围,始终都在以各种方式解决基本的生存问题,这可以说是传统消费方式的生存主义取向。

不过自改革开放尤其是市场经济体制建立以来,中国几千年来自然经济基础上和几十年来计划经济基础上的传统消费方式逐渐被连根拔除,代之以市场交换为基础的现代消费方式。就表现形态而言,现代消费方式与传统消费方式发生了很大的不同,如人们不仅看重物质型消费,而且开始重视服务型消费和精神型消费;在注重消费品质量的同时,更加注重时尚元素;开始接受"花明天的钱圆今天的梦"的消费理念;人们觉得穿不同牌子的衣服代表着不同的身份;消费时注意选择绿色产品等等。就基本视界和根本主题而言,现代消费方式更是发生了具有本质意义的转变,这就是消费的生存论的彰显。生存论是人们对自身的生命活动和生活活动的自觉,是蕴含在任何一种消费活动中的根本维度。只不过是传统消费方式的生存主义取向严重压抑了生存论维度,使得这一维度在视生存为第一要务的传统消费活动中始终缺乏彰显的条件。如果说传统消费方式集中于"能否生存"的问题,那么现代消费方式则关注于"如何生存"的问题。"如何生存"当然也要维持生命的存活,但绝不是在这一意义上理解生存,它是在更好地、更自觉地、更自由地生存的意义上来展开生存和理解生存的,表达了对人的"本真生存"的诉求和意识。例如,节俭消费向时尚消费的转变,不仅表明物质生活条件的改善,同时意味着人们将精神价值的享受提上了生活日程;人们选择绿色产品,不仅表明对自我的健康生存的重视,同时也体现了对他人的健康生存和对人与自然的协调发展的重视;

---

[1] 郑红娥:《社会转型与消费革命》,北京大学出版社2006年版,第35页。

人们从注重物质型消费到开始注重服务型消费和精神型消费，这也不仅是消费内容、消费层次的改变，而且是人们的生存方式向着深层次和多元化方向的改变。毫无疑问，现代消费方式带给人们的生存图景与传统消费方式相比不可同日而语，而所有这些变化都体现了消费的基本视界和根本主题的变化，即从生存主义向生存论的变化，从保证基本的生存向追求更自由的、更优良的生存的变化，这些变化又内在地蕴含着人们对本真生存的理解。因此，本书将论说主题定位在"消费生存论"上，意在通过阐述现代消费方式中具有生存论性质的诸多方面，来考察现代消费方式的基本视界和根本主题，并进而把握现代人对生存的理解方式和实践方式，从而为当代人类建构更科学、更合理的消费方式和生存方式提供富有启发性的哲学智慧。

二、三种流行消费方式及其反思

毫无疑问，现代消费方式将消费活动中的生存论性质极大地彰显出来，与传统消费方式相比，它的确体现着和确证着生存的自觉和自由，不过就其与人的本真生存的关系而言，它仍然没有摆脱生存的不自觉和不自由的性质。事实上，现代消费方式始终伴随着人与自然、人与人、人与自我之间的紧张关系，一种新的消费观念、一种新的消费模式在给人们带来方便和舒服的同时，往往也在加剧本已经十分严重的生态危机和人际冲突。以轿车消费为例，轿车作为代步工具当然节省了人们的交通时间，不过当路面上的轿车数量超过一定界限之后，交通堵塞问题就会产生，反而会延误包括开车人在内的所有行人的交通时间，同时也引起了社会公平、噪声污染、环境损害等一系列问题。可见现代消费方式绝不是像广告中反复诉说的那样美好，对于一心渴望自由和幸福的人们来说，由消费活动所支撑的生活方式往往在更广阔的范围内超出了人们当初的预想，以致把最初的成果给取消了。类似于"自然界报复人类"，我们人类的活动也会反过来报复人类自己，这其实说明了现代消费方式的生存论转向仍然是"进行时"的、不充分的和尚待实现的。究其原因，在于人们进行消费活动的基本视界和根本主题尚未实现自觉的、彻底的生存论转变，还是较多地停留于被局部问题和表象思维所束缚的视界和主题中，这就是流行于现代社会的三种消费方式：个体主义消费方式、经济主义消费方式和文化主义消费方式。

首先是个体主义消费方式。这种消费方式把个体作为进行消费活动的优先乃至唯一的考虑单位，主张个体按照自己的意愿选择消费对象和消费方式，其他个体和各种形式的群体对自己的消费活动无权进行干涉。换言之，个体主义消费方式鼓励每一个人从自己出发、以自己为中心和把自己作为目的，按照个体的方式去追求自己所认同的消费方式。不难看出，个体就是它的视界和主题，"消费是个人单独的事"便是一种典型的个体主义消费方式。个体主义消费方式直接地契合每一个体的切身利益，直接地符合每一个体的直觉感知，因此它流行于现代社会的大众层面，为大众所认同和奉行。

其次是经济主义消费方式。这种消费方式把经济增长作为进行消费选择或消费指导的优先考虑单位，重视消费活动的经济拉动功能，认为消费活动应当服务于经济增长的需要。"消费就是爱国"便是一种典型的经济主义消费方式。与第一种消费方式的个体视界和主题不同的是，经济主义消费方式秉持的是一种整体的视界，关心的是拉动经济增长的主题，不过这里的整体是指经济系统，而非人类社会与自然构成的整体。由于它固有的经济拉动功能，它往往被一国的政策制定者和经济危机时的一部分大众所认同和奉行。

再次是文化主义消费方式。这种消费方式认为消费不仅仅是满足人们吃穿住用行的工具性活动，而是蕴含着丰富的社会—文化内涵的文化性活动，应当从文化的角度去理解和实践各种各样的消费活动。它涉及如何从深层次上理解消费和研究消费的问题，因此文化主义消费方式的倡导者主要在学术界。

无论是个体主义消费方式、经济主义消费方式，还是文化主义消费方式，都有着自己的看待消费的独特视界，它们分别是从"个体""经济"和"文化"角度来看待作为同一个对象的消费。作为消费属性在特定历史阶段的表现，上述三种消费方式具有特定意义上的合理性。从生存论视角看，"个体""经济"和"文化"乃是人的生存的不同表现形态，"个体"是生存的基本载体和最小单位，"经济"意味着从自给自足式的生存模式向市场交换式的生存模式的转换，"文化"则代表着生存匮乏的消退和生存自由的增加。事实上，现代消费方式的个体性、经济性和文化性反映了人们生存方式的个体性、经济性和文化性，而这些生存论性质首先是人们通过长期的实践活动取得的生存成就。个体主义消费方式实质上是以个体作为思考范围的消费视界和消费主题，但是，"我们越往前追溯历史，个人，从而也是进行生产的个人，就越表现为不独立，从属于一个较大的整体……只有到18世纪，在'市民社会'中，社会联系的各种形式，对个人来说，才只是表现为达到他私人目的的手段，才表现为外在的必然性。"[①] 在现实的历史过程中，个人的出现要远远晚于整体的出现，个人其实是整体的长期历史发展的一个成就。就此而言，从"个体"的视角而非"整体"的视角看待消费，首先意味着人的生存历史的巨大进步。如果没有注意到这一点，那么面对诸如"消费是个人单独的事"之类的自我申明，就会单向度地批判和声讨，而这种做法恰恰是非历史的。经济主义消费方式是以经济功能作为出发点的消费视界和消费主题，任何一个熟悉历史的人都会知道，自然经济条件下的传统消费是不存在什么经济功能的，拉动经济从来没有进入过传统消费的视界，更不可能成为传统消费的主题，通过消费来拉动经济增长只是在市场经济条件下才有可能。因此，经济主义消费方式肯定了市场经济是人们生存的结构性支撑和基础性力量，承认人的生存和发展必须将市场交换作为前提、基础和内容，换言之，它表达了人们对于自己的生存基础的合理理解。文化主义消费方式是以文化视角理解消费活动的认识结果，而"文化上的每一个进步，都是迈向自由的一步"[②]。消费逐渐地从生理现象转变为文化现象，其重要意义便是超越了那种维持生命存活的水平，人们有更多的自由时间去从事更丰富的旨在完善自身的活动，消费的文化性质的突出无疑意味着人的生存方式的实质

---

① 《马克思恩格斯全集》第46卷（上），人民出版社1979年版，第21页。
② 《马克思恩格斯选集》第3卷，人民出版社1995年版，第456页。

性提升。

但是我们需要注意的是，上述三种流行性消费方式的合理性是有限度的。以生存论视角看待现代消费方式，必须注意到任何消费活动都蕴含着人与自然、人与人、人与社会的关系，人在何种意义上进行消费，就会在何种意义上将多方面关系再生产出来，而消费蕴含的关系又直接地反作用于人的生存，促使人的生存发生积极的或消极的、激进的或缓和的变化。在这种意义上，三种流行性消费方式与以"本真生存"为诉求的消费生存论转向并不一致，甚至是背道而驰。个体主义消费方式以个体自由为名，忽视了消费活动都是在与他人的社会关系、与自然的间接关系中得以展开这一事实。哪怕消费者是在进行一种自给自足式的消费活动，他也绝不是作为一个单独的人在追求自己的消费方式，他必定使用着社会提供给他的消费材料，必定根据社会的消费观念和他人的消费模式来确立自己的消费方式。尽管他消费的直接对象是他自己劳动的产物，但其最终来源还是自然界。因此消费绝不是"个人单独的事"，不是一种自我规定、自我满足的活动。不难看出，个体主义消费方式拘囿于个体的视界和主题，从而缺乏生存论视域的关系性视角。经济主义消费方式仅仅关注消费对经济的拉动功能，仅仅从经济增长角度看待消费，其背后的预设便是消费的最终目的是经济增长本身、经济必须要增长、经济增长是不证自明的。然而，经济系统只是人的生存世界的一个局部、一个领域和一个层面，经济系统只有在和人的其他生存系统如政治系统、文化系统、社会系统、自然系统等相互联系、相互协调的基础上才能够顺利运行，孤立地看待和拔高经济系统将会导致人的整个生存系统发生紊乱。就此而言，经济主义消费方式滞留于看待消费的经济视界和经济主题，遮蔽了消费的生存论的进一步彰显，它显然缺乏一种对自身生存论功能的边界意识和对人的生存的整体意识。文化主义消费方式敏锐地看到了消费的文化性质的凸显，但它过分强调消费文化的能动的一面而忽视了消费文化的被限定的一面，忽视了任何消费活动都始终无法剔除的决定性条件和制约性因素，包括阶级和阶层的差异或对立、制度的公平性、生产关系对消费关系的影响等，而这些恰恰从更深刻的层面上规定着人的生存方式。因此文化主义消费方式仍然面临着在生存论视域中进行反思和重构的艰巨任务，否则当它一味地走进针对消费文化的把玩和崇拜之时，它将会极为隐蔽地掩盖住人的生存的历史规定性，而隐蔽的东西往往是最难以打破的。

综上所述，无论是个体主义消费方式、经济主义消费方式，还是文化主义消费方式，无不是仅仅抓住了人的生存的某一层面、某一性质（个体、经济或文化），忽视了人的生存的关系性、整体性和决定性条件，从而走向对人的本真生存的偏离和背离。这其实表明，作为一种理解生存的合理方式，现代消费方式的生存论转向仍然是"进行时"的、不充分的和尚待实现的，我们有理由把尚待实现的、不自觉的生存论转向真正地确立为坚实的、自觉的生存论转向，而这首先需要一种新的研究视域和一系列新的阐释概念。

三、研究视域的转换和阐释概念的更新

这种新的研究视域便是生存论的研究视域。生存论中的"生存"其实就是"本真生存"，即贯通在人的历史性活动中的体现出自由自觉性和超越性的生存。本真生存并不预设人有一个永恒不变的本性，也不预设有一种完美的、等待着人们去实现的生存方式，它只不过是自由自觉地"追求着自己的目的的人的活动"而已，就其规定性而言，它是历史性中的超越性。在"生存"后面加了一个"论"，意味着应当以本真生存的视角去观照现代消费活动，将现代消费活动放在本真生存的维度上加以考量和研究，这样才能在理论层面上适应并引导现代消费在实践层面上不断彰显的生存论转向。

不难发现，生存论之所以成其为生存论，是因为它本身是一种研究的视角和方法即研究视域，或者说生存论只有作为一种研究视域才是可能的。它既不是一项课题，也不是一项工程，而是研究现代消费方式的基本视界和根本主题。相比于大众层面流行的个体主义消费方式、政策层面推行的经济主义消费方式和学术层面倡导的文化主义消费方式，生存论的视域表达着对人的现实生存始终追求"本身生存"这一维度的根本性理解。

这种理解始终是未完成的，因为人的生存始终是未完成的，人的生存蕴含着丰富的关系和内涵、复杂的矛盾和张力、无限的可能和时空，人的生存伸展到何种程度和何种意义，那么生存论视域就会扩展到何种程度和何种意义。可见，生存论视域是一种研究现代消费方式的总体视域，一种具有历史性质的研究视域。以生存论视域观照现代消费，我们将会发现现代消费方式的生存论性质是重要且多方面的，概括起来主要包括以下四方面内容：

首先，在生存论的视界上，我们才会意识到消费不是个人的私事，也不是仅仅和当代人有关的事，而是意识到消费始终蕴含的复杂的社会性和关系性，从而摆脱简单的个体主义和当代主义视界。如果说一切生命的存活都蕴含着物竞天择、优胜劣汰的普遍法则，而传统人囿于物质匮乏更多时候是在单纯地运用这个法则来维持自己的生存，那么，现代人则开始凭借自身有意识的对象性活动来调整乃至超越这个法则，在使对象人化的同时使自身获得越来越多的人性，不断地趋向人与人、人与自然、当代人与后代人之间的和谐关系。以绿色消费为例，它蕴含着现代人对消费之生态后果的关注，而这一关注本质上是对他者的生存环境、对后代人的生存条件、对大自然的生态平衡的关注，它表明了人们已经开始从"关系"视角来思考消费活动，而不是把消费仅仅定义为自己的事、当代人的事。

其次，在生存论的基础上，才能理解消费对生存的整体性和全面性的诉求，从而克服某种抽象的、孤立的和片面的生存理解模式。毫无疑问，迄今为止的人类历史创造出了无数的成就，但这是与难以计数的挫折、失败、倒退和后果联系在一起的，究其根本原因之一便是人们往往从某种抽象的、孤立的和片面的视角来理解人自己的消费活动和生存方式。因此，我们应当从整体性和全面性视角来审视各种生存理解模式的边界和局限，从而有效地克服非生存论的理解模式，尤其是那些表面上和直接地有利于人的生存、但根本上和最终不利于人的生存的理解模式。

再次，在生存论的视野中，才能真实理解消费对生存的超越性的诉求，从而去除覆盖在消费上的种种看似有理、实则悖谬的观念，以确立真实的消费的形象和人的生存的形象。所谓超越性，不总是指进步取代落后、先进战胜后进、自由摆脱束缚、崇高压倒平庸，这其实是一种线性的和事后诸葛亮式的超越观，历史中真实的超越更多地是在难以一次看清事情的历史性质、难以一次评价事情的对与错和好与坏的过程中实现的，简言之，超越性往往是在同样具有历史合理性的事物之间的张力关系中实现的。这种超越观其实就来自于人的生存所蕴含的复杂关系中，它并不主张相对主义和虚无主义的历史观，而是提醒人们时刻注意某种消费理解方式的限度，注意从关系性的乃至悖论性的维度去把握现代消费的超越性。

最后，在生存论的基地上，我们才能确立起评价消费合理性的根本尺度，纠正对消费的功利化、手段性和单向度的理解方式，从而有助于生存的合理性尺度的确立。现代消费活动涉及的生存领域是多种多样的，任何单一的领域都不具备自足和终极的性质，而且只有在合目的性生存的规定之下，才能作为必要的手段发挥作用。以形成于消费社会的消费主义理念为例，它把消费作为人的生存的目的，看似是抬高了消费的地位，实则是根本性地颠倒了消费和生存的价值序列，遮蔽了评价消费合理性的生存论尺度，从而诱使很多人陷入占有物质财富、与他人不断发生紧张关系的生存模式中。真正合乎人的本真生存方向的评价尺度是生存论尺度，生存论尺度始终从人的关系性生存、整体性生存、历史性生存、发展性生存和意义性生存来评价某种具体的消费活动，始终注意到现代消费活动的多维关系，而一种融入了生存论尺度的消费评价方式，将从根本上有助于生存的合理性尺度的确立。

研究视域的转换意味着并同时要求一系列阐释概念的更新。在新的视域中，我们除了要赋予一些原有概念以新的含义外（如传统消费方式、现代消费方式、生存等），还要启用一批新的术语来阐述我们所要研究的对象。毫无疑问，这批新术语都依据于生存论的研究视域，或者说只有在生存论的研究视域中，它们才能够被合理地理解。

第一个阐释性概念是生存论关系，其含义是：任何一种人的活动，都不是与人的生存无关的，而是人的生存的不同的表现形态和表现形式，因此必定与人的生存发生着非常丰富、性质不一的关系，我们把这些具体活动与人的生存之间的关系称之为"生存论关系"。无论一个人如何在主观上申明自我的超越性，还是一种活动被认为是如何的高贵，它们都不可能超出人的生存的范围，也不可能采取一种与人的生存无关的形态和形式加以实现。马克思曾经针对那些认为自己"没有任何前提的德国人"说："我们首先应当确定一切人类生存的第一个前提，也就是一切历史的第一个前提，这个前提是：人们为了能够'创造历史'，必须能够生活。但是为了生活，首先就需要吃喝住穿以及其他一些东西。因此第一个历史活动就是生产满足这些需要的资料，即生产物质生活本身，而且这是这样的历史活动，一切历史的一种基本条件，人们单是为了能够生活就必须每日每时去完成它，现在和几千年前都是这样。"① 在这段话中，马克思以十分鲜明的生存论视角（尽管他没有使用"生存论"的术语）去考察人们各种活动的历史"前提"和"基本条件"，提醒人们时刻不要忽视自己活动的"生存"性质。不难看出，任何一种活动就其形态和形式来说，完全可以是"创造历史"的行为，但就其根本性质而言，都是人的生存的表现形态和表现形式，由此也就与人的生存发生着千丝万缕的关系。这种种关系应当在生存论的视域中加以考察，因此我们把它称作"生存论关系"。

第二个阐释性概念是生存论意义，其含义是在具体活动与人的生存之间的关系中，存在着与人的本真生存方向相符合和相一致的方面，这些方面可以说是在积极和肯定的意义上展开生存论关系的。人的具体活动种类各异、性质各异，但它们不是无法把握的一团乱麻，我们可以在是否符合本真生存方向即是否体现出自由自觉性和超越性的价值平台上考察具体活动的生存论性质，那些体现出自由自觉性和超越性的具体活动，同时也是更完善、更全面的生存形式，即蕴含着生存论意义的生存形式。需要注意的是，生存论意义一定是人的现实的历史性活动中体现出来的意义，这意味着应当把衡量生存论意义的尺度根植于对人的历史性活动的考察中，否则生存论意义就会变成"怎么都行"的无源之水、无本之木。

第三个阐释性概念是生存论异化，它的含义与生存论意义的含义相对，即具体活动和人的生存之间关系中那些与人的本真生存方向相违背和

---

① 《马克思恩格斯选集》第1卷，人民出版社1995年版，第78~79页。

不一致的方面，这些方面是消极和否定意义上的生存论关系。与生存论意义同样的是，生存论异化得以被判定的根本依据是人的现实的历史性活动，离开这样一个依据，那么异化就会变成毫无意义的抽象范畴。鉴于异化已是一个使用极为频繁、理解各不相同的术语，这里需要对本书使用的生存论异化概念做出两点阐明：一、生存论异化的内涵。生存论异化是指人的历史性活动及其产物没有转化为积极和肯定的生存条件，或者是转化为消极和否定的生存条件，以致人的现实的生存活动具有否定"本真生存"的性质。二、生存论异化的外延。生存论异化不局限于马克思曾经批判过的经济关系的异化，尽管经济关系的异化是异化的根源。事实上，生存论异化广泛地体现于人们的各种各样的历史性活动领域中，不仅包括经济关系的异化，而且包括经济的异化、政治的异化、生活的异化、观念的异化等等。简言之，生存论异化无非是表明现代人的历史性活动与他们同时产生的"本真生存"意向发生着偏离和对立的关系。如果说传统异化观强调异化的经济性质，强调人对自己活动的异己性产物的反抗意识，那么生存论异化观则强调异化的总体性质，强调人对自己活动的异己性产物的接受意识和无奈态度。

第四个阐释性概念是生存论张力，它的含义是在人的生存的不同表现形态和表现形式中，同时存在着同样具有历史合理性的两种关系或事物，而它们各自又有着对于人的生存的价值优先性，我们把两种价值优先性的紧张关系称为生存论张力。实际上，与单一维度中的积极和肯定或消极和否定的生存论性质相比，张力关系更能表达出人的真实的生存形象。人们从来都不是在真空中做出选择的，也从来不是在已经被未来保证正确的前提下判断事物的，人们更多的时候是在同样具有历史合理性的两种或多种关系或事物面前做出"不得已"的选择。因此，这样的历史往往伴有被迫、牺牲、代价和痛苦的性质。人的历史性活动中的张力关系时刻在提醒我们，不应当简单化和片面化地对待某种具体的活动，而应当是深入到人的活动及其性质之所以形成的结构性层面去探寻为什么会有这样的活动，为什么会有这样的性质，这自然地就会要求我们探究生存论张力的源头。

综上所述，现代消费方式的已经处于彰显过程中但尚待充分实现的生存论转向,和一些与此转向相背离但又流行的消费方式,要求我们自觉地转换研究视域,即从个体主义的、经济主义的和文化主义的视域转换到生存论的视域,而视域的转换除了要对原有概念的内涵重新解释之外,还要启用一批新的术语,由此才能确立起合理的现代消费方式研究路径。

第一章

消费的生存论研究范式

现代消费方式自兴起之时，便对人的生存发挥着巨大的改造作用和重要的塑造功能。尽管消费活动从来都是在日常生活中发生的，从而使得消费对生存的影响不像阶级斗争、暴力革命瞬间改变人的生存那样剧烈，然而表面平和的消费活动发挥的作用却是革命性的。现代消费方式的兴起不仅意味着社会经济结构和经济形态的变化，而且导致了人的生存方式的全面转型、生存气质的彻底改变和生存面貌的全新呈现。正是基于人们所深刻体验到的生存变化，现代思想家们对现代消费方式的生存论关系做出了详尽阐释，力图把握现代消费方式对生存的本质意义。因此，我们首先从思想史的角度对现代消费方式的生存论关系做一总体梳理，以期为后文的分析奠定理论依据。

在有关现代消费方式的生存论关系的考察中，思想史上主要存在着两种不同的研究取向，一种是将消费社会视为现代性的后果，视为资本主义社会劳动领域中的异化向消费领域的渗透，这种研究取向立足于现代社会理论关于主体性、理性、进步的批判论述，关注由消费所引起的社会失序与道德后果，通常采取社会分析（包括政治经济学分析）的方法，坚持从资本主义政治经济的基本状况出发，追究隐藏在消费资本主义背后的社会权力关系。另一种是将消费社会视为与现代社会截然决裂的后现代社会，强调人们的行动越来越为各种消费"符码""影像""诱惑"等所控制，社会走向崩溃和解体，工业意识形态彻底失落，无深度文化无孔不入。这种研究取向拒绝现代社会理论中理性、主体性和进步等概念的有效性，试图发展出一套新的社会阐释概念和理论模式。① 不难看出,第一种研究取向是现代性视角下的社会批判话语,第二种研究取向是后现代性视角下的符号解读模式。这两种研究取向有着耐人寻味的差异与相似,前者采取了社会批判的研究方法,后者贯彻着符号解读的研究方式,而两者在关注根本点上无不是现代消费方式对人的生存的多方面影响,并且都渗透着对现代人生存状况的焦虑,这种浓厚的、挥之不去的生存焦虑成为消费研究日益凸显的特征。

第一节 现代性的视角

从现代性的视角审视消费与生存的关系,有着漫长的理论脉络和深厚的精神传承。在现代性思想家群体中,论述过这一问题的人非常多,本文不可能一一阐述,因此只针对那些对消费研究产生重大影响的思想家及其论述做出探讨。

一、马克思:消费与人的异化生存

在现代思想史上,马克思是一位具有思想奠基、方向开辟和道路开创意义的思想家。就思想整体而非思想细节而言,马克思思想的基本主题是对以资本主义社会为代表的现代文明的深刻反思和批判。在这一宏大主题的统摄下,马克思对现代社会的诸多问题做出了鞭辟入里的分析,其中便包含着对消费与生存关系的考察。具体而言,马克思的考察围绕着消费与异化生存的关系这一线索进行,并分为前后两个阶段。前一个阶段马克思运用异化劳动史观(来源于黑格尔的主客同一逻辑和费尔巴哈的人本主义)来审视人的生存状态,发现了人的生存是异化的观点,后一个阶段马克思在科学的劳动价值论基础上重新审视人的生存状态,发现了现代人生

---

① 莫少群:《20 世纪西方消费社会理论研究》,社会科学文献出版社 2006 年版,第 37~38 页。

存的拜物教特征。

在前一个阶段，由于马克思的异化思想先验地预设了人的本真生存，并以此为价值标准评判人的现实生存，因此马克思的论述实质是从两个角度进行的，一个是应然角度，另一个是实然角度。马克思应然角度的考察主要体现在对詹姆斯·穆勒《政治经济学原理》一书所做的摘要中，他结合着生产对消费的意义做出阐述：

假定我们作为人进行生产。在这种情况下，我们每个人在自己的生产过程中就双重地肯定了自己和另一个人：(1) 我在我的生产中使我的个性和我的个性的特点对象化，因此我既在活动时享受了个人的生命表现，又在对产品的直观中由于认识到我的个性是对象性的、可以感性地直观的因而是毫无疑问的权力而感受到个人的乐趣。(2) 在你享受或使用我的产品时，我直接享受到的是：既意识到我的劳动满足了人的需要，从而使人的本质对象化，又创造了与另一个人的本质的需要相符合的物品。(3) 对你来说，我是你与类之间的中介，你自己认识到和感觉到我是你自己本质的补充，是你自己不可分割的一部分，从而我认识到我自己被你的思想和你的爱所证实。(4) 在我个人的生命表现中，我直接创造了你的生命表现，因而在我个人的活动中，我直接证实和实现了我的真正的本质，即我的人的本质，我的社会的本质。

我们的产品都是反映我们本质的镜子。

情况就是这样：你那方面所发生的事情同样也是我这方面所发生的事情。①

马克思在这段话中从四个方面揭示了消费对于人的生存的意义。第一，消费是人的生命表现和生命乐趣。当我充分运用我的个性生产出产品后，这个产品首先直接的就是我的生命所投注的对象，因此它就是我的生命表现。同时，在我对产品的直观中，亦即最初的消费中，我因为认识到产品贯注了我的个性，是我的个性的对象化、现实化，并可以被任何人所"感性地直观"，因此消费成为我的生命的乐趣。第二，消费是人的本质对

---

① 马克思：《1844年经济学哲学手稿》，人民出版社2000年版，第183~184页。

象化和非对象化的中介。消费一件产品意味着，一方面是我的劳动证实了人的需要的存在，从而人的本质通过消费得以对象化，另一方面因为产品是适应另一个人的需要的，所以消费必然会丰富、充实人的本质力量，即人的本质的非对象化。第三，消费是人的自我证实、自我确证。消费活动说明我的产品满足了你的需要，而这一过程无非是表明作为我的本质力量对象化的产品被你的消费活动（思想和爱）所证实、证明，因此，你的消费活动是对我的本质力量的证实和确证。第四，消费体现了人的社会本质。作为你的生命表现的消费及其产品，是作为我的生命表现的生产活动给予你的，因此，消费直接体现了我与你之间，即人与人之间的社会性的联系和本质。

不难看出，马克思实质上是提取出消费中的生命超越维度并加以理论的展示。不过当他将应然维度进行了非历史化处理时，他的这一维度变成了抽象的人道主义维度，以此来审视人的现实生存活动，生存必然呈现出"异化"的性质，这一方面的论述构成了马克思实然角度的考察。马克思实然角度的考察主要体现于《1844年经济学哲学手稿》一书中。马克思把自由自觉的劳动看作人的本质，这种劳动是摆脱了现实社会关系的本真意义上的劳动，但是在资本主义条件下，人的现实的劳动却是异化劳动，异化劳动不仅不是人的本质的体现，反而是它的扭曲和丧失，这种特点反映在生存状态上便是异化生存，本来是人生产出来的各种消费资料，不仅不能为人所运用和享受，而且还反对人、压迫人，这种"物的世界的增值同人的世界的贬值成正比"的生存状态被马克思称为"异化"。马克思刻画了这种"异化"的生存状态："工人生产的财富越多，他的产品的力量和数量越大，他就越贫穷。工人创造的商品越多，他就越变成廉价的商品。物的世界的增值同人的世界的贬值成正比"[1]；"工人在劳动中耗费的力量越多，他亲手创造出来反对自身的、异己的对象世界的力量就越强大，他自身、他的内部世界就越贫乏，归他所有的东西就越少"[2]；"工人生产得越多，他能够消费的越少；他创造价值越多，他自己越没有价值、越低

---

[1] 马克思：《1844年经济学哲学手稿》，人民出版社2000年版，第51页。

[2] 同上书，第52页。

贱;工人的产品越完美,工人自己越畸形;工人创造的对象越文明,工人自己越野蛮;劳动越有力量,工人越无力;劳动越机巧,工人越愚笨,越成为自然界的奴隶。"①

手稿时期的马克思尽管关注的焦点已经从费尔巴哈的宗教人本主义转变到现实的人,但是他仍然没有摆脱费尔巴哈的人本主义逻辑,仍然是在抽象意义上理解人的本质,因此当他结合物质生产劳动谈论人的异化生存时,必然带有抽象的形而上学性质。在后一个阶段即理论成熟时期的马克思,就彻底走出了费尔巴哈的人本主义逻辑,在劳动价值论基础上展开了对人的生存性质的科学分析。这方面内容主要体现为马克思的三大拜物教理论,即商品拜物教、货币拜物教和资本拜物教。

马克思认为拜物教是一种使"物"发生"神秘化"从而以物的"自然规定性"取代物的"社会规定性"的过程,"人们自己的一定的社会关系,但它在人们面前采取了物与物的关系的虚幻形式。因此,要找一个比喻,我们就得逃到宗教世界的幻境中去。在那里,人脑的产物表现为赋有生命的、彼此发生关系并同人发生关系的独立存在的东西。在商品世界里,人手的产物也是这样,我把这叫做拜物教。"② 当人与人之间的关系主要表现为物与物发生关系的方式时,人的生存的拜物教性质也就产生了。按照马克思的分析,商品拜物教、货币拜物教和资本拜物教这三种形式在表现程度上依次降低,但在神秘程度和复杂程度上却依次升高。马克思在劳动价值论基础上提出劳动的二重性,认为劳动分为具体劳动和抽象劳动,具体劳动生产使用价值,不反映劳动过程的社会关系,抽象劳动形成商品价值,反映劳动过程的社会关系,具体劳动和抽象劳动又形成了商品本身的两种价值关系:商品的自然规定性和社会规定性。商品的社会规定性不是人们的感官能够直接把握的东西,因此人们总是将商品的自然属性"认定"为商品的社会属性,这是物的"神秘化"的初级层面,即商品拜物教。货币拜物教是物的"神秘化"的中级层面,因为商品的价值实现需要以兑换为货币为终结,货币由此成为资本主义社会关系得以实现的主要

---

① 马克思:《1844年经济学哲学手稿》,人民出版社2000年版,第53页。
② 《马克思恩格斯全集》第23卷,人民出版社1972年版,第89页。

途径，这样本来是一般等价物的货币就变成了一般财富的象征，"正如商品的一切质的差别在货币上消灭了一样，货币作为激进的平均主义者把一切差别都消灭了。但货币本身是商品，是可以成为任何人的私产的外界物。这样，社会权力就成为私人的私有权力。"① 货币遮蔽了物的所有社会规定性，使得物的神秘性更加顽固，这便是货币拜物教。商品拜物教和货币拜物教是人们在实际的生存过程中能够感受到的现象，但在资本主义条件下，还有一种多数人都无法直接面对的资本拜物教，资本拜物教才是迫使人们的生存深陷拜物教性质的原驱动和策源地。资本作为能生钱的钱，既把物在社会生产过程中获得的社会的经济的性质变为一种自然的、由物的物质本性产生的性质，也把人在社会生活中发生的异质的、多元化的社会关系变为一种同一化的、从属于增殖目的的物与物之间的关系，这给人的生存蒙上了一层浓重的神秘面纱，这种"神秘性质，它把在生产中以财富的各种物质要素作为承担者的社会关系，变成这些物本身的属性（商品），并且更直截了当地把生产关系本身变成物（货币）。一切已经有商品生产和货币流通的社会形态，都有这种颠倒。但是，在资本主义生产方式下和在资本这个资本主义生产方式的占统治的范畴、起决定作用的生产关系下，这种着了魔的颠倒的世界就会更厉害得多地发展起来。"② 资本采取了"G—G′"的增殖形式，在这里它彻底挣脱了物的任何社会规定性，使社会关系呈现为物同自身的关系，这是物的"神秘化"的高级层面。物的"神秘化"使得人的生存变成人跟物打交道的过程，而不再反映人与人之间的社会关系，此即拜物教，拜物教由此成为资本主义条件下人的生存的特征。比起《1844年经济学哲学手稿》论述的人的异化生存，这显然已经不是人本主义逻辑下的"应然—实然"生存状态，而是现实的人的真实生存状态。

概括地说，马克思前后两个阶段的论述焦点都是消费与异化生存之间的关系，即消费的生存论异化性质，这两个方面都成为消费研究的现代性进路的出发点。无论是法兰克福学派，还是德波、早期鲍德里亚，都将马

---

① 《马克思恩格斯全集》第23卷，人民出版社1972年版，第152页。
② 《马克思恩格斯全集》第25卷，人民出版社1974年版，第934~935页。

克思关于消费异化的生存论批判作为自己理论的重要思想资源，他们研究的共同特征是吸取了马克思从商品生产逻辑中寻找消费与异化生存之关系的线索，通过拜物教特征来研究消费主义意识形态的运作机制，力图展示消费活动背后的社会权力斗争。今天，现代消费的发展程度早已超出了马克思时代的消费水平，然而我们的消费却日益走入被马克思反复批判过的消费异化境地，这就使得马克思关于消费与异化生存的思想越发显示出历久弥新的现代意义。

二、韦伯：禁欲主义消费精神与伦理意义的生存方式

在资本主义的起源问题上，一直存在不同的研究路向：有的人从商品货币关系入手来解读资本主义社会经济制度的建立，有的人从产权保护方面来解释资本主义的起源，还有的人从新教伦理的角度来剖析资本主义的肇始。① 这最后一种研究路向就是由韦伯开辟的。韦伯在《新教伦理与资本主义精神》一书中深入讨论了宗教伦理观与资本主义精神之间的亲和关系，"在构成近代资本主义精神乃至整个近代文化精神的诸基本要素之中，以职业概念为基础的理性行为这一要素，正是从基督教禁欲主义中产生出来的。"②

韦伯在阐述禁欲主义如何生成资本主义精神的同时，还重点关注了禁欲主义作为现代消费精神如何形塑了一种新的伦理意义上的生存方式。按照韦伯的理解，渗透着经济合理主义的劳动天职观必须要与禁欲主义的消费精神结合，否则经济活动中积累起来的财富将在奢靡浪费中化为乌有。禁欲主义消费精神反对财富的无节制和享乐性使用，"仅当财富使人无所事事，沉溺于罪恶的人生享乐时，它在道德上方是邪恶的，仅当人为了日

---

① 厉以宁：《资本主义的起源——比较经济史研究》，商务印书馆 2004 年版，第 12～34 页。
② 韦伯：《新教伦理与资本主义精神》，于晓、陈维纲译，三联书店 1987 年版，第 141 页。

后的穷奢极欲、高枕无忧的生活而追逐财富时,它才是不正当的。"① "清教禁欲主义竭尽全力所反对的只有一样东西——无节制地享受人生及它能提供的一切"②,因为任何听任本能追求生活享受的生活方式都违背了上帝让人们积累物质财富的旨意,所以为了获得上帝的恩宠,就必须形成一种节俭禁欲、限制浪费和合理控制的生存方式。禁欲主义消费精神不仅适用于穷人,而且同样适用于富人,因为"即使他们无需靠劳动挣得生活必需品,他们必须同穷人一样服从上帝的圣训。上帝的神意已毫无例外地替每个人安排了一个职业,人必须各事其业,辛勤劳作"③。在韦伯看来,禁欲主义消费精神塑造出的生存方式实现了价值合理性和工具合理性的统一,人们勤奋劳作,同时又不纵欲行乐,这种以财富而非享乐为取向的生存方式证明人们获得了上帝的拯救,从而具有深刻的价值合理性。如此一来,禁欲主义消费精神就不仅培育了恪尽职守、努力工作、守时勤奋和功利取向的劳动品质,而且培育出节制有度、禁欲苦行和严于律己的生存品质,不仅成为一种工作伦理,而且还成为一种生活态度和伦理规范。

然而,韦伯在看到禁欲主义消费精神对伦理意义生存方式发挥塑造作用的同时,还看到了禁欲主义的内在悖论之处。"禁欲主义的节俭必然要导致资本的积累"④,资本的积累又会导致节俭方式的瓦解。韦伯不无感伤地说:"最忠实的清教信徒属于正在从较低的社会地位上升着的阶级,即小资产阶级和自耕农,而在受恩宠的占有者中,甚至在贵格会教徒中,却经常可以发现有抛弃旧理想的倾向。"⑤ 禁欲主义以后的命运恰恰应验了韦伯的预言。那么缺少了禁欲主义消费精神的资本主义精神如何能够推动资本主义呢?这只有依靠工具合理性的单一维度的发展,而缺乏价值合理性的工具合理性最后导致的生存状态便是"专家没有灵魂,纵欲者没有心

---

① 韦伯:《新教伦理与资本主义精神》,于晓、陈维纲译,三联书店1987年版,第127页。
② 同上书,第130页。
③ 同上书,第125页。
④ 同上书,第135页。
⑤ 同上书,第136页。

肝；这个废物幻想着它自己已达到了前所未有的文明程度"①。

不难看出，韦伯关于禁欲主义消费精神与伦理意义生存方式的阐述主要适用于资本主义早期阶段，当资本主义日益巩固起来之后，禁欲主义就像登高用完的梯子被人们抛在脑后了，而伦理意义的生存方式也无可奈何地一去不复返，代之而起的便是大众消费主义和物化生存方式。

三、桑巴特：奢侈消费及其发展趋势

在对资本主义起源的探讨中，与韦伯同时代的桑巴特采取了截然相反的研究路向，他在《奢侈与资本主义》一书中将资本主义归结于奢侈消费风气的盛行。在资本主义形成之前，大众消费尚未形成，只有奢侈品工业为资本主义提供了市场支撑和投资机会，并锻造了资本主义以营利为目的的体制特点。

在分析奢侈消费与资本主义因果关系的同时，桑巴特还关注了西方社会历史上奢侈消费及其发展趋势。从13、14世纪开始，西欧各国由于新大陆的发现、开辟和对外贸易的开展，社会财富迅速增加，这些财富不再是封建经济的财富，而是资本积累的财富，财富性质的改变促使奢侈风气开始形成，尤其是"爱情的世俗化"以及宫廷情妇、高级妓女在时尚、服饰、居住、出行方面的奢靡之风发挥着强烈的示范作用，"据我所知，没有一件事比从中世纪到18世纪两性关系的改变那样，对中古和近代社会的形成具有更重要的意义。尤其需要指出，对近代资本主义起源的认识与对人类活动中这一最重要领域的基本变化的正确评价紧密相连。"②"两性关系的改变"和"非法爱情的胜利"，进一步刺激了人们对于感官之乐和肉体刺激的追求，而所有这些都加剧了奢侈消费。

奢侈消费冲破了被宗教原则束缚的自然生存模式，最终造成了奢侈消

---

① 韦伯：《新教伦理与资本主义精神》，于晓、陈维纲译，三联书店1987年版，第143页。
② 桑巴特：《奢侈与资本主义》，王燕平、侯小河译，上海人民出版社2005年版，第60页。

费的迅速发展趋势。这一发展趋势主要体现为四个方面：一是家庭化。"17世纪后，奢侈成为家内事务，女人们开始在家庭范围内对它发挥影响。"[1] 家庭化使得奢侈不仅仅表现在竞赛、庆典、有形和公众宴会等场合，还表现于日常家居生活中，这就造成了奢侈的持久性。二是客观化。"以前，奢侈行为只是扩展到给依附某一宫廷的众多侍从提供美食和住宿。现在，拥有大批仆人只不过是在展示奢侈时与持续不断地扩大对物的使用并存的一种展现奢侈的方式。"[2] 另外，女人也变成了奢侈客观化的主导人物，女人的服装、住宅、珍宝作为一种有形的奢侈，具有极其重要的经济意义，个人奢侈从"非生产性"向"生产性"转变，这使得企业中的雇佣人员成为生产性的工人。三是官能化和精致化。官能化表现为"所有的发展均倾向于将奢侈从追求精神价值（例如艺术）越来越多地转移到追求更低的、人类的动物本能上"[3]。与官能化紧密相联的是精致化，因为精致如果"不只是使用昂贵的材料，那么它就意味着大量花费劳力"[4]，其结果便是资本主义工业和商贸的扩展。四是奢侈频率的提高。"这一趋势表现在某一时间内大量奢侈现象的集中"[5]，原来定期的节日欢庆、庆典和盛宴变成常年不断、经常性、日常性的活动。

与韦伯对禁欲主义消费精神的失落感到痛心不同的是，桑巴特极力赞扬奢侈消费的进步意义，这当然来自于他对奢侈与资本主义之间因果关系的考察。桑巴特赞同奢侈消费，韦伯提倡节俭消费，这是两人观点的主要差异之处。不过，如果我们深入到两人的理论主题和历史意义中去，就会发现更多有价值的信息。桑巴特之所以赞同奢侈消费，并非奢侈本身多么有价值，而是重视它发挥出来的经济意义，是在经济学意义上赞同奢侈消费。韦伯之所以提倡节俭消费，也并非节俭本身如何，而是重视它的伦理意义，是在伦理意义上提倡节俭消费。相对而言，韦伯关注的是消费能否

---

[1] 桑巴特：《奢侈与资本主义》，王燕平、侯小河译，上海人民出版社2005年版，第131页。
[2] 同上书，第132页。
[3] 同上书，第132页。
[4] 同上书，第133页。
[5] 同上书，第133页。

实现价值合理性和工具合理性的统一,所以当大众消费主义取代禁欲主义消费精神从而破坏了上述统一时,韦伯感到非常悲观,而桑巴特关注的是消费的工具价值和经济价值,价值合理性从来没有出现在他的视野中,因此他是欢欣鼓舞地呼唤大众消费主义时代的到来。当今天的消费主义正迅猛地在全球范围扩散之时,桑巴特的希望终于实现了,不过他的希望的实现也带来诸如生态问题、人际关系紧张、贫富分化、消费正义等一系列问题,这是一向许诺自由、平等和幸福的消费主义的内在悖论。韦伯当年对奢侈消费的担心正逐渐变成今天的现实,人们一味追逐消费的工具合理性,却抛弃了消费的价值合理性,这对于人的生存并不是值得庆幸的事情。总之,韦伯和桑巴特关于现代消费精神的生存论分析具有长久的生命力,并将持续地激发人们的思考。

四、西美尔:都市消费与生命感觉的萎缩

19世纪末伴随着资本主义经济的崛起,现代都市生活在德国大地上迅速兴起。作为一位生活在柏林市中心、终生关注现代人生活感觉的哲学家,西美尔探讨了很多与都市生活有关的主题,如货币、时尚、交际、卖淫、娱乐、冒险、赌博等等。不过,与都市生活的感官化取向不同的是,西美尔的文字是要透过都市生活的喧嚣浮躁揭示现代人生命感觉的变化,都市消费的生存论体验才是西美尔理论的主旨。

在西美尔看来,都市消费不仅是经济现象,更是重要的文化事件,因为它引起了现代人生存特征和生存气质的重大变化。他的《货币哲学》一书主题便是都市消费中货币的文化学解读,他为货币理论定下的方法论目标是:"为历史唯物主义建造底楼,从而,经济生活被纳入精神文化的原因的这种说法仍保证其阐释性价值,而与此同时,这些经济形式本身却被视为心理学的、甚至形而上学的前提的更深层的评价和潮流之结果。"[①] 在"经济生活"与"精神文化"相互作用的格局中西美尔提出了独特的货币

[①] 西美尔:《货币哲学》,陈戎女、耿开君、文聘元译,华夏出版社2002年版,前言第3页。

理解。货币是一种既催生个体自由同时也夷平个体特性的矛盾的东西，"现代文化之流向两个截然相反的方向奔涌：一方面，通过在同样条件下将最遥不可及的事物联系在一起，趋向于夷平、平均化，产生包容性越来越广泛的社会阶层。另一方面，却倾向于强调最具个体性的东西，趋向于人的独立性和他们发展的自主性。货币经济同时支撑两个不同的方向，它一方面使一种非常一般性的、到处都同等有效的利益媒介、联系媒介和理解手段成为可能，另一方面又能够为个性留有最大程度的余地，使个体化和自由成为可能。"① 尽管货币为个体自由创造了可能，但货币变成了任何东西的等价物，即"货币经济始终要求人们依据货币价值对这些对象进行估价，最终让货币价值作为唯一有效的价值出现"②，由此货币的获取被看作是生活的主要内容，货币成为现代人生活的中心。货币价值地位的上升，以致成为"我们时代的上帝"，其深远意义在于现代人生命感觉的改变。在传统社会生活中，人与人之间的依赖关系是人身化、固定的，而货币经济却迫使人们依据货币价值对日常活动和他人进行估价，使货币价值作为唯一有效的价值出现在意识中，这样对象本身的品质和人身性不再受到心理上的重视，人们就越来越同事物中那些货币上无法表达的意义和价值擦肩而过，对此的报应便是"生活的核心和意义总是一再从我们手边滑落；我们越来越少获得确定无疑的满足，所有的操劳最终毫无价值可言"，我们这个时代充斥着"麻木不仁"的态度，"人们对于事物的微妙差别和独特性质不再能够作出感受同样细微的反应，而是用一种一律的方式，因而也是单调无味的，对其中的差别不加区别的方式，去感受所有一切"③，货币经济教会现代人如何分毫不差地估算每一种价值的价格，教会现代人如何在最高级和最低级事物面前保持同等程度的波澜不惊的心态，只是在某种事物与金钱获取发生联系时，现代人才表现出"放荡不羁"的激情和"肆无忌惮"的潜力，除此之外的事物都无法引起现代人的重视，这就是

---

① 西美尔：《金钱、性别、现代生活风格》，顾仁明译，学林出版社2000年版，第6页。
② 同上书，第8页。
③ 同上书，第8~9页。

现代人生命感觉的钝化和萎缩。

除了货币现象的解读外，西美尔还对都市消费中日益兴起的时尚现象给予了重点关注。按照西美尔的分析，人一方面追求普遍性，另一方面需要抓住特殊性，"时尚只不过是我们众多寻求将社会一致化倾向与个性差异化意欲相结合的生命形式中的一个显著的例子而已。"① 时尚的一个作用便是突出自我，自己加入一个时尚队伍，便意味着自己与他人区别开来，以此取得消费上的独特性。"时尚对于那些微不足道、没有能力凭借自身努力达致个性化的人而言也是一种补偿，因为时尚使他们能够加入有特色的群体并且仅仅凭着时尚而在公众意识中获得关注。"② 时尚无疑是那些渴望突出个性的天然舞台，只要加入时尚大军，那么我就有了不同于你的个性，至于时尚之外的灵魂独特性的培养就不关我事了。由于时尚使人们"越来越专注于现在"，因此时尚"包含着这样的事实：主要的、永久的、无可怀疑的信念正越来越失去它们的影响力。从而，生活中短暂的与变化的因素获得了很多更自由的空间"③。随着"现在感"的上升和"永久感"的下降，现代人的生活内容越来越缺少灵魂的痕迹，人们体验的只是时尚的刹那魅惑和壮大衰落，而在根基处，却是生命本身的无意义感。

除了《货币哲学》这部宏大论著外，西美尔的著述基本由数量众多的学术论文组成，与都市人的碎片化生存相似，西美尔的论文也有碎片化的特点。他的关注对象都是都市角落中的散漫个体，如流浪者、陌生人、栖居者、妓女、招魂人等等，这些人物在他同时代人（如韦伯等人）的视野中都是难登大雅之堂的小角色，这恐怕是造成他长期游离于主流学术圈的重要原因。然而随着后现代主义的出场，人们开始不断地从西美尔著述中吸取研究的灵感，同时也越来越感觉到西美尔的文字具有一种穿透生活表象的生命哲学诉求，他是带着生命感觉的思考去审视都市人在消费生活中的精神文化体验，并时刻忧虑着过度的消费生活给人的生存造成的不良文化反应。在这种意义上，西美尔的魅力就不是经济学和社会学意义上的，

---

① 西美尔：《时尚的哲学》，费勇等译，文化艺术出版社2001年版，第72页。
② 同上书，第83页。
③ 同上书，第77页。

而是文化哲学和生存哲学意义上的,这也使得他的后世影响力更加深厚和长久。

五、凡勃伦:炫耀性消费与不平等生存结构的维持

最早对市场文明的缺陷进行揭露分析和对消费主义生活方式进行道德批判的是美国经济学家凡勃伦。凡勃伦生活的时代是美国消费主义生活方式最初兴起之时,一批大企业在兼并、欺骗中小企业过程中崛起,一夜暴富的资产阶级新贵开始养成大手花钱、奢侈浪费的生活风气,并把这种浪费式消费模式当作经济发展的动力来看待。有鉴于此,凡勃伦在《有闲阶级论》一书中提出了"炫耀性消费"概念,并揭示出"有闲阶级"借炫耀性消费来维持他们和大众之间不平等的生存结构。

按照凡勃伦的分析,炫耀性消费表现在各个方面,在日常生活中,"不仅是他所消费的生活必需品远在维持生活和保持健康所需要的最低限度以上,而且他所消费的财富的品质也是经过挑选的,是特殊化的。对于食物、酒、麻醉品、住所、劳务、衣着、装饰品、武器及其设备、娱乐品、符箓或神像等等,他都是任情消费的,是挑最好的消费的。"[1] 在贵重物品的消费方面,炫耀性表现在"馈赠珍贵礼物,举行豪华的宴会和各种招待"[2]。在凡勃伦生活的时代,还没有铺天盖地的媒体显示机会,一个人要想使那些漠不关心的观察者对自己的金钱留下印象,唯一的办法是不断地显示支付能力,"参加大的集会","例如在教堂、剧院、舞厅、旅舍、公园、商店等等场所","为了使这些临时聚合的观察者得到一个生动印象,为了使自己在他们的观察之下能够保持一种自我满足的心情,必须把自己的金钱力量显露得明明白白,使人在顷刻之间就能一览无余"。[3] 资产阶级新贵为什么要把辛苦赚来的金钱投之于看似毫无用处的炫耀上呢?在凡勃伦看来,答案不是那些同时代经济学家宣称的炫耀消费是经济发展的

---

[1] 凡勃伦:《有闲阶级论》,蔡受百译,商务印书馆1964年版,第59页。
[2] 同上书,第60页。
[3] 同上书,第69页。

"必要的恶"，而是维持他们与大众之间不平等生存结构的需要。资产阶级的暴富依靠的是不平等的阶级结构和生存秩序，富翁们通过炫耀自己的财富，获得了他人对自己身份地位的羡慕和尊重。"财产之所以有价值，已经主要不再是由于可以把它作为战斗胜利的证明，而是由于借此可以证明其所有人比同一社会中其他个人处于优势地位。"[1] "如果要在社会上获得相当地位，就必须保有相当财产。如果要在社会上获得相当声望，就必须从事于取得财产，累积财产。一旦累积的财物在这样情况下成为能力的公认标志，财富的保有就必然成为博得尊敬的独立的、确定的基础，就必然具有这一性质。……拥有财富，起初只被看做是能力的证明，现在则一般被理解为其本身就是值得赞扬的一件事。财富本身已经内在地具有荣誉性，而且能给予它的保有者以荣誉。"[2] 凡勃伦指出，金钱的竞赛绝不是无动机的，而是要争夺社会的等级特权、文化特权，资产阶级新贵正是通过金钱的浪费和挥霍来维持有利于自己的社会结构，他们不劳动而有钱，每天忙碌的是如何展示和浪费掉他的财富，而劳动人民则缺乏任何改善自身生活的机会，只能投身于保证基本生存的物质生产活动中，这种不平等的生存结构不仅不应当赞扬，而且应当揭露和鞭笞。

炫耀性消费不仅包括明显的浪费，而且还包括明显的有闲，这是"有闲阶级"名称的来历。在传统社会，大量的休闲时间便是财富和地位的象征，上层社会"占有并蓄养一批奴隶，叫他们从事生产财物，其所证明的是财富和威力；但是蓄养一批仆役，不让他们从事任何生产工作，其所证明的却是更多的财富和更高的地位"[3]。现代社会继承了传统社会这种做法，只不过代理有闲的主体由家庭主妇和妻子取代了仆役。一个家庭男子努力工作，为的是使他的妻子执行代理有闲，妻子把大量的时间花在家庭布置、礼仪学习和美观整洁方面，目的不过是显示家庭男子的金钱权力。另外，大量的休闲时间为有闲阶级带来的是"荣誉"，"在礼仪上所达到的精通程度愈高，对于那些没有图利或没有实用目的的礼仪规范，其娴熟程

---

[1] 凡勃伦：《有闲阶级论》，蔡受百译，商务印书馆1964年版，第24页。
[2] 同上书，第25页。
[3] 同上书，第25页。

度的证据愈明显，愈充分，为了取得此项成就在时间上、物力上付出的代价愈大，则所获得的荣誉也愈大。"① 休闲变成了有闲阶级获取社会声誉的手段，并服务于阶级结构的维持。

凡勃伦的作品问世以后，美国社会中有闲阶级的炫耀性消费受到日益广泛的批判，知识分子也对凡勃伦赞赏有加，他的学生——经济学家米歇尔这样评论他的老师："凡勃伦给世界带来了一种令人困惑的影响——他像来自另一个世界的访客，以超然的眼光，冷静地剖析时下司空见惯之物，他平常思想里所熟悉的一切，就像外力在他身上炼成的奇妙产物一样。在社会科学的领域里，没有其他一个心智的解放者，能像他一般地摆脱环境的微妙钳制，而在思想探究的领域里，我们几乎再也找不到一个像他一样锲而不舍的人。"② 凡勃伦不仅对炫耀性消费的道德批判发人深省，而且以炫耀性消费维持不平等生存结构的思想启发了一大批现代性批判理论家，其中最著名的便是提出"消费社会"理论的鲍德里亚。鲍德里亚认为，"不管是哪种社会，不管它生产的财富与可支配的财富量是多少，都既确立在结构性过剩也确立在结构性匮乏的基础之上。"③ 可见，凡勃伦通过消费揭示生存结构的思想在鲍德里亚那里得到了进一步体现。

六、法兰克福学派：大众消费文化与人的异化生存

法兰克福学派成员大多是持激进马克思主义立场的犹太人，在法西斯政权的强权统治之下，他们被迫迁往有着自由之誉的美国。他们认为在这块自由土地上可以继续他们在德国的研究，正像霍克海默在《哲学和社会科学研究》序言中所说："美洲，尤其是美国是科学生活可能继续的唯一大陆，在这个国家民主机构的框架内，文化仍然享受着自由。"④ 然而，他

---

① 凡勃伦：《有闲阶级论》，蔡受百译，商务印书馆1964年版，第42页。
② 何清涟：《由"有闲阶级"所引发的关于财富和贫困的思考》，《读书》1998年第2期。
③ 鲍德里亚：《消费社会》，刘成富、全志刚译，南京大学出版社2001年版，第38页。
④ 殷晓蓉：《法兰克福学派与美国传播学》，《学术月刊》1999年第2期。

们在美国的所见所闻与其预期并不一致，他们发现美国铺天盖地地分布着一个既非法西斯主义但同样遵循同一性逻辑和人为操纵性的大众消费文化，这种消费文化虽然来自于凡勃伦时代的炫耀性消费，但又具有了一些新的特征，如以利润最大化为目标，服务于资本的运作，并充分借助大众传媒的作用，而最重要的特征在于它们虽然满足了大众的消费趣味和精神需要，但却隐藏着剥夺个人自主意识的操纵逻辑，这种操纵逻辑与法西斯通过意识形态宣传对大众施加强权控制有着本质的相似，大众消费文化成了维护资本主义制度的"社会水泥"。在铺天盖地的大众消费文化的支配之下，资本主义社会人的生存在本质上是违背人性的、不合理的，从而表现为异化的生存论性质。

　　法兰克福学派的理论家们都十分自觉地接受了《1844年经济学哲学手稿》中的异化逻辑，并运用异化逻辑去审视资本主义社会的大众消费。他们认为本真维度的消费应该是这样的："消费行为应该是一种具体的人类行为，其中应该含有我们的感觉，身体的需求，我们对美的感受力——也就是说，在消费中我们应该是一个具体的有感觉的、有情感的、有判断能力的人；消费的行为应该是充满意义的、人本的、创造性的体验。"[①] 同手稿时期的马克思相似，当法兰克福学派理论家们用异化逻辑去看待大众消费文化时，大众消费文化只不过充当了消费主义意识形态布控的手段。首先，大众消费文化具有操纵性和控制性。他们认为大众消费文化并非大众享有的文化，而是文化产品大规模复制、传播之后形成的文化工业，因此主张用"文化工业"的提法取代容易造成误解的"大众消费文化"。资本主义国家动用一切先进生产手段，按照一种满足虚假需求的程式来批量生产所有的文化、艺术和消遣产品，大众消费文化已经成为生产流水线上的同质化产品。由于文化产品的生产实现了产业化运作，因此那些掌握着支配性物质力量的群体能够通过大众传播媒介把确定的思维方式、行为方式和价值标准强加给人们，使大众丧失独立的思考能力和自由的批判精神。其次，消费享乐取向造成了大众文化的欺骗性意识形态。大众文化产品一

---

① 弗洛姆：《健全的社会》，蒋重跃等译，国际文化出版公司2003年版，第116页。

味地迎合劳动社会中人们的低级需求,使人们满足于虚假的"幸福意识",沉溺于"一种舒舒服服、平平稳稳、合理而又民主的不自由"①。霍克海默和阿多诺指出:"文化工业通过娱乐活动进行公开的欺骗。这些文娱活动,就像宗教界经常说教的,心理学的影片和妇女连载小说所喋喋不休地谈论的,进行装腔作势的空谈以便能够更牢靠地在生活中支配人们的活动。"② 大众消费文化不断地向消费者许愿来欺骗消费者,让他们忘记现实中的烦恼和忧愁,得到放松和享乐,给予他们一个暂时的满足,导致大众的超越性追求被消解,逐步遗忘社会关系的根本性不平等。最后,大众消费文化成为意识形态的工具。从表面看来,大众消费文化并不像法西斯那样面目狰狞、阴森恐怖,这是它的温柔一面,然而,恰恰是它的温柔让大众舒舒服服地钻进了意识形态的天罗地网,并且乐不知返,这说明大众消费文化已经成为细微隐蔽而又无所不在的统治形式。"所有的人从一开始起,在工作时,在休息时只要他还进行呼吸,他就离不开这些产品。没有一个人能不看有声电影,没有一个人能不收听无线电广播,社会上所有的人都接受文化工业品的影响。文化工业的每一个运动,都不可避免地把人们再现为整个社会所需要塑造出来的那种样子。"③

由于大众消费文化已经成为消费主义意识形态"控制的新形式",所以现代大众日常生活在消费文化的改造之下产生了"异化"性质,这主要表现在:一、大众消费文化造成了单向度的生存方式。大众消费文化具有很大的欺骗性,它迎合机械劳动中的疲惫需求,通过提供越来越多的承诺和越来越好的舒适生活来实现大众的自我价值,于是"小轿车、高清晰度的传真装置、错层式家庭住宅以及厨房设备成了人们生活的灵魂"④,"这是一种好的生活方式,一种比以前好得多的生活方式;但作为一种好的生

---

① 马尔库塞:《单向度的人——发达工业社会意识形态研究》,刘继译,上海译文出版社2006年版,第3页。
② 霍克海默、阿多诺:《启蒙辩证法》,洪佩郁、蔺月峰译,重庆出版社1990年版,第134页。
③ 同上书,第118页。
④ 马尔库塞:《单向度的人——发达工业社会意识形态研究》,刘继译,上海译文出版社2006年版,第10页。

活方式，它阻碍着质的变化。由此便出现了一种单向度的思想和行为模式"①，人们在肯定性的生存方式中逃避现实，与现实社会成为一体。二、大众消费文化造成了物化的生存方式。在资本主义经济体制下，大众往往把人生价值、品质、人格、知识和情感等化约为交换价值，以金钱和财富作为自己是否成功、是否幸福的标准，"他们贪婪地消费着这一切，吞噬着这一切。世界成了填充我们胃口的巨大物品……我们则永远在期待，永远在希望，也永远在失望。"②"现代人，如果他敢于描述一下天堂是什么样子的话，他准会说出这样的一幅画面，天堂看上去像一个世界上最大的商场，摆设着崭新的商品，他有足够的钱随意选购。"③ 三、大众消费文化扼杀了人们的个性和创造性。法兰克福学派认为真正的艺术总是独特的、不可复制的，但批量化生产的大众消费文化产品从形式到内容都有趋同和标准化的特征，"现在一切文化都是相似的。……在垄断下的所有群众文化都是一致的，它们的结构都是由工厂生产出来的框架结构。"④ 文化产品标准化的后果便是艺术生命的萎缩和真实个性的消失，"个性之所以成为虚幻的，不仅是由于文化工业生产方式的标准化，个人只有当自己与普遍的社会完全一致时，他才能容忍个性处于虚幻的这种处境。"⑤ 当内容的真实性和风格的独特性被堵塞之后，肤浅的创新和表面的个性便纷纷出场，成为当代个性的主要表征。

　　法兰克福学派秉持着文化精英主义理想和异化思维逻辑，强调真正的文化只属于那些对物化世界做出超越性追求和批判性诉求的创造性文化，而大众消费文化平息了人们的反叛冲动和社会的否定维度，使大众在幻想中得到满足从而美化现存秩序，因此他们对大众消费文化的异化生存论性质做出深刻批判便是理所当然的事情了。看一下今天消费社会中已经构成

---

① 马尔库塞：《单向度的人——发达工业社会意识形态研究》，刘继译，上海译文出版社 2006 年版，第 12 页。
② 弗洛姆：《爱的艺术》，陈维纲等译，四川人民出版社 1986 年版，第 97~98 页。
③ 弗洛姆：《健全的社会》，蒋重跃等译，国际文化出版公司 2003 年版，第 117 页。
④ 霍克海默、阿多诺：《启蒙辩证法》，洪佩郁、蔺月峰译，重庆出版社 1990 年版，第112~113 页。
⑤ 同上书，第 145 页。

我们日常生活主要部分的消费文化产品，便不难理解商品化的大众消费是如何影响了我们是非对错的价值判断，是如何为我们创造出一个不同于从阶级和生产角度看待现实生活的观念系统，法兰克福学派在半个世纪前的警言正逐渐变成我们今天的现实。不过，法兰克福学派的批判虽然深刻，但不容否认的是异化思维逻辑使他们过于重视立竿见影的革命解放，从而忽视了日常生活的细部特征，这也使得他们无法正视大众消费文化蕴藏着的生活意义和政治潜能。

七、后期鲍德里亚：符号消费与生存的非人化性质

第二次世界大战结束之后，尤其是进入60年代，西方社会在现代化进程和高新技术推动下，迈入了一个物质普遍繁荣、商品大量供应、文化异常兴盛的时期，高速公路、摩天大厦、百货商场、购物中心、电影电视等迅速出现在人们周围，消费活动成为社会生活中最活跃的现象，消费而非生产开始主导社会生活的中轴。如何把握这些新现象及其引起的生存论性质，成为许多理论家进行思考的焦点。法国著名社会学家鲍德里亚在60年代开始关注消费社会的特征，他从物的消费进入到符号消费的研究领域，深入揭示了现代消费的符号化特征，并由此展开对生存的非人化性质的思考，这些都是我们今天研究消费的生存论关系的重要思想资源。

在鲍德里亚看来，消费地位的上升表现为当代社会已经从生产本位转向消费本位，人们开始从生产主人公转变为消费主人公，"我们处在'消费'控制着整个生活的境地"①。鲍德里亚首先关注的是丰裕社会的景象："今天，在我们的周围，存在着一种由不断增长的物、服务和物质财富所构成的惊人的消费和丰盛现象。它构成了人类自然环境中的一种根本变化。恰当地说，富裕的人们不再像过去那样受到人的包围，而是受到物的包围。"② 不过，这里"物"的主要意义不是具有使用价值的商品，而是它能够成为处于差异关系中的"符号"，"要成为消费的对象，物品必须成

---

① 波德里亚：《消费社会》，刘成富、全志钢译，南京大学出版社2001年版，第6页。
② 同上书，第1页。

为符号,也就是外在于一个它只作意义指涉的关系"① 中,否则物就无法进入消费领域。因此,人们消费的不再是具体的物品,而是人和物品之间的关系、人和集体以及人和世界之间的关系,这种消费由于凭借着符号的中介,所以是"符号消费"。符号消费不以功能性的实物消费为主导,而以非功能性的符号消费为主导,符号消费充斥着对差异的追求,因此它成为了社会的区分逻辑。不同的符号代表着不同的关系理念,不同的关系理念又包含着不同符号拥有者的地位、身份、权力、品位、个性等诸多差异,在充满差异的符号消费中,消费生产出差异性的社会地位。"知道这一点非常重要,即这种个性化,这种对地位和名望的追求是建立在符号基础上的,也就是说,它不是建立在物品或财富本身之基础上而是建立在差异之基础上的。"② "在作为使用价值的物品面前人人平等,但在作为符号和差异的那些深刻等级化了的物品面前没有丝毫平等可言。"③

符号消费的实质是社会差异和社会关系的消费,因此它又充当了消费社会新的驯化手段。"消费社会也是进行消费培训、进行面向消费的社会驯化的社会——也就是与新型生产力的出现以及一种生产力高度发达的经济体系的垄断性调整相适应的一种新的特定社会化模式。"④ 以信用为例,信用表面上是一种额外奖励,是通向丰盛的途径,但实际上信用是榨取储蓄并调节需求的一种训练程式,否则大众就会变成无法开发的消费力。因此,消费社会一切关于消费的话语只有一个目的,就是要让符号消费成为新的生产力,纳入到社会系统再生产的渠道中。

在消费社会中,表面看来人们的需求、个性、享受和丰盛都获得了解放,实际上人们只有进入到符号消费模式中按照符号的编码规则去组织自己的行为,才能获得生存优势,当符号消费构成人们的生存结构,成为一种弥散的"存在"之光时,生存的非人化性质便产生了。首先,符号消费

---

① 布希亚:《物体系》,林志明译,上海人民出版社2001年版,第223页。
② 波德里亚:《消费社会》,刘成富、全志钢译,南京大学出版社2001年版,第85页。
③ 同上。
④ 同上书,第73页。

带来的是匮乏而非丰盛。"不管是哪种社会，不管它生产的财富与可支配的财富量是多少，都既确立在结构性过剩也确立在结构性匮乏的基础之上。"① 尽管消费社会的物品十分充裕，然而符号消费却硬要把匮乏的生存状态重新施加给人们，因为符号消费需要匮乏和稀有之物的存在，这是消费社会运作机制决定的。其次，符号消费带来的是不平等而非平等。表面看来人人可以享受消费社会带来的丰裕物质产品，没有任何社会等级限制人们不准消费某类物品，然而符号消费是一种具有社会区分意义的消费方式，人们进入符号消费就是要把自己突出出来，"人们从来不消费物的本身（使用价值）——人们总是把物用来当作能够突出你的符号，或让你加入视为理想的团体，或参考一个地位更高的团体来摆脱本团体。"② 再次，符号消费带来的是享受的否定而非真正的享受。符号消费的重要特点是需求的整体被给予性，消费者的心理不是"一个橱窗或一个目录"，因此需求不是一个个地被生产的，需求作为一种体系必定是"系统气氛网"。正是在需求体系的总体立场上，鲍德里亚认为现代消费"建立在否认享受的基础上。这时享受也不再是其合目的性、理性目标，而是某一进程中的个体合理化步骤，而这一进程的目的是指向他处的"③。不难发现，符号消费作为一种"建立关系的主动模式"，带来的是生存的匮乏、不平等和享受的否定，这些便是人的生存的非人化性质。符号消费以隐蔽、普遍和难以打破的方式建立起人与物品、人与集体和人与世界之间的非人化关系，因此我们应当砸烂这个"恶魔般"的、"威胁着我们每一位的世界"。

通过以上分析可以看出，鲍德里亚以独特的符号消费视角分析了现代消费模式中符号的社会区分功能，并以此为基础揭示了人的生存的非人化性质，这既是对马克思关于异化生存思想的继承，也是对凡勃伦关于消费维持不平等生存结构的观点的呼应，更是对现代消费符号化特点的洞察，这都是前期鲍德里亚的思想状况。当经历了60年代的社会动荡、理想追寻

---

① 波德里亚：《消费社会》，刘成富、全志钢译，南京大学出版社2001年版，第85页。
② 同上书，第48页。
③ 同上书，第70页。

和信念幻灭之后,鲍德里亚便像他同时代的许多思想家一样,彻底抛弃了马克思主义色彩的社会分析方法,开始更多地关注拟像、仿真、超真实等具有后现代性的事物,这又引起了他新一轮的对现代人生存性质的关注,不过这已经是后期鲍德里亚的思想主题了。

第二节　后现代性的视角

19 世纪下半叶,消费就成为思想家分析社会的一个视角和焦点,消费被普遍认为是现代性的手段和后果。无论是青年马克思、法兰克福学派,还是凡勃伦、前期鲍德里亚,都肯定了社会劳动领域的异化向消费领域的渗透,并由此展开对消费的生存论关系的分析。然而,20 世纪 60 年代后期发生的一系列政治和文化事件动摇了思想家们对现代性建构的理性信念,他们开始认为当前的社会与现代社会发生了深刻断裂。1968 年法国的"五月风暴"中,那张贴在索邦大门口的大字报就向世人宣告了社会的断裂:"当下这个革命不但质疑资本主义社会还要质疑工业社会。消费社会注定得暴毙。将来再也没有任何社会异化。我们正在发明一个原创性盎然的全新世界。想象力正在夺权。"①然而,"想象力夺权"运动无非是符号的造反和能指的游戏,除了导致乌托邦的衰灭并不能带来任何积极的变化。这场文化政治风暴引起的一个重大变化便是思想家们开始对宏观政治丧失信心,转而关注现代性的解构和微观层面的解读,其在消费研究领域的体现便是符号成为消费研究的焦点,并以此作为分析人的生存状况和生存性质的新的出发点。

一、后期鲍德里亚:符号的仿真与生存真实性的终结

后期鲍德里亚从符号出发分析现代消费的本质,指出生产社会的消费

---

① 奈特罗其、奈仁:《法国 1968:终结的开始》,赵刚译,三联书店 2001 年版,第 132 页。

处于生产的从属地位，是对物品的使用价值的消费，而现代消费是社会的主导因素，生产降低为消费的从属，而且现代消费是消费物品的符号价值，目的是为了得到符号所代表的差异性地位。不难看出，前期鲍德里亚虽然推出了符号消费概念，但是这里的"符号消费"仍然有着真实的社会基础，即社会成员对于地位身份的争夺和获取。当后期鲍德里亚沿着"符号"之路继续向前走时，就越来越抛弃了符号消费的社会根基，符号失去了任何社会联系而处于以自身为参照的无限演绎中，符号在符号的互指中失去了任何意义，成了没有任何实在指涉性的游移的能指。至此，在符号造就的超真实幻境中，社会消失了，生存的真实性也终结了。

拟像（simulacrum）、仿真（simulation）和超真实（hyperreality）是鲍德里亚后现代理论的核心概念，他从来没有对这些概念加以明确界定，不过我们可以从他关于西方社会历史序列的划分中把握这些概念的内涵。鲍德里亚认为西方社会的历史相继呈现为三种"拟像秩序"，分别代表着事物形象与现实之间的不同关系。第一种拟像秩序是"仿造"的秩序，"是从文艺复兴到工业革命的'古典'时期的主要模式"①，在这种秩序中，符号试图追求与现实的直接同一性，符号被当作现实的反映来看待，这个阶段服从的是"价值的自然规律"。第二种拟像秩序是"生产"的秩序，"是工业时代的主要模式"②，在该秩序中，无限的再生产潜能取代了原先的仿造原则，大量的无差别的复制品在没有原物的情况下被提供出来，符号从对自然的依赖中解脱出来，开始把自然当作支配的对象。这一秩序的现实原型是资本主义推动的商品等价交换，因此它被"价值的商品规律"所支配。第三种拟像秩序是"仿真"的秩序，"是目前这个受代码支配的阶段的主要模式"③，和前两种拟像秩序不同的是，这个秩序中真实的事物消失了，拟像与客体、观念与事物之间的区别已经不再存在，人们无法再指认真实的指涉对象，因为现实生活已经被符号彻底取代，所谓的"事物"不过是符号的反映而已，这个秩序遵从的是"价值的结构规律"。

---

① 波德里亚：《象征交换与死亡》，车槿山译，译林出版社2006年版，第67页。
② 同上。
③ 同上。

鲍德里亚认为，当下社会正是仿真秩序占据主导的阶段，仿真是根据模型来构造真实，"仿真的特点是模型先行，模型在先，它们的轨道（像炸弹一样）循环构成了真正的事件磁场。事实已经没有自身的运行轨道。"① 模型的典型代表是计算机符号把所有的问题及其解答都变成0和1之间的二元对立，仿真不是根据现实创造符号，而是根据符号创造现实，"类象不再是对某个领域、某种指涉对象或某种实体的模拟。它无须原物或实体，而是通过模型来生产真实：一种超真实。"② 超真实是一种比真实还真实、比现实还现实的仿真，仿真消解了真实和非真实之间的界限，真实的东西已经荡然无存，人们甚至认为模型是更好的、更真实的，模型成为现实的原型和标准，模型生产着现实。例如，迪士尼乐园是仿真秩序的典型代表，它创造了人们理想中的快乐、干净和友好，它比"现实社会"中的事物更美好，因此迪斯士乐园之外的事物正在竭尽全力地模仿它，根据迪士尼的原则来改造自身，这就是仿真秩序下的"超真实"。

在鲍德里亚看来，西方社会经过一系列秩序演化，最终造就出一个符号取代真实的超真实世界：真实和非真实的界限消失了，非真实比真实还要真实，真实的只有符号，只有模仿符号，才能获得真实的存在身份，超真实变成了"真实自身的沙漠"③，这给人的生存的影响便是生存真实性的终结。按照前期鲍德里亚的看法，人们尽管追求符号消费的象征价值，但总归可以在现实社会中找到它的基础，这就是人们对于身份、地位的重视。然而在后现代社会中，身份、地位已经不重要了，因为身份地位其实是死亡了的真实，符号才是生存的最终诉求。如果说原来人们是通过符号消费来追求社会身份，那么现在人们则不再关心身份的高与低，因为这些都是没有意义的，有意义的是人们要在符号帝国中自由地漂移。毫无疑问，符号仿真为人们造就的是生存真实性的终结，人们表面看来仍然生存

---

① Jean Baudrillard, "Simulacra and Simulation", Selected Writings, Ed. Mark Poster, California: Stanford University Press, 1988, p. 175.
② 凯尔纳、贝斯特：《后现代理论》，张志斌译，中央编译出版社2004年版，第152页。
③ Jean Baudrillard, "Simulacra and Simulation", Selected Writings, Ed. Mark Poster, California: Stanford University Press, 1988, p. 166.

着，实际上不过是为了符号而生存，真理和意义都已经被放逐，人们就像能指的碎片化漫舞一样去获得自己的生存。

后期鲍德里亚多次提到"终结"：历史的终结，他者的终结和现代性的终结，他引用坎内蒂关于终结的思想："这是一种令人痛苦的想法：超过了某一确定的时刻，历史就不再是真实的了。不知不觉中，突然之间全人类已将真实抛在身后。从那个时刻起发生的一切事情都不再是真实的，然而我们却没能意识到这一情况。眼下，我们的任务和职责就是要找出这一点，否则，只要我们还不能了解这一点，我们就注定要继续目前的毁灭进程。"① 鲍德里亚当然不愿继续目前的毁灭进程，不过他开出的药方却是反讽的辩证法，"批评思想必须自己变成极端现象，必须抛弃所有批评的意图、所有对辩证法的幻觉、所有理性的期望，它必须俨如世界进入荒谬的、讽刺的和极点的阶段。必须比现实更加超现实，比虚拟的现实更虚拟。思想的幽灵必须比其它的走得更快。"② 至此，我们在鲍德里亚的论述中已经无法找到他前期的历史轨迹、结构关系和确定形式的思想，后期鲍德里亚提供给我们的只是游移的符号和无根的能指。在这种意义上，鲍德里亚用符号的仿真取代了人的生存真实性的分析，他所面临的出路只能是消极悲观的虚无主义，这是后期鲍德里亚留下的一个重大思想教训。

二、詹明信：符号的蔓延与无深度的生存模式

20世纪后半叶的西方社会，出现了一种与二战前社会的彻底断裂。作为美国著名后现代理论家的詹明信对此深有感触，他在《后现代主义与消费社会》一文中写道："非马克思主义者和马克思主义者一样都已达致了共同的感觉，即一种新型的社会开始出现于二次大战后的某个时间（被五花八门地说成是后工业社会、跨国资本主义、消费社会、媒体社会等

---

① 坎内蒂：《人类的职责》，转引自道凯尔纳、贝斯特：《后现代理论》，张志斌译，中央编译出版社2004年版，第171页。
② 博德里亚尔：《完美的罪性》，王为民译，商务印书馆2000年版，第64页。

等)。"① 詹明信认为晚期资本主义社会实质上是消费社会,其文化逻辑便是后现代主义。后现代主义到处蔓延着由电影、电视、广告、照片、视频网络等构成的消费符号,这些视觉性的消费符号赋予后现代文化以平面性、无中心、无方向、反权威等特征,整日沉浸在消费符号中的人们再也没有历史感,只求新鲜刺激与感官享乐,在无深度的生存模式中追求一连串的当下片断。

詹明信认为,为了了解资本主义文化,就必须考察资本主义生产方式和这种生产方式带来的文化。为此,他借鉴了曼德尔关于资本主义三阶段的划分提出了资本主义文化发展的三阶段理论。"资本主义已经历了三个阶段,第一是国家资本主义阶段,……第二阶段是列宁所论述的垄断资本主义或帝国主义阶段,……第三阶段则是第二次大战之后的资本主义。……第一阶段的艺术准则是现实主义的,……第二阶段便出现了现代主义,而到了第三阶段现代主义便成为历史陈迹,出现了后现代主义。"② 后现代主义标志着资本主义及其文化逻辑发展到一个新的阶段,在这一阶段,资本逻辑完全渗透进文化领域,文化符号和商品生产已经紧密结合在一起,文化成为以营利为目的的文化产业。由于资本逻辑始终不放弃对所有领域进行资本化的努力,因此,消费符号也伴随着资本逻辑的全方位渗透而进入日常生活的方方面面,从而造成了消费符号的蔓延。詹明信指出,后现代文化是一种以视觉为中心的文化,视觉符号充斥着日常生活的每一个角落,当代社会"就是真正的形象社会时期,从此在这个社会中人类主体面临每天多达一千多个形象的轰炸"③。视觉化原则成为事物获得存在身份的凭证,所有那些真实的、未说的、不可表达的东西都要统统转化为视觉符号,由此视觉符号取代了文字的地位。

在后现代文化中,消费符号不再是资本经济的附属物,它们就是资本经济的直接产品。在资本逻辑的强大推动下,消费符号被解除了指涉世界

---

① 詹明信:《晚期资本主义的文化逻辑》,陈清侨译,三联书店1997年版,第418页。
② 杰姆逊:《后现代主义与文化理论》,唐小兵译,北京大学出版社1997年版,第57页。
③ 詹姆逊:《文化转向》,胡亚敏等译,中国社会科学出版社2000年版,第108页。

的功能，变成了自由漂移的能指链，人们陶醉于符号世界中，从而形成一种无深度、无历史的生存模式。这一模式表现为以下几个方面：首先是距离的消失。詹明信认为只有借助于适当的批判距离，文化实践才能在一个具体的立足点上反击资本逻辑，而文化的商品化说明文化和经济已经联为一体，资本逻辑已经吞并了文化的自主性原则，这样文化批判的前提就被瓦解，批判不再可能，人们的生存也就失去了批判反思自身的能力。其次是价值的缺场。后现代文化采取了"拼凑"手法，这一手法甚至连"摹仿"都不如，"摹仿"还通过抄袭来表达一种价值判断，而"拼凑法采取中立的态度，在仿效原作时绝不多作价值的增删。拼凑之作绝不会像模仿品那样，在表面抄袭的背后隐藏着别的用心；它既欠缺讥讽原作的冲动，也无取消他人的意向。……拼凑是一种空心的摹仿———一尊被挖掉眼睛的雕像"①。后现代文化作品不做任何价值判断，大众也因满足于快感刺激而不做意义追问，这种生存模式反映的实质问题是价值的缺场。再次是独特性的丧失。与现代主义作品总是顽强地表达主体独特体验不同的是，后现代主义作品蔑视心灵，蔑视主体，认为主体都是虚假的陈述。既然主体已经死亡，与主体有关的独特的体验也就不能存在了，人们放纵自我于时尚华丽的商品包装和快速流动的影像符号。"在原有的现代的崇高的位置上，出现了美的回归和装饰，它抛弃了被艺术所声称的对'绝对'或真理的追求，重新被定义为纯粹的快感和满足。"② 生活于后现代社会中的人们不再追求深度模式的生活意义，只是满足于当下消费的即时快感。

按照詹明信的看法，当消费符号漫天飞舞之时，人们的生存不再以自身为目标，而是变成了符号的复制和模仿，由此导致的结果便是生存丧失掉历史感和深度感，不愿做进一步的追问和思索，只求表面化和感官化的消费享乐。不难看出，詹明信和后期鲍德里亚对于消费符号及其生存论性质的论述有着不谋而合之处，詹明信也意在强调符号的漂移性和无界限性，当符号挣脱了现实世界的生存根基时，它只能成为人的生存的无根性和无历史性的表征。

---

① 詹明信：《晚期资本主义的文化逻辑》，陈清侨译，三联书店1997年版，第453页。
② 詹姆逊：《文化转向》，胡亚敏等译，中国社会科学出版社2000年版，第84页。

三、鲍曼：符号消费的自由与生存秩序的巩固

在对战后西方社会特征的阐述中，后现代理论家鲍曼也像鲍德里亚一样十分强调消费在当代社会中扮演的中心性角色。鲍曼认为我们迟早要重写19、20世纪的历史，因为我们只是把19世纪理解为工业主义的生产，忽视了消费主义对于资本主义社会的建构作用。这种建构作用至少表现在三个方面：在生活层面上，消费是为了达到建构身份、建构自身以及建构与他人的关系等目的；在社会层面上，消费是为了支撑体制、团体和机构的存在与运作；在制度层面上，消费则是为了保证种种条件的再生产，而正是这些条件使得所有上述活动得以成为可能。① 消费之所以能够发挥出如此重大的功能，其根源在于现代社会的消费已经不再是满足胃内需要的行为，而是一种出于各种目的需要对象征物进行操纵的行为。正是基于符号消费，资本主义社会才把消费者当作生产者加以重点培养。可见，鲍德里亚的符号消费观点成了鲍曼消费论述的起点，由此他展开了符号消费与人的生存之间关系的考察。

由于符号消费的重点不在于对消费品质料的消耗，而是对差异性社会地位的追求，因此符号消费不会导致稀缺自然资源的逐步耗光，相反，符号消费中一些竞争者获得的地位优势不一定削弱其他人的机会，机会只会刺激其他人越来越努力地参与竞争。这样，当"个人自由从财富、权力的竞争转移到对象征符号的竞争，这为个人的自我作主创造了新的可能；由于符号竞争不会面临迫近的、无法挽回结局的危险，因此不必承担受挫和自我毁灭的种子"②。也就是说，符号消费既为大众准备好了多样化的选择，同时也不削弱他人追求自主的机会，反而刺激出他人更多、更强烈的自主冲动，因为消费社会的消费竞争主要是商品象征符号的竞争，符号在竞争中只会增值，一方得胜不仅不会造成另一方失败，反而会激起另一方更强的得胜欲望，这是符号消费了不起的自由成就，没有其他制度能如此

---

① 鲍曼：《消费主义的欺骗性》，何佩群译，《中华读书报》1998年6月17日。
② 鲍曼：《自由》，杨光、蒋焕新译，吉林人民出版社2005年版，第78页。

成功地消除自由的多重矛盾。

从一般性角度而言，享有自由便意味着承担责任，这一点是许多刚刚摆脱人治状态的人们不习惯的，所以才会出现"逃避自由"、渴望专制的现象。而符号消费既提供了自由，又免除了责任带来的压力，不能不说是现代消费的进步意义。然而鲍曼指出事实不是这样，给我们带来诸多好处的现代消费实际上是欺骗了我们。其一，消费主义比工业资本主义更具欺骗性。后者会直接告诉人们：这是老板，那是出卖劳动力者，即使你再努力，再争取进入到更高的层次，但赢家和输家的结构是不会改变的。而前者掩盖了这种结构性的不平等，向人们许诺了幸福的普遍可获得性，而幸福实际上是无法普遍获得的。其二，消费主义声称解决了自由问题，实际上它没有解决。本来，人们可以通过工作、交往、思考、创造和批判等多种方式实现自由，但是现在自由被压缩和降格为通过消费去实现的自由，"自由事实上被降格为了消费主义"①。符号消费带来的自由诱惑着人们纷纷走进商店和购物中心，势必造成对商品更大规模的需求，这正满足了资本的获利胃口。于是，资本主义社会赋予消费者的消费自由"现在可以算作体制的财产了，而不是一笔管理费用了"。以往社会控制的方法是类似"圆形监狱"的事物，这既会招来异议，又会付出高昂的代价，而现在是让消费者自愿进入符号消费的竞争体系，这既满足了消费者的自由欲望，更是对资本而言的一本万利的新型控制方法，符号消费的自由最终成为资本主义社会生存秩序的巩固手段。

不难发现，鲍曼关于符号消费的结论更多地与凡勃伦的观点相似，他也得出了人们通过消费来维持某种生存结构的观点。不过毋庸置疑的是，鲍曼的结论仍然是在后现代性视角下得出的，因为他心目中的消费概念与其说是凡勃伦式的，不如说是鲍德里亚式的。正是借助于后现代性视角中的核心概念"符号消费"（而非实物消费、使用价值的消费），鲍曼才看到了现代人生存秩序的巩固手段，这是将他划入后现代理论家的重要原因，也是鲍曼在后现代条件下思考人的生存的重要支点。

---

① 鲍曼：《消费主义的欺骗性》，何佩群译，《中华读书报》1998 年 6 月 17 日。

第三节　消费生存论：消费研究凸显的主题

消费作为个体再生产的方式，自始至终伴随着人的生存。为了维持自身的生物体存在，人首先就需要吃喝住穿等消费活动。与马克思一再强调的"生产物质生活"的永恒性相似，消费同样具有永恒性，"人们单是为了能够生活就必须每日每时去完成它，现在和几千年前都是这样"[①]，消费与生存同在，消费的历史和生存的历史同样悠久，就此而言，消费的生存论关系是始终存在的。然而，在人类历史卷帙浩繁的文献资料中，专门阐述消费问题并对消费的生存论关系进行考察的著述并不是很多，只是到了19 世纪下半叶，伴随着现代消费方式的兴起，人们才开始关注与人的生存最切近的消费问题，在此基础上，一大批围绕着消费问题的著作，如《有闲阶级论》《奢侈与资本主义》《货币哲学》《新教伦理与资本主义精神》《消费社会》等才得以问世。之所以会出现这种作为永恒现象的消费直到19 世纪才被人们关注的情况，根本原因在于传统消费始终停留在生存主义取向上，传统时代的人们普遍认为消费只不过是人们为了满足生存需要以及在此基础上满足一定的生活便利而进行的诸如衣食住行、吃喝玩乐等活动，这些活动要解决的主要是生存的问题，而不是发展和享受的问题。正因为此，传统人才从生存主义角度理解消费，认为消费就是为了保证基本的生存，消费的主要意义就是保证人能够继续生活下去而不致死绝，至于发展和享受问题则根本提不上当时人们的议事日程。当消费被等同于生存的时候，消费问题自身也就难以凸显出来。

但是，现代消费方式的兴起已经解决了人们的生存问题，人类从整体上已经摆脱物质绝对匮乏的生存处境，越来越多的人有更多的自由时间去从事旨在完善自身与改造社会的活动，这样，人们逐渐地不再从生存主义角度去理解消费，而是从发展和享受的角度去理解消费。与此同时，消费

---

① 《马克思恩格斯选集》第 1 卷，人民出版社 1995 年版，第 79 页。

的使用价值逐渐降低,符号价值逐渐上升,消费成为现代社会重要的交流体系和区分体系。正是在消费内涵发生文化转向之后,现代和后现代思想家们开始关注消费问题,并对消费的生存论关系做出深入探讨。在研究过程中,大体说来思想家们主要是从两个角度切入消费的生存论关系问题,一种是将现代消费方式视为现代性的后果,重点关注现代消费方式中隐藏的生存结构的特点,关注现代消费方式引起的生存论性质的异化趋势,这是现代性视角下的观点;另一种是将消费,或者说符号消费视为后现代性的主要表征,认为符号消费的强势崛起导致了主体的缺场,从而使得人的生存的真实性不再存在,人们只不过是为了符号而生存,一味陶醉于符号构筑的碎片世界中,这是后现代性视角下的观点。

尽管思想家们采取了两种不同视角,但是,对消费的生存论关系采取批判性视角是他们的共同特点。持有现代性视角的学者多是从理想、伦理、异化等角度出发,展开对现代消费方式的生存结果的批判性考察;持有后现代视角的学者多是从符号消费角度出发,关注符号蔓延之下主体性失落的问题。这样两种研究进路从根本上而言,都是对人的生存方式的忧虑和对人的生存性质的忧思,体现出学者固有的批判精神和生存论关怀。通过对一个多世纪以来消费研究状况的梳理,我们已经能够清晰地看出消费研究逐渐凸显的主题,这就是消费的生存论关系。具体来说,这里的"消费"主要是指现代消费方式,在此基础上,"奢侈消费""炫耀性消费""大众消费""符号消费"等一系列消费方式才得以产生。各种各样的消费方式产生之后,又对人的生存方式和生存性质造成了不可忽视的重大影响。总之,消费研究应当关注消费自身的变化及其引起的生存论关系,这也正是本书的主题。

第二章

消费的生存论意义

尽管消费始终伴随着人的生存,有人生存的地方必然有消费的存在,但只不过是近代以来,日渐兴起的现代消费方式才开始对人的生存发挥强大的能动作用,并相应地导致了人的生存的巨大变化。这些变化具有多方面的生存论关系,它表现为从维持生存向提升生存、从保证生存向改善生存、从简单的肉体再生产向复杂的肉体再生产和多维的精神再生产的转变,所有这些都展现为人的生存方式的积极变迁,从而构成了现代消费方式的生存论意义。

第一节 传统消费时代的生存困境

传统社会的主导经济成分是自然经济,人们生产的目的是满足自己和家族成员的生存和生活需要,因此需要什么和需要多少,就生产什么和生产多少,需要是生产的边界,这就决定了传统消费是自给自足式的。由于无法通过市场方式获取多样化的消费资料和消费信息,再加上社会生产力水平的低下,因此传统消费下的生存模式是生存型、匮乏型和需要型的,这表现为一系列的生存困境。

一、生存需要占据主导

满足生存需要是任何消费都包含的一个内容，这一点不仅适合传统消费，而且适合现代消费。不过与现代消费注重发展需要和享受需要不同的是，传统消费以满足生存需要为主。多数人能够生产的消费品十分有限，加之产品供给主要来自于自己和家庭，没有市场提供的多样化选择，因此消费品非常单调。"由于平均消费水平十分接近于维持生活的最低限度的水平，因而这种不稳定的状况可以说是悲剧的周期出现。"①

在传统消费模式下，以衣食住行为内容的生存需要不仅是消费的主要方面，而且它们本身都处在初级和粗糙的水平上。在衣着方面，衣服有护体遮羞、美观美体、标明身份、显示地位的功能，但是传统社会普通人的衣服只是具备护体遮羞这种实用功能，甚至一部分人没有衣服可穿。"中世纪农民的衣服以实用为目的，很少考虑其他方面。旨在保护他的躯体，在野外劳动时，不受霜露风雪，雨淋日晒。典型的衣着是粗糙的罩衫、工作服、半截长上衣及绑腿裹脚；虽然在许多情况下，这些名为衣服，其实只不过是用些零碎的布条或兽皮来裹住他们的躯体和四肢的委婉说法而已。"② 在饮食方面，饥饿是社会的普遍状况，许多人不仅营养不良，而且因为没有食物而失去生命。"在中世纪社会里，许多人体质瘦弱，常常营养不足，就因为食物供应的相对贫乏所致，反之若有人身体强健，身壮力大，就标明富裕和安全。"③ 在住房方面，一般家庭住房只是粗陋茅屋，没有家具设备，除了能够满足坐卧的床椅和存放器物的箱柜之外，便是空无一物。在交通方面，条件也十分落后，出行基本依靠步行，坐马车只能是贵族的标志，致使多数人一生的活动半径仅仅是周围的几个乡村，无法参照其他群体的消费模式，这也是传统消费因循守旧、不尚新异的重要

---

① 奇波拉：《欧洲经济史第一卷：中世纪时期》，徐璇译，商务印书馆1988年版，第87~88页。
② 同上书，第91页。
③ 同上书，第90页。

原因。

二、社会等级为合法性来源

在讲求民主平等的现代社会，社会等级作为一种身份标志，即便没有完全消失的话，也往往不能享受文化合法性阳光的照耀，但在传统社会，消费方式必须要在社会等级层面获得合法性确证，强调等级性是所有传统消费的特色。传统社会是一个等级森严的刚性社会，血缘、家庭、家族、村舍、城邦等各种共同体形式已经先在于个人，为个人赋予了确定的社会角色和身份。每个人消费什么、如何消费不能由自己选择，所谓的消费只是在做自己的等级身份要求自己去做的事情，因此在消费上模仿其他群体是被禁止的，这一点适用于下层阶级，同样也适用于上层阶级。

下层阶级承担着生产和服务的重任，他们总是被教导要节制欲望，不能放纵无度，表现在消费方面便是勤俭节约、知足常乐。"下层阶级默认自己卑微的社会身分，不但被动地接受社会等级上的低下地位，而且还被动地接受统治集团流行的文化价值观念。"[①] 而对上层阶级而言，虽然被教导的内容与下层阶级不同，甚至截然相反，但是在消费要符合社会等级方面是和下层阶级完全相同的。"教士和军阀统治着社会，控制了大部分的社会财富。这两部分人的文化特性决定社会的形式，并引导社会的行为。他们各自的理想是祈祷和打仗。……这两个统治集团中的人，要他们投身于财富生产，那是不可想象的。……他们自己专心致志从事祈祷和战争这类高贵的活动，这些是公认的社会的目的。"[②] 对下层人而言，模仿上层人的消费方式是僭越，对上层人而言，模仿下层人的消费方式是失尊，社会等级是所有人都不可逾越的一道门槛。

由于社会等级决定着一个人的地位身份、利益获取和自我尊严，因此人们十分看重社会等级的维持和巩固。尤其是上层阶级，往往运用消费活

[①] 奇波拉：《欧洲经济史第一卷：中世纪时期》，徐漩译，商务印书馆1988年版，第8页。

[②] 同上书，第7页。

动再生产自己的社会地位,其中"夸富宴"便是社会等级再生产的典型做法。"人们会烧掉整箱的染烛或鲸油,烧掉房屋和成千条毯子;还会打烂最珍贵的铜器,然后再投入水中,就是为了打垮对手,'压倒'对手。"①在物质资源匮乏的传统社会,故意浪费和毁坏大量消费品,其目标只不过是"通过这种方式,不仅自己的等级会晋升,连他的家庭也会因此提高社会地位"②。可见,"夸富宴"并不是什么慷慨无私的捐献,而是指向社会等级的竞争性消费,"这种狂暴的赠礼与消费,这种对财富的发疯般的丢弃与毁坏,其动机却丝毫不是无私的,在那些有夸富宴的社会中尤其如此。正是通过这种赠礼,首领与属臣、属臣与部民之间的等级才得以确立。"③

由于等级是传统社会的主导原则,作为个体再生产的消费,便一直被纳入到等级的生产体系中,消费被等级严格决定成为再自然不过的事情。

三、消费关系原始简单

由于市场充当了现代消费方式的中介,市场本身又分为多级层次,因此一名消费者指出哪个人是其消费品的生产者,这在现实中是不可能的。现代消费品从作为起点的生产一方,到作为终点的消费一方,中间是一个巨大的黑箱操作系统,即市场体系,消费者无法洞悉其中的究竟。然而,传统消费方式远没有现代消费方式如此繁琐,在以自给自足为特征的自然经济中,自己及其家庭成员就是消费品的生产者,消费者和生产者或者完全合一,或者是周围的熟悉人,这是一种人与物直接发生关系的原始消费过程。

除此之外,对于传统消费中具有次要地位的市场消费,其实现方式多为生产者和消费者的现货交易,即一手交钱,一手交货,生产者和消费者进行直接接触,中间不存在巨大的市场系统。而且这种消费是小规模、小

---

① 莫斯:《礼物》,汲喆译,上海人民出版社2002年版,第68页。
② 同上。
③ 同上书,第198页。

区域消费，交易双方本身就生活在一个村舍或相近地区中，双方都非常了解各自的家庭背景、脾性爱好和信用程度。因此，这种市场消费的实现更多地依赖生产者和消费者双方的声誉和信任，这是一种人与人直接发生关系的人格化消费。这种状况即使到了16、17和18世纪，也没有多少改变。在那些时代中，"假如说可取得任何收入的话，那么大多数人在满足了他们的基本需要之后，几乎无力再进行购买。人们所购买的主要是食品、衣物与家具，这些都是由当地生产的，资本投资计划主要是利用当地的原材料来实现。在相当大的范围内，对于个人消费来说，生产的进行并不受价格机制的干扰。"①

由于生产者和消费者中间没有市场之手的操纵，因此传统消费往往表现出自然、朴实、甚至保守的特点，再加上生产力的不发达，各地都普遍受制于生存经济的束缚，因此消费方式表现出一致性的特点。中世纪的文明"建立在完全相同的生活方式的基础上：在世界的这一部分的许多国家都过着非常相似的生活，他们吃着多少差不多的食物，他们都直接或间接地依附在土地上靠耕作生活。因此，基本上可以说，它是植根于由居住在家里的农民耕作的土地上的农民文明，单是农民的人数几乎占据全部人口；至于统治者、教士、军人、事业家、城镇手工业者就他们生活的主要部分而言，也全都是农村的人"②。毫无疑问，这种消费方式的一致性只是一种原始的、低层次的一致性，它根源于传统消费关系的直接简单。随着市场经济的发展，仅仅依赖个体和声誉进行消费的成本就急剧上升，传统的自给式和人格化消费方式被市场化的消费方式取代。一旦市场取得了消费的引导权，现代消费便呈现出层次繁多、花样翻新的各种面相，这就彻底冲破了传统消费方式的一致性，现代消费的曲折复杂取代了传统消费的原始简单。

不过，伴随着传统社会的逐步瓦解，人们的消费模式也开始挣脱社会

---

① 奇波拉：《欧洲经济史第二卷：十六和十七世纪》，贝昱、张菁译，商务印书馆1988年版，第74页。

② 奇波拉：《欧洲经济史第一卷：中世纪时期》，徐璇译，商务印书馆1988年版，第136页。

等级的束缚,朝向自由民主的方向发展,在消费方式上模仿他人成为常态。模仿"满足了社会调适的需要;它把个人引向每个人都在行进的道路,它提供一种把个人行为变成样板的普遍性规则"①,这便是消费的合法性来源从等级向时尚的转型,也是传统消费方式和现代消费方式的重要区别。

第二节 现代消费方式与生存内涵的跃迁

现代消费方式一经产生,便以传统消费方式无法比拟的速度和深度改造着人们的生存方式,从而推动了人的生存方式的变革。这些变革主要体现在以下几个方面。

一、民主品质的凸显

在一般意义上,大众文化被判定为通俗的、庸俗的,乃至恶俗的,这是在与精英文化相对照的语境中做出的。尽管这种贬义判词越来越被大众文化的强势崛起所消解,但总是占据很大一部分人的心灵市场,尤其是在知识分子群体当中。把一种文化标准视为正当的优秀的,而把另外一种文化视为不正当的粗俗的乃至恶俗的,与其说是人心的自然而然之故,不如说是一种争夺文化趣味主导权的排他性霸权。这种情况古已有之,但却是一种典型的现代性现象。② 在多元价值取向并存的现代社会,各种价值取向都有存在的依据和局限,因此不应当成为判定其他所有价值合理性的唯一准绳,保持适当的宽容精神是现代社会走向成熟的内在条件。然而,高雅文化力图构造一种价值倾向性语境,把自身得以被判定的标准提升出来

---

① 西美尔:《时尚的哲学》,费勇等译,文化艺术出版社2001年版,第72页。
② 传统社会就已经存在高雅文化对民间文化的鄙视和排斥,但是传统社会是一种等级分明、高下一目了然的社会形态,一部分人凭借社会特权和教育优势控制着知识话语的生产,因此民间文化的弱势存在是再自然不过的事情。

作为普遍标准，以此解释文化世界的共同本质，由此我们看到大众文化极力推崇的东西到了高雅文化那里便沦落为"下里巴人"，在大众文化看来轻松有趣的事物到了高雅文化那里便是"肤浅"和"庸俗"的，其实，只要是按照高雅文化确立的"深刻"标准观之，大众文化将会永世不得翻身。正如波德埃对"正当趣味"所做的揭示："趣味（表露的嗜好）是对无法避免的差别的确认。毫不奇怪，趣味要从反面否定其他趣味才能确立自己。趣味比任何其他的东西都更需要在否定中获取确立性。趣味也许首先就是一种'厌恶'，一种出于对他人趣味的恐惧和出自肺腑的不宽容（'恶心'）所引起的厌恶。……每种趣味都觉得只有自己才是自然的，于是便将其他的趣味斥之为不自然和邪恶乖张。审美的不宽容可以是充满暴力的。对不同生活方式的反感可以说是阶级之间的最顽固的壁障。……艺术家、美学家的（学术）游戏和他们所争的对正当艺术的垄断权其实并不那么单纯。艺术之争的关键是把某种生活的艺术强加于人，也就是说，把一己的装扮成正当的，然后再把别人说成是一己的。"① 这种把特殊性提升为普遍性、把一己的东西上升为本质规律的做法是一种典型的现代现象，因此，问题不是大众文化是何等的庸俗和粗俗，而是以何种标准来看待大众文化。

在明确文化判定标准的问题之后，我们再来审度消费问题自然就会顺畅得多，也会轻松得多。如果是按照"民主"的标准来衡量现代消费的品质，就会看到现代消费方式的诸多价值合理性。从归根结底的意义上说，消费无非是人的一种生存方式，是人的生命力表现，如果一种消费方式只能为少数人享有和为多数人不可及，那么它的"化人"的意义自然要大打折扣，② 而现代消费方式正是在民主层面上实现了人类有史以来最广泛、最平等、最多样化的文化交流和文化消费。如果我们把民主作为现代社会最珍视的价值目标之一来追求的话，就应当重视现代消费方式的民主

---

① 徐贲：《走向后现代与后殖民》，中国社会科学出版社 1996 年版，第 289 页。
② 笔者在此无意批评高雅文化的"非民主"和"反民主"特点，这样做只会重新去犯那种以特殊性取代普遍性的意识形态做法。至少我们可以说，高雅文化的深刻和大众文化的民主在现代社会是并行不悖的。

品质。

(一) 文化视界的开阔

传统消费方式的突出特征便是地域的独立性，各个地区的消费方式能够长期保持自己的自足样态而不发生较大改变，这直接地源自于各个地域共同体之间缺乏直接交流的局限。在地域文化氛围中，人一出生便落入一个地域消费文化网络中，除此之外，很难有其他的消费方式能够透过地域文化的重重网结渗入个体人的身心，这导致了人们的消费偏好和消费习惯往往带有浓重的地域色彩，而很少受到其他消费方式的影响。按照吉登斯的看法，"在前现代时代，对多数人以及对日常生活的大多平常活动来说，时间和空间基本上通过地点联结在一起。时间的标尺不仅与社会行动的地点相联，而且与这种行动自身的特性相联。"[①] 也就是说，时间、空间、地域和消费是一一对应的关系，缺少任何一方都会威胁地域消费文化的完整和真实，这种以面对面、口耳相传、无中介等作为特点的文化交往被吉登斯称为"本地生活在场的有效性"。它一方面巩固了地域消费文化与人之间的亲缘关系，维护着比较强烈的文化认同，另一方面却也助长了地域消费文化的故步自封和自视甚高，不利于消费方式的自我反思和自我革新，甚至是丧失了宝贵的生存机会（如古巴比伦文化等）。正是在有助于人的生存和发展的意义上说，地域性状态不是现代社会值得提倡的消费方式。

从世界历史的范围看，消费的地域独立性一直顽固地保持到15世纪末16世纪初。美国历史学家斯塔夫里阿诺斯在《全球通史》一书中将1500年作为世界历史发展方向的转折点，因为"1500年以前，人类基本上生活在彼此隔绝的地区中。各种族集团实际上以完全与世隔绝的方式散居各地。直到1500年前后，各种族集团之间才第一次有了直接的交往。从那时起，它们才终于联系在一起，无论是南非的布须曼人、有教养的中国官吏，还是原始的巴塔哥尼亚人"[②]。大约是从16世纪开始，伴随着商业资本等现代性因素的急速膨胀，地域消费逐渐摆脱作为特定地区的居民适应

---

① 吉登斯：《现代性与自我认同》，赵旭东、方文译，三联书店1998年版，第18页。
② 斯塔夫里阿诺斯：《全球通史——1500年以后的世界》，吴象婴、梁赤民译，上海社会科学院出版社1999年版，第3页。

生活环境的手段的性质，游离出来成为不在场有效性的文化商品，即"从彼此互动的地域性关联中，从通过对不确定的时间的无限穿越而被重构的关联中'脱离出来'"①。地域消费与本地人之间一一对应的具象关系被现代消费与异地人可置换的抽象关系取代，这样，不同地域的居民被纳入到地区性、全国性乃至全球性的市场体系中，共同享有来自遥远地域的消费信息，对不同地域的消费方式表现出持续的关注。

与此同时更重要的是，现代性条件下消费的市场化，使得原本自给自足的地域消费不得不面向市场做出改变自身性质的变化。原来是地域文化语境下的生活材料和文化元素，经过市场化、大众化的改造成为可以普遍享用的文化材料，原有的地域性被彻底夷平，"本地生活在场的有效性"被"异地生活不在场的有效性"取代。最典型的是那些带有浓郁民族色彩的消费方式，经过商业化的包装迅速成为世界范围广为人知的消费品，这极大地改变了地域消费的自给自足生存样态，通过参与大范围的文化互动而实现自身效应的最大化。就连一向耻于大众为伍的许多高雅文化，也纷纷开始采用商业化的世俗形式传播，期望通过"化大众"而实现"大众化"。

消费品通过技术手段实现批量复制，以物美价廉和平实生动的优势渗入大众生活的点点滴滴，既丰富多彩，又无穷无尽，充分地调动起各个地域居民的感觉细胞，引起不在场居民的情感共鸣等相同的文化感受。以电视为例，电视的普及使得远距离事物瞬间进入大众的日常视野，遥远地域发生的一次滑稽事件甚至比家门口发生的一次车祸更让自己关心。在积极的意义上，电视向不同地域的人们传播着海量的信息，培养起不同地域居民共同的消费偏好和生活风格，如果是从人的存在角度而言，电视通过扩大人们的视觉和听觉范围从而把人们带入消费文化大交流的语境，让人们体验到多元消费文化相互碰撞、相互冲突、相互磨合的生存感觉，为特定地域的居民奠定了一种生活于地球村从而参与消费互动的生存背景。在今天的消费时代，只要不是生活在原始闭关锁国状态的居民，必定程度不等

---

① 吉登斯：《现代性的后果》，田禾译，译林出版社2000年版，第18页。

地共享着其他地区提供的消费经验，必定无意识地参与着多元消费文化格局的互动生产。也许他是一个刚刚失业的人，也许他是一个深居简出的病人，但这些都不妨碍他在意识中把整个世界作为他的消费视界，不妨碍他在实践中仍然享用来自遥远地域的消费品，也不妨碍他在情感上表现出与遥远地域民居相同的消费感受，这种消费视界的扩大已经多多少少具有了马克思当年所称的那种"世界性"意味："各民族的精神产品成了公共的财产。民族的片面性和局限性日益成为不可能，于是由许多种民族的和地方的文化形成了一种世界的文学。"①

现代消费方式除了促使人们的文化接受范围扩大之外，还通过多种多样的技术手段、媒介方式向人们传送更细致、更精确、更多样化的消费信息，这是另一种形式的消费视界之扩大。传统的地域消费只能通过五官感觉来获取信息，这不可避免地带有一种大而化之的缺点，而借助于现代技术的发展，人们体验到一种不同于传统方式的消费图景，这就是人们或是习焉不察，或是视而不见，或是无法察觉的日常生活状态。本雅明以电影为例说明了技术手段的发现效果："电影通过根据其脚本的特写拍摄，通过对我们所熟悉的道具中隐匿细节的突出，通过巧妙运用镜头，挖掘平凡的环境，一方面使我们更深地认识到主宰我们生存的强制性机制，另一方面给我们保证了一个巨大的、料想不到的活动空间！……摄影机凭借一些辅助手段，例如通过下降和提升，通过分割和孤立处理，通过对过程的延长和压缩，通过放大和缩小介入了进来。我们只有通过摄影机才能了解到视觉无意识，就像通过精神分析了解到本能无意识一样。"② 正是凭借着现代技术手段，人们的消费感受才深入事物的细微处，在传统方式看来事物难以知悉的细节一览无遗地呈现在人们面前，人们不必再劳心费神地猜测事物的本来面目是如何的，这一切通过技术手段就轻而易举地实现了，由此人们的消费感觉得到了细化，消费视界实现了提升。

（二）共享经验的扩大

---

① 《马克思恩格斯选集》第1卷，人民出版社1995年版，第276页。
② 本雅明：《摄影小史：机械复制时代的艺术作品》，王才勇译，江苏人民出版社2006年版，第139页。

在传统消费文化结构中，雅俗之间的分野是确定无疑的，高雅文化与民间文化作为等级分明的二元结构构成了一个社会整体的消费生态秩序。多数人终生只能享用本地区的土生土长的消费品，由于教育权的剥夺和地域的限制，既无法享有高层次的、代表身份特权意味的高雅消费品，也很难知悉其他地区早已存在的地域消费品，这样就造成了消费结构的呆板、消费信息的匮乏和消费反思的不足。尽管本地人与地域消费的关系不可谓不丰厚、不亲密，但如果跳出这样一种孤立的地域文化视域，从消费交流、消费传播乃至消费方式全球化的角度观之，传统人在遇到超出其终生依赖的消费文化结构时便会感到极度的身心不适，这种"文化震惊"现象如果是在本地人早已知悉、甚至亲身体验过异地人消费结构的生存环境中就会减弱很多。消费经验的共享使得本地人不再是单纯的本地人，而是融合了异地消费经验、参与了共有消费文化生产的本地人，而这一切只不过是在现代消费方式来临之后才成为现实。

现代消费方式为各种消费活动提供了广阔的生存空间，使得本来在前现代条件下只能自娱自乐的地域消费迅速走上跨地区、跨国家的展示舞台，这样地域消费在获得普遍性表达的同时，一方面增加了原有地域居民的生存机会，拓展了生存资源，并且在消费文化交流的过程中才发现自己的消费特质和消费局限，从而有利于自己的地域消费文化的革新，另一方面任何地域的居民都能容易地了解其他地域的消费方式，欣赏乃至崇尚某些消费方式及其所表达出来的生活理念，并有可能把它们作为自己日常生活中的结构性力量。不可否认，作为模范的现代生活方式是由西方国家一手操纵形成的"消费主义"生活方式，它把多数地域消费所表达的那些生活方式判定为低级的、落后的和不人道的，但是凭借着商业模式的成功运作，毕竟有众多的地域消费开始走进更多人的消费视界，尤其是那些越是带有地域色彩的消费品和消费方式，往往越是能够得到资本经济和大众的青睐，从而更有机会彰显自身的文化魅力。可以说，现代消费为人们提供了多元化的生存经验，人们的生存样态由此获得更加丰富的表现。

消费格局的多元化促使人们的消费心理发生积极意义的变化，即相对于传统社会那种故步自封、自视甚高的消费心态变得更加宽容、更加平和，这就使得大众有充分的心理条件去接受品格迥异、层次不一、完全异质的消费方式，而不是始终抱持一种定型的心理模式去对待不同的消费方式，在这一点上大众往往比一些知识分子表现得更加出色。现代大众由各种人群混杂而成，表现为一种庞大的社会存在，以至于这种力量为资本家、营销人员、艺术家和创作者所极力研究和揣摩，这也就在客观上逼迫着他们提供出足以吸引大众注意力、迎合大众趣味的消费品，因此，大众也能够获得不同来源的消费品。就个体而言，一个人可以同时喜爱巴赫、贝多芬的古典乐曲和麦当娜、杰克逊的流行音乐，可以上午参加严肃的学术会议，下午便去喧嚣的迪斯科舞厅，可以一边吃着汉堡，一边阅读康德的晦涩著作。这表明人们的生存需求从单一性状态向多元性状态跃升，从匮乏性状况向富足性状况转化，从生存型模式向发展型和享受型模式转变，大众可以尽情享受多元消费方式赋予的生活融合感，可以充分体验人生的细微边缘和宏大叙事。总之，不同品质的消费方式完全可以在个体那里和谐共存、相安无事，个体也能够自由宽容地对待风格迥异的消费类型。

现代消费方式的价值合理性还表现在原本属于禁区的消费品纷纷突破外在限制，直接进入人们的日常生活世界，提供了一个万众共享、万众同乐的世俗家园。传统消费品往往带有等级意味的"区分符号"，如果不小心从日常消费品领地跨入特权阶层的专属消费领地，面临的就不仅是倾家荡产，更是"犯上作乱"的政治指控，严格的等级制使得普通人根本无法享受那些政治光环荣耀下的消费品。而在现代性条件充分发展的消费文化语境中，现代消费方式打碎了只有上流社会才有资格享有的消费特权，冲决了人们原本可望而不可即的消费秩序，于是众多消费品纷纷从禁区和奢侈品领地解放出来，成为普通人触手可及的日常用品。秉承着平等理念的消费主义生活方式，持续不断地"蚕食"原属于精英消费的领地，不断地夷平"高雅"与"通俗""上层"与"下层""奢侈"与"必需"之间的界限，把传统方式下几乎所有的等级消费品和奢侈品拉入到大众化的消费生活中。无论是当年冠有"皇家""贡品"字样的高档生活品，还是只有上层人士才能用得起的"大哥大"和买得起的轿车，现在都已经"飞入寻常百姓家",为普通人所熟悉和追捧。现代消费方式的去高贵化的生活运动,凭借着消费品之历史地位的转换,平静而有力地推动人们向着更少等级限制、更多生存资源的方向迈进,这是现代消费方式不可抹杀的生存论意义。

在"高贵"降格为"平常"的过程中,现代消费方式也在吸纳着其他文化资源的养料,对其他文化资源奉行拿来主义从而为自身的充实壮大增砖添瓦,最突出的例子便是对传统消费中那些高雅元素的"暗指"、"借用"、"挪用"和"移用"。如果说传统方式中高雅文化往往是从民间文化中吸取灵感、寻找素材,然后经过知识精英的改造,成为具有"高级"形态的严肃文化,从而体现了一种高雅文化对民间文化的"陌生化"运动形态的话,那么现代消费方式的运动形态恰恰与此相反。具体而言,现代消费方式善于从高雅消费文化吸纳有利于自身扩张的文化材料,并将这些材料处理成为大众喜闻乐见、易于接受的世俗形态。例如本来蕴含着作家悲剧性思考的《红楼梦》,在许多消费作品那里却成为取之不尽、用之不竭的男欢女爱的题材,西方传统社会作为财富象征的丝绸,今天早已成为普通的生活必需品。如果是从文化保护角度而言,尽管现代消费对高雅文化的借用存在扭曲、庸俗等弊端,但是如果我们知道在历史上由于缺乏商业性印刷手段,古希腊戏剧家三分之二以上的作品完全失传的情况,我们就不应当对现代消费的品质内容给予过高要求。也正是伴随着现代消费对高雅文化不甚严格、近乎随意的使用,高雅文化才得以传承下来,由此现代人也才能享受到古代流传下来的消费作品。

(三) 自由范围的扩张

传统消费方式最深刻的印记便是消费资料的匮乏,就个体而言,一个人的生存总是不时受到"生命丧失"的绝对危险,这使得传统人的生存方式很难谈得上有什么自由,而现代消费方式给予人们的正是消费资料的富足造就的生存自由范围的扩张。从生命保存的意义上说,现代消费方式成功地维持了生命的存活,为人们从事其他活动奠定了起码的生存前提,这一点是真实的、不容抹杀的。用加塞特的话来说,现在普通人的生活"平均水准已经达到了一个过去只有贵族才能达到的高度,那么这就意味着历史水平线的突然上升——当然是经过长时间的地下酝酿之后——它上升得如此之明显,如此之突然,几乎是在一代人之间一举获得成功。从整体来看,人类的生活已经更上一层楼"①。

生存前提的保证为人们提供了广阔的历史活动空间,由此人们才能通过各种消费活动来表露自己的个性、体现某种价值认同,最突出的便是对自由的追求。对多数普通人来说,自由与其说是体现在政治领域里的反抗专制、捍卫权利,不如说更多体现在世俗生活中的衣食住行、舒心随意。既然沐浴着现代文化成长起来的大众把个体放在第一位位置上,崇尚个体对于社会的价值优先性,因此摆脱外部力量的束缚、自主地决定生活方式便成为个体当仁不让的一项生存权利。就现代个体而言,消费品的选择不再依据社会等级来定——现代性过程已经夷平了任何抽象层面的社会等级——而是根据自己的经济实力、生活习惯、脾性嗜好乃至奇思怪想来构建消费方式,只要是在法律许可的范围内,任何可能的消费选择都会被充满想象力地创造出来。尽管现代消费方式离不开商业资本的运作,但大众以"同谋合作"(否定意义上的)和"创造性参与"(肯定意义上的)的方式积极营造了同样具有内在目的的现代生活,这种生活以大众自己作为出发点,以自由自在作为实践原则,以是否舒适开心作为评价标准,这种大众创造的生活力图把自己塑造成有文化需求和意义表现需要的人,从而把自己塑造成有自由表现的人。于是在同样的现代生活场景下,秉持着自由主义理念的不同个体,有的热衷于加入某些时尚群体以显示自己与他人的相同或差异,有的致力于理性而独特生活方式的构建,有的热衷于演唱会上万人同唱带来的刺激快感,有的钟情于平静而恬淡的私人谈话。无论对如此多元化的消费方式做出何种价值评价,至少大众可以不带禁忌地去自由选择,仅仅是基于这一点就应当充分认可现代消费方式的生存论的解放意义。

在中国学术语境下,自由的谈论往往与必然联系在一起,这当然是来自于黑格尔"自由是对必然的认识"观点的影响。在他看来,自由并不是不受任何限制的为所欲为,必然性在没有被人们认识之前还是一种盲目力

---

① 加塞特:《大众的反叛》,刘训练、佟德志译,吉林人民出版社 2004 年版,第 17~18 页。

量,因此不认识必然性,根本谈不上所谓的"自由"。恩格斯进一步指出:"自由不在于幻想中摆脱自然规律而独立,而在于认识这些规律,从而能够有计划地使自然规律为一定的目的服务。"① 如果是把自由看作是人在活动中通过认识和利用必然性表现出来的一种自觉、自为、自主的活动,那么现代消费方式中日益增多的生态思考、代际性思考无疑表明:人类在经历了无节制消费造成的环境代价之后越来越深刻地体认到消费方式与生存发展之间的"休戚相关"关系,不断反思并开始从实践层面改变过去那种只管享受、不顾后果的狭隘消费视界和"我死后,管它洪水滔天"的当代人类中心主义,更多地从人类整体生存和发展的角度来考虑当代各种消费方式的潜在后果,力图在长远利益、整体利益和远期效果的框架下衡量当前利益、局部利益和短期行为的各种意义。当越来越多的社会层面和生态层面的消费责任被赋予到消费方式内涵中时,可以说现代消费所推动的消费自由获得了更深刻、更全面的表达。尽管消费责任的存在仍然没有改变世界范围内消费主义生活方式对其他生活方式的结构性剥夺状况,然而毫无疑问的是越来越多消费责任的思考和行动正在改变这种不合理的消费格局。在此基点上,如果认可"世界历史"大方向的话,那么富有责任伦理色彩的现代消费远比传统消费更多地体现出合乎人的本真生存的努力方向,② 这与马克思当年在《共产党宣言》中所说的"共产党人为工人阶级的最近的目的和利益而斗争,但是他们在当前的运动中同时代表运动的未来"的主张多少具有了相似之处,这可以看作是现代人向本真生存方向迈出的坚实步伐。

---

① 《马克思恩格斯选集》第3卷,人民出版社1995年版,第455页。
② 更多地强调现代生产方式和消费方式造成的生态后果并不意味着传统生产方式和消费方式就不存在这方面的问题,恩格斯早就以美索不达米亚、希腊和小亚细亚毁林开荒最后导致不毛之地的例子说明了传统方式的不负责任,而这种不负责任最终又抵消了最初取得的自由成果,这不啻为传统方式的吊诡。其实,想一想黄土高原的形成过程便不难知道:不可持续的消费方式绝不仅仅是一个现代现象,毋宁说是一个自古以来就存在的传统现象。由于本文主题及篇幅原因,关于传统方式的不可持续性无法展开论述,感兴趣的读者可参见以下论著:马雪芹:《明清黄河水患与下游地区的生态环境》,《江海学刊》2001年第5期;刘森林:《重思发展》,人民出版社2003年版,第三章第二节。

总之，现代消费方式造就的文化视界的开阔、共享经验的扩大和自由范围的扩张，共同推动着文化的民主化进程。当然，在具体的实践形态上，现代消费方式的民主品质必定具有更加丰富的表现，本文只是择取其中较为重要的方面论述之。其实，民主品质本身便表明了现代消费方式的多元化存在，揭示了现代消费中某些互相冲突的理念或秩序的共时性存在，正如鲍曼对现代性所做的意见："现代性的历史是社会存在与其文化间充满张力的历史。现代存在迫使其文化成为自己的对立面。这种不和谐正是现代性需要的和谐。"[①] 因此，如果从一种视角（无论是高雅文化，还是大众文化，或是其他文化）出发来判定现代消费，无疑会对它做出不公平、不客观的结论。由多重方式构成的现代消费，其真实意义在于为更多的生存活动提供了可能的社会空间。就此而言，我们应当秉持一种相对平和的心态来面对现代消费方式推动的民主景观，通过分析多元消费格局中的多重可能性来把握它们的历史合理性和价值合理性。

二、价值秩序的转换

现代消费方式的构建是一个复杂的历史过程，从传统消费方式的式微、现代消费方式的出场，直至现代消费取代传统消费的过程，实质是价值秩序的根本转变。传统消费中被视为禁忌和目标的东西，在现代消费看来可能是无关痛痒的，反之亦然。现代消费改变了传统价值的次序，重新确立了生存理念的内涵，从而建构出一种全新的价值秩序，用舍勒的话来说，从传统消费方式向现代消费方式的变化是一场"价值的颠覆"。

倘若认可舍勒的"价值的颠覆"观点，这也就意味着存在某种统一化的价值取向。在较弱的意义上，从传统消费方式向现代消费方式的变化涉及到了是否为人们提供了更加完善、更加人性化的生存环境、是否合乎人的本真生存的方向。尽管分析尚未展开，但结论是确定的：现代消费方式为人们提供了更优良的生存环境，更合乎人的本真生存的方向。至于现代

---

① 鲍曼：《现代性与矛盾性》，邵迎生译，商务印书馆2003年版，第15页。

消费方式如何体现了这些生存论的进步，进一步而言到底是哪些"现代价值"置换了哪些"传统价值"，以至于我们对"置换"过程足以做出积极评价，这需要具体展开论述。

（一）世俗生活的正名

世俗化既是现代化进程的重要表现，也是从传统到现代发生断裂的标志之一，这意味着要将世俗化与传统语境联系起来加以考虑。对于世俗化而言，传统语境即宗教语境。在传统社会中，宗教因素是人们借以显示自己与世界之联系的通常渠道，是人们日常生存的价值依据，也是社会秩序维护的最高来源。"在人类意识的黎明时期，宗教是人的宇宙观的主要棱镜，几乎是人解释世界的唯一手段。通过仪式，即把共同感情维系起来的途径，宗教成了达到社会团结的手段。这样，宗教作为思想和机构，就包含了传统社会中人生的全部。"[1] 按照社会学家滕尼斯的分析模式，我们经常用"传统"指涉的群体是一种共同体，血缘共同体、地缘共同体和宗教共同体是共同体的基本形式，共同体是一种原始状态或天然状态的人的意志的完善统一体，人们的生活理想和道德观念来自于超自然的因素，而宗教作为超自然的代表，整体性地内植于共同体的日常秩序中，由此造成了一种带有强烈禁欲色彩的生存价值秩序，这种价值秩序就是寻求来世永生的意义观、注重生命维持的消费观、谨守中庸之道和驾驭情欲的节制观。很明显，传统生活价值秩序以禁欲和守成为价值取向，以安稳地活为价值目标。然而，世俗化进程不断地削弱着宗教作为社会秩序维护者的角色，削弱教会对于世俗生活的干预力量，由此带来的一个结果便是传统生活价值逐渐丧失生存土壤，人文主义者以"我是凡人"一笔勾销了目的论取向的传统价值观，代之以受本能欲望支配的"自然人"的价值理念。由此，现代消费方式开始了以世俗化为主要内容的对传统价值的一系列冲动造反。

世俗化意味着宗教维度在意义来源、价值秩序构建、社会整合等方面的撤退，依照威尔逊的观点，世俗化的表现有："政治权力对宗教机构的

---

[1] 贝尔：《资本主义文化矛盾》，赵一凡、蒲隆、任晓晋译，三联书店1989年版，第219页。

财产和设施的剥夺;先前各种宗教活动和宗教功能的控制权从教会转移到了世俗权力手中;人们花费在超验事物上的时间、精力和资源的比例下降;宗教机构开始衰微;在行为方面,宗教信条开始被新的行为标准取代,后者满足了严格的技术标准的要求。特定的宗教意识逐渐被经验的、理性的、工具主义的视角所取代;对自然和社会所作的神秘的、诗学的、艺术的解释被抛弃了,取而代之的是实事求是的描述,并且价值的和情感的因素也被严格地从认知和实证主义的思维中区分了出来。"① 尽管宗教在世俗化时代仍然存在,但毫无疑问它在整个社会生活中失去了核心性。伴随着神圣因素和世俗因素的分离,社会生活的组织形式不再依赖于宗教权威,日常生存方式的合法性也不再需要诉诸宗教教义,而是从日常生存本身当中寻找生存的合法依据。与此同时,生存意义等问题越来越从社会秩序层面转移到私人生活层面,成为一种个人选择的问题。从这一点上,个体化历程也合乎逻辑地孕育出价值多元主义,我有我的生活方式,你有你的生活方式,只要互不干涉,我们和平相处。生存价值观的多元化否决了生命价值依归的一致,倡导每个人从自己的现实生活出发进行自我设计、自我选择、自我判断,在社会可接受的范围内凡是能够的都是可以的。由此,现代消费方式的世俗化进程极大地改变了传统生活的价值依据,构建了一整套世俗取向的现代价值秩序,其基本品格可概括如下:

1. 幸福追求

作为非宗教意义上的现代消费,首先是对宗教禁欲主义的否定和对人间世俗幸福的追求。现代消费释放出人的本能欲望和幸福渴求,人生目的不是追求死后的升入天堂,而是追求现世的享受。彼特拉克以"我是凡人,所以只祈求凡人的幸福"的口号,爱拉斯谟以"所有幸福都从我而来,只要使我获得快乐,就可以听任情欲摆布,由疯狂来调剂生活"的主张,彻底颠覆了神学教义套在人们身上的精神枷锁,凸显出现世生活的正当性和合理性。"幸福"替代"卓越""赎罪"成为人们的生活指向,这同时也翻转了娱乐在消费生活中的意义。如果说传统消费方式中的娱乐更

----
① 威尔逊:《世俗化及其不满》,载汪民安等主编:《现代性基本读本》,河南大学出版社 2005 年版,第 738~739 页。

多的是解除劳作引起的困苦、补充体力上的损耗，那么现代消费方式中的娱乐本身便是自己的价值来源，人们进入到娱乐活动中就是为了从娱乐中获得满足，甚至是从娱乐中提升自信、发现生活的意义。

尽管现代人的幸福追求往往被导向了物欲主义的方向，但是如果考虑到历史上很长一段时期人们都是从彼岸世界或权威精英那里获取生存意义的来源，那么就会明白幸福追求最大的意义便在于人的自主性的增强和自然性的发现。这种不假外物、求之于己的生活旨趣，虽然在不同历史上出现过，但在现代消费方式中才成为典型现象，这是人的主体性历史和自我发现史上具有方向性意义的事情。也只是现代消费把"幸福"作为目标而不是把"卓越""赎罪"作为目标，人的存在方式才相应呈现出由"人的依赖关系"转化而来的"以物的依赖为基础的人的独立性"，尽管仍然依赖于"物"，但毕竟从形式层面是"独立"了，这是漫长的"人类的史前史"阶段迈出的实质性一步。

2. 感性取向

在传统社会，感性取向始终无法取得正当性，既因其唾手可得，更因其卑下猥琐。然而，现代消费的一个重大事件便是颠覆感性在世俗生活中的位置，论证感性乃是人之本性，是日常生存的重要层面，如果像宗教禁欲主义那样一味压抑感性生活，不啻为对自然规律的违背，这是在道德上极为可恶的事情。由此感性从万劫不复的地狱上升到正大光明的舞台，每个人都可以自由舒展感性细胞和本能欲望，感性取向不仅是客观存在的自然事实，更成为人之应当的生活诉求。在长久地被神圣话语洗脑之后，人们用普通得再不能普通的感性生活来消解以往被冠以"神圣"的精神生活：到歌厅去唱歌，到剧场看演出，到广场去狂欢……这些一方面是生存意义的实践表达，另一方面也是感性取向的积极正名。以崇拜现象为例，人们不再相信传统的神话和迷信的布道，因为相比于那些遥不可见的神灵鬼怪，现代传媒通过图像声音等感性符号塑造出的人物偶像，更让人感到亲切可爱，更让人感受到实在真实，这是崇拜中真实性因素的增加。尽管感性未必意味着真实，但真实从来不能缺少感性支持，感性取向的提升是走向真实生活的必要一步。关注消费生活的感性真实，关注世俗生存的真情实感，使得大众发现了一个传统消费视界中难以正视的生活世界，这是生活观的巨大进步。

3. 个性意识

现代消费生活中处处可见个性意识的张扬，这在传统消费生活中不仅是不可能的，更是有罪的，传统消费的清规戒律把个人困囿在共同体秩序中，个人不能跨越雷池半步，否则便是对社会等级的僭越，这种戒条化的生存秩序严重束缚了一个人的正常生存和发展。泰勒曾经指出："人们过去常常把自己看成一个较大秩序的一部分，在某种情况下，这是一个宇宙秩序，一个'伟大的存在之链'……这些秩序在限制我们的同时，也赋予世界和社会生活的行为以意义。"① 这个"伟大的存在之链"如今断裂了，却是一种积极意义的断裂，它在解除生存限制的同时，逼迫着人们自己去寻找生存意义。与历史上"沉默大多数"的贫乏无趣的生活相比，现代消费强调平凡个体的创造力和价值，人们也不再满足当观众，而是要在生活的舞台上当演员，自己主宰自己的命运，自己寻找自己的方式。也许人们在追寻种种花样翻新的消费方式过程中，会不断地出现奢侈崇拜等极端生活倾向，但从整体层面看，这些生存方式的历史合理性在于它们表达了对人的尊重、对个性的接受和对不同方式的宽容，这是未来时代人类要获得可持续发展不可缺少的主体性素质。

4. 理性精神

按照韦伯的划分，这里的理性精神更多地是指工具理性精神，是指通过可计算的技术性方式最有效达到既定目标的理性，其实质是以效用最大化为目标的行为原则和价值观。工具理性精神形成于人处理与自然之物质变换关系的实践活动，反映了人类对于生存利益最大化的要求。这种效用最大化的要求自从人把第一块石块打造成粗糙的石器就深深地印在了人的大脑中，在漫长的生存实践中，这种要求不断被改造、纯化、提升和突出，成了人们进行各种活动时近乎本能的生存原则。不过，理性精神真正上升为人类活动原则，被人们作为主要的价值目标来追求，却是在现代性

---

① 泰勒：《现代性之隐忧》，程炼译，中央编译出版社2001年版，第3页。

兴起之后，或者说，理性精神虽然存在已久，但只是在现代才成为典型现象。因此，理性精神与现代消费是共存共生、相互支持的关系，一方面，理性精神自始至终就充当现代消费扩张的有效手段；另一方面，现代消费之成熟形态的题中之义便具有理性精神的内涵。现代消费方式借助理性精神所要求的科学分析和功利谋划，在资源有限的世界中开辟了一个生存质量远高于传统社会的生存方式，这不能不归结于工具理性效用最大化的逻辑架构。如果考虑到理性精神不仅仅体现于人与自然发生关系的物质生产活动中，而且作为行为方式和组织方式已经渗透到整个社会生活中，那么可以说现代生活世界的任何成就至少都在一定程度上依托于工具理性。因此有理由说，没有工具理性的基础性支撑，现代生活世界就不可能产生和存在，这是工具理性（精神）最主要的意义所在。

（二）消费价值的提升

不管是传统消费方式，还是现代消费方式，人们都会根据自己的得失判断消费过程的价值，这种价值以值或不值、合算或不合算、满意或不满意等形式体现出来。人们的判断依据往往是以下几种价值的组合：消费品的质料、质量、功能和价格，消费品与需要的契合程度，消费过程结束后的主观感受等等。这些都是本文所谈的消费价值，或消费价值标准，即人们判断各种消费活动是否满足以及在多大程度上满足自己需要时依据的主观标准。对于任何自然人而言，他的可支配收入、消费时间、消费条件都是有限的，因此如何安排资金、时间和条件去从事或不从事某种消费活动便需要以各类消费活动的消费价值为依据，以此安排一个先后轻重的需要满足顺序。排在该顺序前面的消费活动其消费价值较大，人们的满意度就会较高，反之，排在后面的消费活动其消费价值较小，人们的满意度就会较低。

从历史角度而言，传统消费方式的消费价值标准往往集中于消费品的质料和质量，即消费品的实用程度及其满足需要的程度，而很少关注消费品的价格、技术构成及文化含义，这一方面是因为传统消费品大多是凭借自给自足方式获取的，没有经过商品交换，根本谈不上价格的高低，另一方面是因为生产力水平相对低下，无法对消费品进行精耕细作，而且社会等级的严格明确性也限定了消费品文化含义的自由发挥，因此传统消费方式是一种匮乏型消费、短缺型消费和生存型消费。而现代消费方式极大地改变了传统消费方式的匮乏性质，不仅在消费品种类、数量、质量等传统消费同样关注的方面获得了巨大提升，而且更是在消费品价格、技术构成及文化象征层面获得了极为丰富的展现，远远超出了传统消费关注的价值视界，由此表现出一种消费价值提升、扩展、精致的趋势。具体来说，这一趋势主要有以下几点表现：

1. 价格成为消费价值标准的重要组成部分

传统经济是一种自然经济，由此决定了人们自给自足型的消费模式，自己需要什么和需要多少，自己就生产什么和生产多少，基本不依赖市场供应，因此价格无法成为人们对消费活动进行评价的依据。不过，这一情况在现代消费方式中就发生了彻底变化。由于几乎所有的消费品都要通过市场供应来获取，价格作为完成市场交易的基本环节深深地刻到了人们的日常意识中，因此价格成了人们评价消费活动的重要标准。在传统消费方式下不需考虑的价格因素成为现代人进行消费评价的重要依据，如通常所说的"物美价廉""合算""划算""划得来"等都是价格标准的一种衡量。根据价格标准，我们可以评价消费活动的效果，如评价消费品的价值大小，一件电器在某个商场卖1000元，同样的电器在另一个商场卖1300元，那么买了前一件电器的消费者就会觉得很"合算"，这明显是依托于价格标准。

价格成为消费价值标准的重要组成部分，意义在于为人们从事和评价各种消费活动提供了普遍参照系，由此人们才得以享用极为不同的消费品，并为消费品的改进提供依据。传统消费方式下人们没有条件考虑价格因素，与此相适应的便是能够享用的消费品种类和数量非常稀少，这是传统人生存质量低下的重要原因。现代消费方式下人们普遍采用市场方式获取消费品，也已经习惯以价格标准来衡量消费品，与此相适应的便是人们能够享用的消费品极大地丰富了，人们可以对更大范围的消费品做出评价，然后根据自己的主观意向做出消费选择，这是消费自由的真实提升。这种提升其实是人的主体性力量的增强、人的自由领域的扩展，也就是说，与人们能够享用到丰富的消费品从而提高了生存质量相比，更为实质的进步是人们的消费价值标准远比传统时代丰富得多，这一点使得消费品的多样化享用得以可能。

2. 消费价值标准表现出由低级向高级、由粗糙向精致转变的趋势

现代消费品实质是商品，由此可以从商品角度来谈论消费品。构成任何商品的两重要素是价值和使用价值，价格其实是价值的表现，刚才已经谈到，现在重点从使用价值角度来审视消费价值标准。① 除了价格之外，消费价值标准更为丰富的一面表现在使用价值层面。消费者通过市场交易获得消费品，是为了享用该消费品的使用价值，因此使用价值必然成为消费价值标准不可缺少的组成部分。它主要表现为消费品的质料、质量、功能以及技术构成、文化含义等。总的来说，从传统消费方式到现代消费方式，消费价值标准表现出由低级到高级、由粗糙到精致的趋势，具体而言便是消费品的质料越来越多样化，质量越来越可靠稳定，功能越来越健全和人性化，技术构成越来越合理高级，文化含义（符号象征价值）越来越丰富多彩。当然，认定传统消费方式向现代消费方式的转变是一个趋向于高级、精致的过程，这意味着我们首先认定了评价消费方式的一般价值标准，这个价值标准是是否更合乎人的本真生存的方向，而现代消费方式引起的一系列生存论的变化足以促使我们做出积极的评价。

这些生存变化大体分布在三个层面。一是消费品的物质构成，这是消费品表露的外在形态，也是消费者最先产生认知的层面，它主要由消费品的质料、质量和功能等实用性因素组成。以质料为例，现代生产已经广泛采用人工合成材料做原料来生产消费品，这就比传统生产条件下只能依靠自然材料或简单加工的自然材料的状况进步很多，这也为消费者选择更为

---

① 在谈论现代消费问题时，人们往往依据法国社会学家鲍德里亚的概念，把商品的符号象征价值从使用价值中提取出来，并与使用价值相并列，这种做法在现代消费语境下是成立的。但是，本节是从历史纵向比较的角度谈论消费品的评价标准，如果把符号象征价值从使用价值中提取出来，反而增加了讨论上不必要的麻烦，因为符号象征价值仍然归属于现代消费。因此本节把符号象征价值归入到商品的使用价值属性中，作为其中的一个重要部分，这样做有利于比较传统消费与现代消费的区别。

丰富的消费品提供了余地。二是消费品的技术构成，这是由消费品各种物质属性的排列组合显现出来的性能属性，在深层意义上反映了科学技术在消费品生产中的运用程度。同样材料制成的消费品，由于其中的技术含量不一，从而可能导致消费品性能上的极大差别，像手工作坊和现代工厂生产的桌子其质量、功能、寿命不可同日而语，原因不是桌子质料的不同，而是生产过程中运用的科技含量不同。现代消费方式的一个趋势便是，消费者越来越关注消费品当中的科技含量及其引起的人性化程度，以致科技因素成为人们评价消费活动的重要标准。三是消费品的文化构成，即文化含义、符号象征价值。这是消费品最抽象的使用价值，是在消费品物质构成和技术构成综合的基础上被赋予的一种使用价值。文化构成在传统消费方式中被严格地限定在社会等级层面，只是到了现代消费方式中，文化构成才进入到自由发挥的境地，以致象征符号更像是自由漂移的能指链，和消费品所指的关系近乎于任意。从积极的层面说，消费品文化构成的自由特征反映出消费者的自由特征，任一消费品的符号象征价值必然要落实到消费者身上，引起消费者的情感共鸣和心理认同，因此消费品之文化构成实质上反映出消费者之文化构成。同时，消费品文化构成的出现也反映出人们的消费视界从物质、技术等基础层面向文化等更为自由、更为主体化层面发生转变的趋势，这与人的本真生存方向相一致，也与"每一个单个人的解放的程度是与历史完全转变为世界历史的程度一致的"趋势相一致。① 马克思曾在《1844年经济学哲学手稿》中表达过"私有财产的运动就是经济"的说法，这隐含地表达出人类社会未来时代将要经历超越经济的阶段，在《1857—1858年经济学手稿》中，马克思认为共产主义社会中"个性的劳动也不再表现为劳动，而表现为活动本身的充分发展，在那种情况下，直接形式的自然必然性消失了"②。在这种意义上，人的自由解放的直接条件不是经济性质的物质生产能力，而是摆脱经济性质之后人本身的生产的状况和水平，而消费品之文化构成的自由特征与摆脱经济性质、趋向于自由解放之趋势正相符合。因此可以说，消费品的文化构成表现了

---

① 《马克思恩格斯选集》第1卷，人民出版社1995年版，第89页。
② 《马克思恩格斯全集》第46卷（上），人民出版社1979年版，第287页。

人力图摆脱物质生产逻辑,迈向更高层级逻辑的本真生存趋向。

(三)生活审美的呈现

依照传统视域,艺术和生活是有高下之分的,艺术指向超功利的自由感觉,生活则充斥着感性需要的本能因素,这些本能因素是浅显、平庸乃至恶俗的,而这些正构成了主流艺术经验的敌人。由于艺术经验、审美趣味自觉地抵制日常本能,因此传统艺术和日常生活之间判然有别,传统艺术也不愿发挥惠及大众的民主功能。然而随着现代消费的兴起,艺术和生活之间的距离被逐渐扯平,日常生活越来越审美化,而审美也越来越日常生活化,两者共同表现为一种"生活审美的呈现"。在英国学者费瑟斯通看来,有三种意义上的生活审美的呈现方式:一是艺术的亚文化,即在一次世界大战和20世纪20年代出现的达达主义、历史先锋派及超现实主义运动;二是指将生活转化为艺术作品的谋划;三是指充斥于当代社会日常生活之经纬的迅捷的符号与影像之流。① 不难看出,费氏所谈的第三种方式正是现代消费生活的现实。生活审美的呈现使得艺术从狭小封闭的天地迅速走向广阔具体的日常生活,审美从艺术领域拓展到日常生活领域,由此审美因素和生活因素日益结合(如街心花园、游乐场所、旅游胜地等),而日常生活也借助艺术的大众化不断趋于审美化。人们越来越多地提出审美要求,通过衣食住行的美化实现自己日常生活的艺术品质。

生活审美的呈现实质上是美学和日常生活的关系问题,它包含两个紧密相关的层面:一是生活层面的生活审美化,消费品作为外观上的美学符号,在传达产品本身的品质、格调和档次的同时,表达着消费者的品位、追求和气质。它强调的是日常消费品的美学性质,是美学向生活领域的延伸。例如,本来不怎么讲究色彩搭配的家具,现在要按照明暗、对比、光线、色调等美学因素加以设计,以此呈现出具有艺术气韵的家具。除了消费品本身之外,生活审美的呈现还表现在消费环境、消费仪式、消费服务、消费程序等多个层面。以消费程序为例,在消费乌龙茶的过程中,茶艺分为备具候用、恭请上坐、焚香静气、活煮甘泉、孔雀开屏、叶嘉酬宾

---

① 费瑟斯通:《消费文化与后现代主义》,刘精明译,译林出版社2000年版,第95~98页。

……游龙戏水、尽杯谢茶等多达36道工序，其中每一道工序都有含义和独立性，所有这些工序组合起来使得品茶不仅是一种饮茶，更是以茶为媒的生活方式和修身养性的养生方式，是体现出一定的修德、情操、为人、意境和精神思想的饮茶艺术。总之，生活审美的呈现使得普通人不仅成为艺术表现的主体，而且成为艺术生产的主体，普通人越来越多地、也越来越善于从日常生活中制造美感、制造艺术。

二是艺术层面上的生活审美化，这是一个艺术与生活的边界日益模糊的过程，艺术放弃自足自为的标准，走向大众的日常生活，进而与日常生活一体化。尽管这一过程主要发生于艺术层面，但其影响遍及日常生活，因此它同样是生活审美之呈现的一种方式。现代审美极大地突破了传统艺术领地，不断地实践着艺术大众化、审美大众化的努力，力图以丰富朴实的方式实现与日常生活的相互认同。艺术与审美的交错缠绕使得它们的区别越来越模糊，艺术因融入生活元素而实现了审美价值更广泛的自我实现，生活因艺术的可感化呈现而实现了生存质量的提升。在某种意义上，艺术层面上的生活审美化是对消费社会的美学逻辑被资本逻辑收编的反抗，它通过文明化手段和艺术化方式表达对资本逻辑的不满和否定，这一点鲜明地体现在两条路线中：一是大众创造自己的文化形式，拒绝将其纳入资本增值的轨道；二是一批人本主义思想家和艺术家通过自己的文化作品，公开站在资本文明的对立面，指斥物质文明，抨击物质崇拜。

生活审美的呈现已经成为极其重要的审美倾向，它打破了精英分子对艺术审美的垄断生产，使大众越来越普遍地参与到艺术的生产中来，艺术也不再是少数人自我陶醉的精神领地，而成为日常生活的一个部分。生活审美的呈现造成了"观众和艺术家之间、审美经验和艺术作品之间的一种距离的销蚀，人们把这看成心理距离、社会距离和审美距离的销蚀"①，由此艺术审美的私人性和精英性品质逐渐被公共性和大众性品质取代，一个全新的"集体的'客观精神'"空间（詹明信语）出现了。从历史角度而言，这样一个客观精神空间产生了积极的意义。

---

① 贝尔：《资本主义文化矛盾》，赵一凡、蒲隆、任晓晋译，三联书店1989年版，第165页。

首先，它标志着日常生活开始迈向审美化生存。美是各种事物实现有机统一的和谐状态，是人类深刻持久的内在追求，当原始人用玉石、骨牙和贝壳制成串饰之时起，便显示出最朴素的审美意识。然而现代性中本是积极因素的工具理性，却被不断注入工具主义和异化性质，构成了现代人的生存牢笼。作为自由化的诉求，生活审美的呈现是解决现代性以来工具理性钳制生存世界的一种方案，它力图打破工具理性对日常生活的包围，努力发现日常生活中的美感，致力于审美化生存的生活主张。尽管生活审美的呈现难以摆脱商业资本的操控，但它是生活与艺术关系发展的新阶段，是实现真正意义上的审美化生存的必经一步。其次，它丰富了艺术实现自身价值的方式，为艺术的多元化发展提供了可能。生活审美的呈现使得艺术不能陶醉在良好的自我感觉中，必须要直面普通人的生活世界。本雅明曾说："把一件东西从它的外壳中撬出来，摧毁它的光韵，是这种感知的标志所在。它那'视万物皆同'的意识增强到了这般地步，以至它甚至用复制方法从独一无二的物体中去提取相同物。"[1] 现代艺术越来越从圣坛走向日常、从天国降临到人间、从特权变为普通，这为艺术适应多元时代奠定了相对平等的结构，同时也为艺术的未来形态准备了多种素材。正如有的学者指出："艺术和艺术活动、艺术家本人及其群体，不是从整个社会进程中分离出来的，而是受整个社会及大众的日常生活活动、文化利益驱使。整个社会的文化所要求和规定于艺术活动的，是在一种特定'审美形象'的构造中重新显现文化精神/价值的具体存在形态，使大众从独特的建构行为和结果上直观自己的处境；现实文化进程及其利益所要求于艺术家的，则是充分体验、观照和表达当代社会大众日常生活的文化立场。艺术家不但作为艺术创造主体而现实地发挥自己的力量，并且作为大众日常生活的直接参与者和当代文化精神/价值的直接观察者，现实地建构当代人类文化实践过程的独特形式。"[2]

---

[1] 本雅明：《摄影小史：机械复制时代的艺术作品》，王才勇译，江苏人民出版社2006年版，第118页。

[2] 王德胜：《扩张与危机——当代审美文化理论及其批评话题》，中国社会科学出版社1996年版，第103页。

(四) 消费意义的再生产

由于传统经济是一种自然经济，自己需要什么和需要多少，自己就生产什么和生产多少，这种不依赖市场供应的消费方式决定了传统消费的意义是自足的，即不需要依赖或反作用于某种外部力量，自己就可以创造出对自己而言的意义。然而，这种自足的意义结构却被现代消费背后的商业资本彻底消解了。由于商业资本力图把消费生活纳入到资本增殖的链条中，因此它要为消费品赋予种种文化意义，以此保证消费方式按照商业逻辑的意图来进行。由于市场交换是消费品的来源渠道，人们获取消费品时必然受到商业资本制造的意义的影响，因此现代消费方式中消费的意义不再保持自足的地位，消费意义时刻受到外部力量的作用。正是在这种意义上，法兰克福学派认为发生在消费领域的意义灌输具有维护资本主义的功能，消费成为意识形态统治的重要工具。法兰克福学派的论点具有坚实的现实依据，然而在他们看来大众是一群被动的"文化傻瓜"，不具有任何反抗意义上的消费活力，就此而言，本文对于法兰克福学派的这种认识是不予接受的。不仅如此，如果我们能够秉持客观的立场，站在消费者视角看待现代消费的实践活动，就会发现大众消费活动并非仅仅具有接受意识形态的一面，还有逃避规制、抵抗同化、制造快感、创造意义的能动性。大众不会完全听从外部力量的摆布，在接受商业资本制造的消费意义的同时，大众也会与之进行协商、谈判、斗争、抵抗，乃至颠覆，这些都可归结为消费意义的再生产。

1. 意义结构的重组

法兰克福学派从精英主义立场出发，认为文化工业控制着大众的需要，垄断着消费意义的生产，因此大众变成了一种呆板的群体。然而，如果从大众立场出发，就会发现现代消费的意义结构的复杂性和其中作用力的相互运动，既有商业资本的结构性压迫，也有大众实践的持续突围，既有文化霸权的强加宰制，也有消费力量的激活对抗。这就要求我们时刻保持对大众消费实践的敏感，深入到消费意义结构中去分析其中的权力和反权力、控制和反抗之间的纠结。在这一方面，霍尔的《电视话语中的编码和解码》一文为我们提供了启发。

传统的传播学研究认为传播是信息由发送者到达接收者的线性的单一过程，除此之外不存在其他的运动过程。基于这种强调信息流通的单向过程而没有考虑信息流通过程可能出现的变异和转化的局限，霍尔指出："这个模式由于其发送者/信息/接收者的线性特征，由于仅只关注信息交流的层面而未能把不同时刻作为一个复杂关系结构的结构化概念而受到批判。"霍尔认为消费意义的生产过程是一种"主导的复杂结构"，"诸多实践相联系，然而，每一项实践都保持着自己的特性及其特殊的形态、保持着自身的种种形式和存在条件，从而使这些实践得以维持下来"①，每一项消费实践都不可通约为另一项消费实践，就像经济学经常引用的"生产、流通、分配/消费、再生产"的结构一样，传播学理论也应当根据这种结构来思考消费意义的生产过程，这就是电视话语中意义的"编码，解码"。

在编码即意义的生产阶段，纯粹的历史事件要进入电视话语的视听形式范围之内，就必须经历符号化的历程，让历史事件成为对观众有意义的话语。电视话语的意义生产并非纯洁无瑕，它受到了多种因素的制约，如"生产的日常程序、历史地界定了的技术技巧、职业观念、制度知识、定义和设想，有关观众的设想等等，所有这些都通过这种生产结构来架构节目的体例"②。意义的生产过程不是封闭的，而是一个容纳了多重异质因素的复杂环节，而且意义的生产垄断不了意义的呈现，因为意义的流通和接收会通过"许多歪曲的和结构的'反馈'再次融入生产过程本身"，从而也成为生产过程的环节，因此传播理论还应当关注解码层面即意义的再生产阶段。霍尔认为意义的编码和解码不具有"直接的同一性"，经过编码产生的符号只是生产了意义的可能性，只有通过接收者的解码，才能产生实践上的效果。"编码过程具有建构某些界限和参数的作用，解码过程就是在这些界限和参数中发挥作用的。"归结起来，电视话语的解码方式主要有三种：一是主导—霸权方式的，即电视话语的传播和接收呈现线性单向特征，编码决定着解码的边界，解码完全按照编码的意图来获取信息。

---

① 霍尔：《编码，解码》，转引自罗钢、刘象愚主编：《文化研究读本》，中国社会科学出版社2000年版，第345页。
② 同上书，第347页。

电视观众只能进入传播者主导的权力结构,在传播者的主导符码范围内进行解码操作。二是谈判方式的,即解码过程包含着相容因素和对抗因素的混合,解码一方对编码一方既不全部接受,也不全部拒斥,而是认同中有否定,拒绝中有合作。这是一种充满矛盾的运动过程,"它认可旨在形成宏大意义(抽象的)的霸权性界定的合法性,然而,在一个更有限的、情境的(定位的)层次上,它制定自己的基本规则——依据背离规则的例外运作。"① 三是对抗方式的,即意义的解码完全是对编码意图的推翻,解码之后的意义是全新的。在这种解码方式中,"电视观众有可能完全理解话语赋予的字面和内涵意义的曲折变化,但以一种全然相反的方式去解码信息。他/她以自己选择的符码将信息非总体化,以便在某一个参照框架中将信息再次总体化。"②

"编码,解码"理论是针对电视话语而发的,但它给现代消费研究带来的启迪便是大众不是批判理论家想象的那样铁板一块,而是以各种方式或协商或对抗意识形态的多元群体,他们有着与商品输出者不同的实践利益,因此总能在力所能及的范围内实现对意义的控制,这就使得意义的生产决定不了意义的再生产,而且两者的发生过程本身也包含着多元因素的制约和多种方式的并行。回到现代消费的语境,应当看到大众和商业资本之间的复杂运动过程,其间消费意义由商业资本首先发送出来,而此意义不会原封不动地为大众所接收,大众会在商业资本建构的"界限和参数"中进行"扭曲和误解"式的解码操作,由此生产出与商业资本意图发生差异的消费意义。

首先,从整个消费意义的生产过程来看,商业资本的编码是意义的一次生产,大众的解码是意义的二次生产(再生产),相对于一次生产而言,二次生产构成意义结构的重组,这也是发现大众的活力的地方。具体来说,首先在意义的一次生产即商业资本的编码阶段,商业资本要为大众生产出某种消费意义。然而,一个"未经加工"的消费品很难承载商业资本

---

① 霍尔:《编码,解码》,转引自罗钢、刘象愚主编:《文化研究读本》,中国社会科学出版社2000年版,第347页。

② 同上。

制造的消费意义,即使消费品本身非常优良,但需要在大众的接受形式内实现某种意义化,因此商业资本广泛依赖广告等传媒手段为消费品赋予种种意义。用通俗的话来讲,商业资本在推销消费品之前,要向大众讲述一个关于该消费品的美好的故事。此时,消费品自身的价值退居二线,与消费品看起来很近实际上很远的文化意义占据主导,这是商业资本为消费品赋义的过程。

商业资本对消费品的赋义不能不受到大众状况的制约,进而言之,尽管商业资本开启了意义的生产过程,但它是一个开放和包容的过程,除了资本意图之外,收入水平、主体能力、生活习惯、消费历史、风俗人情、社会时尚乃至社会形势、流行话语、大政方针等等,都参与到商业资本的赋义过程中,商业资本要仔细鉴别各种材料的性质,对之做出分析、细化、区别、抽取、剔除、整理和整合,从而讲出一个具有吸引力的故事。从宏观结构来看,商业资本的作用是意义一次生产过程的一个方面,来自大众和社会层面的许多信息反馈到意义一次生产过程,构成生产过程的环节。

其次,在意义的再生产即大众消费的解码阶段,由于商业资本的编码已经客观存在,因此大众不可能无视资本为其制造的消费意义,大众必然要把它作为解码的背景加以运用。消费品一经售出,商业资本的编码过程便宣告结束,不过这并不是意义生产的结束,而是意义生产的重新开始。大众不仅是商品的消费者,而且是消费意义的生产者。借用费斯克的概念来说,商品经过金融经济过渡到文化经济之后,商品就变成了一个有待填补的文本,一种具有潜在意义和快感的话语结构。大众消费的活力体现在对消费品的"生产性使用"上,从性质角度而言,大众消费的意义生产就像电视话语的解码一样,大体也分为三种方式:一是从属性的意义,消费者的理念和行为完全按照商业资本的设定来进行,消费意义等同于编码意图,二者具有同构性。例如,商业资本向来鼓励消费的无限性,把追求高消费的倾向说成是人的自然本性,这是商业资本的编码,如果消费者认同这种生活理念,把这种理念作为自己消费行为的指南,那么他的消费意义便是从属式的意义。可见,从属性的意义表明了商业资本对于消费意义的控制权，其权力结构呈现出单向线性的特征。

二是谈判性的意义，消费者的理念和行为在一定程度上体现出商业资本的要求，但又不完全接受商业资本的设定，而是根据自己的实践利益做出一定的改变、保留一定的自主，从而使得与商业资本的结构性差别关系得以维持。这种类型的意义生产表现为协商、谈判、讨价还价、误解、扭曲、怀疑和利用等多种因素的混合。例如，商业资本通过制造消费者主权话语把消费者抬到极高地位来实现资本增殖意图，而消费者可以依此要求资本改善消费品价值和消费环境，服务于自己的消费利益的实现。在这种类型的意义生产中，大众不是被动的客体，而是有着相当的活力和能动意识。

三是对抗性的意义，消费者的理念和行为完全拒绝商业资本的要求，消费意义是对资本编码意图的抵制和批判，由此产生的消费意义是全新的，完全不能容纳到商业资本的框架中。对抗性的意义最能体现大众的能动性和斗争精神，最能改变商业资本制造的意义结构，因此也是意义结构重组的重要方式。例如，在商业资本那里被宣扬成"以人为本"的东西，到了消费者那里被解读成"以钱为本"，消费者完全否定商业资本话语，对商业资本话语进行讽刺和批判。这种类型的意义生产常常使得商业资本话语归于无效，从而迫使商业资本做出相应改变。

意义结构的重组是从性质层面分析大众的消费活动的特征，不过要看清大众消费的实际状况，还要深入到大众消费的结构中，注重大众的本体研究。在此，笔者同意一位学者的论断："只有进入大众性——大众的语言、文化、逻辑、感情、经验、道德、欲望和意识——我们才能更好地理解立场的意义，才能看到斗争在何处是实际化了的和可能的，才能帮助阐发、培育和支持这些斗争。只有通过大众性，我们才能发现从属关系是如何被体验和抵抗的，才能明白从属和抵抗的可能性是在支配关系的结构之内被打开并指向这些结构之外。正是这种作为文化领域和日常生活的大众性使我们得以切入人们生活体验的那个复杂的权力场。"[1] 这就涉及到了下

---

[1] 格罗斯伯格：《文化研究的流通》，转引自罗钢、刘象愚主编：《文化研究读本》，中国社会科学出版社2000年版，第75~76页。

一个问题：大众消费活动表现出的微观政治活力。

2. 微观政治的活力

作为消费意义的再生产环节，大众消费活动与商业资本发生着复杂多变的权力关系。不过，大众消费活动不会产生激进的社会革命，也不追求立竿见影的政治效果，它是在支配性权力结构中对付、规避和抵抗这些宰制力量的。"文化研究"学派代表性人物费斯克指出："大众文本绝不会是激进的，因为它们永远不可能反对或者颠覆既存的社会秩序。大众体验总是在宰制结构的内部形成，大众文化所能做的是在这个结构内部生产并扩大大众空间。大众意义与快感永远不可能摆脱那些生产着服从关系的力量，事实上，它的本质在于它反对、抵抗、逃避或反击这些力量的能力。大众文化对相关性的需要，正表明了大众文化可以是进步的或冒犯式的，但是永远不可能完全摆脱社会的权力结构。大众文化正是在这样的权力结构中具有大众性的。"① 究其原因，在于大众消费活动总是在微观政治层面而非宏观政治层面发生，微观政治层面是指日常生活中才会出现的家庭、商场、街头、广场、海滩、电影、电视、服饰、旅行、电子游戏、比赛等结构和因素，大众每天都要与这些因素打交道，依赖这些因素，因此"大众文化的政治是日常生活的政治"②。一旦我们将观察视角放在微观政治层面而非批判理论家所习惯的宏观政治层面，就会立即发现大众消费的活力，它总是在宰制与被宰制之间、在权力与反权力之间、在军事战略与游击战术之间，持续性地利用商业资本资源来为自己的实践利益和意义生产谋取可能，以致这种活力使得商业资本感到控制消费意义始终是一种必要。

按照费斯克的观点，作为意义的生产和流通的形式，文化具有一种"内在的政治性"，它总是在权力斗争和利益分配的语境中被定义。"文化（及其意义和快乐）是社会实践的一种持续演进，因而它具有内在的政治

---

① 费斯克：《理解大众文化》，王晓珏、宋伟杰译，中央编译出版社2001年版，第140页。
② 同上书，第58页。

性，它主要涉及各种形式的社会权力的分配及可能的再分配。"[1] 如果是认可文化的政治性这一观点，那么可以说微观政治活力表现在现代消费的所有方面，凡是在商业资本试图控制的领域，都能发现大众与之斗争的痕迹。具体来说，它们有以下几个方面。

(1) 意义的自主化

消费品从资本控制渠道流通到大众手中，消费意义的再生产过程便宣告开始。尽管商业资本已经生产出某种消费意义，但大众是否遵从以及在多大程度上遵从还是未知数。大众就像"游牧式的主体"在社会权力结构间穿梭往来，并且根据随时可能产生的需要，立即调整自己的行为取向，与互不相同的权力话语同时保持开放的联系。现代消费是在大众消费活动与商业资本的接合面产生出来的，因此必然包含大众一方的力量。在这一过程中，自主化是再生产出来的消费意义的主要品质，它表明大众所生产的消费意义始终是为自己的，以自己的利益为中心的。大众将商品转化为适应日常生活的消费品，转化为一种能够生产快乐和意义的文化资源，这些都是在大众利益范围内、以大众利益为指针进行的。商业资本提供的消费意义只是大众的选择资源之一种，至于大众选择何种消费意义，这是商业资本始终无法完全控制的过程。在商业资本的控制之外，存在着难以规制的大众消费活动，这些活动即使不是资本所反对的，也一定是有利于大众的。

意义自主化的表现形式主要是抵制和建构，抵制和建构相互关联，抵制的同时必然是建构，建构的同时必然施行着抵制。抵制和建构的参照都是商业资本的意图，商业资本力图生产出消费意义，而大众很少完全遵从资本设定的轨道，总会多多少少地按照自己的利益诉求抵制商业资本的控制，建构他们自己的意义世界。当这些意义被建构成消费者的社会体验时，它们的意义身份就成立了。这些意义与我的日常生活发生密切的联系，我觉得它是为我的、能够让我产生认同和快乐的，同时它也有助于维持我与外部世界的种种关系。例如，《第一滴血》是白人父权制社会生产

---

[1] 菲斯克：《解读大众文化》，杨全强译，南京大学出版社2006年版，第1页。

出来的电影，西方社会多数观众都非常认同该片传达出来的"剽悍的个人主义信息"，这既符合西方的价值取向，也是电影资本方的主观意图，然而，这部刻着文化霸权印迹的影片却在有着殖民经历的边缘地区同样获得了广泛认同。费斯克指出，边缘地区的人们从电影文本中创造出他们自己的意义，他们带着对白人、后殖民父权主义的体验来解读这部电影，因此他们把兰博与白人官方阶层之间的矛盾体验成第三世界与第一世界之间的矛盾，这明显是在弱势民族与强势民族对抗的层面上进行与他们切身相关的意义的生产。这种意义的生产是从文本中生产的，但不是由文本生产的，而且所生产的意义已经偏离了资本的意图。

从文本消费者那里产生出来的消费意义，是以消费者为中心的意义，它与以资本为目的的意图明显不同，其不同不在于它超脱了社会权力结构，任由大众驰骋于意义空间，而在于它按照消费者自己的方式理解社会权力结构，并将消费者的立场纳入其内。由于消费者意义生产的自主化，所以才呈现出差异性的多样化消费实践，这种多样化不同于商业资本制造的人为多样性，而是一种有着大众基础的自然的多样性。它不会产生激进的政治革命，但毫无疑问是进步的，这些意义被带进更广泛的日常生活领域，以不同于主流意识形态的方式思考甚至改变与社会权力结构之间的关系，从而建构任何社会行动发生所必需的大众基础。

（2）非合作式的消费策略

商品被商业资本派遣到市场上，它直接面对消费大众。它一方面是商业资本实现自身的中介，另一方面也是大众的生活资源。由于大众从来都不是同质性的群体，大众里面有资本家，有职员，有失业者，有警察，有盗窃犯等等，任何一种人群都可以成为或不成为大众的一员，他们的实践利益千差万别，消费方式具体而微，因此消费策略也是千差万别的。这些消费策略不管是表现为游击战和偷袭，还是表现为诡计和花招（德塞都语），都与资本意图有着差异性。它们从属于大众自己的利益，偏离了商业资本的设想与目的，以致商业资本不得不把它当作一种有待防范的行为加以规制。

由于消费者主权观念以及与之相关的民主、平等理念的传播，大众不仅能够在与资本发生接触时保持自利意识,如市场上常见的讨价还价、团购,而且还会采取一系列游击战术,利用资本提供的庞大资源来获取消费利益,这是从日常生活中资本控制不到的各个角落和细部寻找消费便利的方式。例如,城市失业者和低收入阶层面对商品的高昂价格,固然不会购买,但他们会将商场作为自己的领地,来实现他们的免费消费。他们没钱而有闲,消费的是商场形象与场所,而不是商品。他们在商场里顺手牵羊,偷吃从不带出商场的食品,随心所欲地试穿各种名贵衣服而不购买,盗打公司电话等。大众见缝插针般地寻找一切可以利用的资本缝隙来为自己的消费利益服务,以至于商场成为消费者发动数不胜数的游击战术的空间。"青少年将它们用作碰面、幽会、展示并消费时尚的空间;百货商店成为储藏各种形象的取之不尽、用之不竭的资源宝库,可以转化成个人风格,或个人的发言途径。母亲与孩子以及老人,在极冷极热的天气里,消费着商城的暖气或冷气。"① 消费者凭借着游击性的消费策略,创造着有利于自己的消费利益,对付、规避和抵抗着商业资本的意图。

　　大众的消费策略千变万化,随机应变,但都体现出了不与资本合作、坚持自我利益的消费精神。"某些抵抗行为可能是主动而具冒犯性的,也有某些抵抗行为更倾向于顽固地拒绝宰制的力量,还有一些行为则更是回避性的、狂欢节式的、较为解放的。对抗的形式林林总总,一如被支配状态的多种多样,不过贯穿始终,有的尖锐,有的缄默,这才是对抗状态的主线。"② 需要注意的是,这些消费策略都属于战术性的骚扰,而不属于战略性的颠覆,大众并没有从体制层面推翻商业资本,他们只是从日常生活的细节、从微观的层面入手去创造属于自己的消费方式。"复杂社会的大众文化,是被支配者的文化,他们怨恨其从属地位,拒绝同意他们所处的位置,也不情愿效力于维系着从属状态的那种共识。这并不意味着大众的生活处于某种不断反抗的(因为这些生活乃是社会危机或个人危机的状态),而是意味着对抗性是零散的、有时是沉睡着的、也有时是被唤醒而

---

① 费斯克:《理解大众文化》,王晓珏、宋伟杰译,中央编译出版社2001年版,第177页。

② 同上。

可以从事游击队式偷袭的。"① 这样一种不带刀光剑影的进步方式在批判理论家看来是无用的，但这实质上反映出批判视角的偏狭：宏观与激进的视角决定了观察者只能看到"宏观与激进"的运动，而对微观与和平的方式视而不见，但这并不意味着后者不产生积极的力量。在微观层面上，大众的消费策略是政治化的。大众消费活动中培养起来的自主和对抗意识与社会层面上的集体行为存在着广泛的关联性，它们储存着政治化潜能，一直隐而不显，在适当时候会为社会行动或宏观层面的政治行动提供意识基础。习惯于讨价还价的"挑剌"消费者往往也会在其他社会领域采取有力的行为方式，在商场中有意识地钻资本家之疏忽的消费者，通过交谈、协会、网络等联络方式，与他人建立一种共同对付资本家的团结感和归属感，这些感觉也许会在某些时候被其他事件激活，但它未被激活时，并不能否定它的存在。大众的消费意识会被联结到与他人共享的社会体验上，转化为更具集体性的意识和实践，"就此意义而言，它们正努力开创各种空间，进步性就可在其中运作。"②

第三节　文化消费与精神生活的拓展

作为现代消费方式的重要类型，文化消费对人的生存发挥着积极的塑造作用。文化消费是通过消费精神文化产品来满足精神需要的消费过程。与实物商品消费具有显著区别的是，文化消费直接作用于人的精神生活领域，促使人的精神潜质和精神结构发生积极意义的变化，它是消费的生存论意义的重要方面。

文化消费的对象是作为商品形态存在的文化产品，即文化商品。尽管文化商品都需要一定的物质形式作为载体，如电视节目、电影需要硬件设备和大量的资金支持，小说、戏剧等文学作品需要凭借纸张或网络等物质

---

① 费斯克：《理解大众文化》，王晓珏、宋伟杰译，中央编译出版社2001年版，第177页。
② 同上书，第171页。

手段而得以存在等等。但文化商品的本质性存在是其展现出来的精神性世界和意义性世界，至于物质形式只是次要因素，甚至丝毫不被重视。正因为文化商品以精神属性作为核心特质，所以文化消费的过程，同时便是人的精神生活的拓展过程。可见，文化消费对人的精神生活的作用，根源于文化商品精神属性的消费过程。

一、精神潜质的多维挖掘

凡是商品都有使用价值，但文化商品的使用价值与实物商品的使用价值不相同。实物商品的使用价值附着在质料上，两者完全一致，如食物是用来果腹的，汽车是用来代步的，所以伴随着消费过程的持续，实物商品的物质形式损耗得越来越多，其使用价值也在逐渐衰减，直至最终耗尽。与此相反，文化商品不会随着物质形式的损耗而损耗使用价值，随着文化商品被消费次数的增加，其使用价值反而会成倍增加。这是因为文化商品被消费的同时，即是文化商品再生产的过程，是精神性内容沿着空间和时间两个维度扩展的过程。杰克逊的歌舞被现场欣赏的次数并不多，但是当它被制成光盘、放在电视或网络上播放，这就远远超出了原有的消费次数，他的声音动作迅即感染了世界各地的大众，其使用价值不是损耗，而是成千上万倍地增加。就像两人分一苹果每人只能得一半、两人交流思想每人至少得到两个思想的道理一样，文化商品的使用价值与消费次数成正比关系。当然，文化商品总要依托于一定形式的质料，这种质料会随着消费次数的增加而损耗，但这不是问题的关键，因为文化商品的本质性存在是精神性存在、文化性存在和意义性存在，人们去影院是为了欣赏电影，而不是为了消耗电影胶片，人们读小说是为了寻求文化信息，而不是为了消耗纸张。正是在消费文化商品精神属性的意义上，文化消费对人的精神潜质发挥着多维的挖掘作用。

文化消费指向人的精神需要的满足，由于文化商品是以多元化形态存在的，因此它作用于人的视觉系统、听觉系统、符号识别系统等综合系统，渗透并作用于人的情感、思想和灵魂，能够生发出迥然不同的精神性世界。任何文化商品都蕴含着对人事、对世界、对自然的看法、观点和愿望，都以一定的世界观和价值观作为精神性前提，大众在消费特定的文化商品时，必然会受到该商品释放出来的精神性信息，与商品进行多种形式的情感共鸣、认同体验、心灵对话和批判思考，使得主体的文化构成发生某种程度的改变。从表层的感官愉悦、心情放松到深层的心灵震撼、醍醐灌顶，文化商品以精神内容唤起主体自身的文化波动，从而使主体体验到各种意义世界。例如一部《哈利·波特》作品，既可以是风靡世界的畅销小说，也可以是规模宏大的魔幻电影，既可以被设计成互动体验的电脑游戏，也可以被谱成美妙动听的原声大碟，当这部表达了同一主题的作品采取了不同表现形态时，它带给人们的精神感受是不同的，因此对人的精神生活也就表现出了多方面的塑造作用。除此之外，不同类型的文化消费对精神生活的作用也表现出多维的特点。以相同的货币量，一个人用来买言情小说，沉迷于市侩文化，另一个人用来买康德著作，研究深奥哲理。相同的货币量，不同质的文化消费，得到的是完全不同的消费结果。尽管两者满足的都是生命的纯粹精神需要，但前者侧重于满足感官化的精神娱乐需要，后者侧重于满足思想化的精神探索需要。本文并不意在对两种文化消费形态做出价值评价，但从这一现象中能够看出文化消费造就出了迥然不同的精神性世界，这些构成为文化消费对人的精神潜质的多维挖掘。

　　在文化商品精神性成分当中，意识形态是非常典型的一种。实物商品的本质性存在中不含有任何意识形态的因子，"我们从小麦的滋味中尝不出种植小麦的人是俄国的农奴，法国的小农，还是英国的资本家。使用价值虽然是社会需要的对象，因而处在社会联系之中，但是并不反映任何社会生产关系。"[①] 与实物商品不同的是，文化商品含有程度不等的意识形态因子，即使在意识形态色彩最不明显的民间文化作品中，它们也与某种意识形态存在着曲折联系，只不过它们是把依赖的意识形态前提表达成间接依赖的结果，把与意识形态的潜在共存表达成自身独立性的外在表观。由于文化商品的意识形态性存在，所以文化消费的过程同时也是人们了解、

[①] 《马克思恩格斯全集》第13卷，人民出版社1962年版，第16页。

接触、接受或反对某种意识形态的过程,这一过程在很大程度上还会成为人们与意识形态发生关系的主要途径。像好莱坞电影产品在全球市场的大行其道,便不仅仅是一个简单的文化商品输出问题,更是美国的价值理念、生存模式和意识形态影响乃至同化其他国家大众的过程。按照布迪厄的分析,"在所有社会场,无论是文学场还是权力场运行的起始之处,都存在着幻象,都要投身于游戏中。"这是"我们用来衡量一切虚构的现实,不过是一种(几乎)获得普遍认同的、为人们接受的对象。"[①] 不管大众是否自觉,他们总是会在消费文化商品的同时,扮演着某种意识形态的被说服者、接受者、反思者和对抗者的角色,任何宣称"客观"和"中立"的文化商品是不可能的,由此也直接导致了"客观"和"中立"的文化消费的不可能。从多种多样的文化消费类型中,人们或是接受意识形态的说服,或是反思意识形态的前提,或是颠覆意识形态的意旨,从而使得文化消费成为一种意识形态的接受或谈判过程,这一点也构成了文化消费对人的精神潜质的挖掘。

二、精神世界的丰富表现

既然文化商品的本质性存在是精神性存在,因此文化商品的使用价值便是精神价值。精神价值在人类价值世界中占据着特别的位置,它是与物质性价值截然不同的另一种价值,它亘古久远,并且在人类未来时代越来越重要。作为人类探寻自身本质性存在的一种方式,文化商品都以制造矛盾、追求冲突的方式来进行,它通过大胆设想、离奇联想、丰富表现和深刻探索,为人们呈现出多样化的景观和不平常的观点。有的人阅读书籍来理论地思考世界,有的人观看电影来感性地体验世界,有的人欣赏戏剧来直接地把握世界,这些文化消费的不同方式都直接地作用于人的精神世界,成为精神世界获得丰富表现的重要推动力。

恩格斯曾在一般意义上论说了人的存在的本质性与有限性之间的矛

---

① 布迪厄:《艺术的法则:文学场的生成和结构》,刘晖译,中央编译出版社2001年版,第40页。

盾，即人性与兽性的张力："人来源于动物界这一事实已经决定人永远不能完全摆脱兽性，所以问题永远只能在于摆脱得多些或少些，在于兽性或人性的程度上的差异。"① 如果认可人性—兽性之分析框架，那么文化商品正是人性—兽性体现得最丰富、最剧烈、最突出的领地。小说的婉转细腻与荡气回肠、电影的百转曲折与惊心动魄、音乐的舒缓流畅与奔涌勃发，这些都是文化商品精神性价值的复杂内容，当然很多文化商品都以普通平庸、世俗享乐、戏谑调侃作为立身之本，这同样是文化商品精神性存在的表达方式。人们进入到这样一种复杂奇特的精神王国时，会采取不同的消费方式。有的人会着迷于故事情节，有的人会看重其思想内涵，还有的人会沉浸在感性娱乐中，各种低级的或高级的、感性的或理性的消费方式带给人们不同的精神感受和意义世界。尽管如此，从最一般意义而言，文化消费的不同方式都是人们寻求自己本质性存在的具体表现，如果人的本质性存在注定要通过有限性存在的方式得以表达，如果人的本真生存一定要经历不本真的漫长历程，那么这些方式不一的文化消费就与人的本性相关联，并在矛盾冲突、困缚冲决中表现出特有的价值。因此，文化消费中粗俗低下的一部分并不能整体性地否定文化消费是人探寻人之本性的重要方式，它们是人们探寻自己丰富精神世界的一个重要部分。同样，肯定这一点并不意味着人类就心甘情愿地俯就于精神世界的多样化水平，多样化是现实，是常态，如果人类想在符合人性的环境中成长，那么他就"不是想从动物学上对自己加以归类，也不是想在动物王国找到自己的位置。他之所以寻求，之所以对自己感到迷惘，首先是为了摆脱单纯的存在——动物或其反面。寻求自我认识就是寻求本质的真实性……他试图认识的不是他的动物性，而是其人性。他并不寻找自己的起源，而是寻找自己的命运"②。

任何文化消费都会为人们呈现出一个融合了作者和读者因素的精神世界，这个世界只要达到最起码的精神水准，便拥有真理性、审美性和价值性，区别只在于这些性质的程度和表现方式。一般来说，真理性颗粒越

---

① 《马克思恩格斯选集》第3卷，人民出版社1995年版，第442页。
② 赫舍尔：《人是谁》，隗仁莲译，贵州人民出版社1994年版，第20~21页。

多、审美程度越高、精神价值含量越大的精神世界,便越能够体现时代的本质精神,乃至超越时代的认知界限,从而对人们的精神生活形成持久的积极性影响。像经典著作和古典乐曲,在很长一段时间里只是局限于精英人群中,直到消费时代的来临才使它们扩散到大众层面。当以它们为对象的文化消费成为普通人精神生活的一部分时,它们的精神价值便会融入普通人的观念结构中,成为普通人精神生活的重要元素和参照系。如果让一名普通读者指出什么样的作品才是伟大的,那么他会说《红楼梦》、《悲惨世界》,而不是80后乃至90后的小说,尽管他更喜欢阅读后者,但正是通过阅读那些拥有了更多真理性、审美性和价值性的作品,才为他确立了精神世界的价值判断标准。与此相对的是,消费那些真理性颗粒较少、审美程度表面化、娱乐价值含量很大的文化商品,相应获得的只是真理性、审美性和价值性较少的精神世界,它们能够获得同时代普通人的迅速认同,但其生命周期却较为短暂,能够为后代人记忆的很少。

不难看出,那些具有较多超越性成分的精神世界从规模上和普及程度上远逊于具有较多世俗性成分的精神世界,但它们能够跨越不同时代的界限,成为超越时代的共同文化资源,那些具有较多世俗性成分的精神世界具有明显的短期化效应,为同时代人所追捧,但其生命周期却远不如前者,热闹之时便往往预示着它的衰退。由此可以推论出的是,精神世界的生命周期与文化产品精神价值的含量和质量基本成正比关系,精神世界的短期效应与文化产品精神价值的含量和质量基本成反比关系。指出这样一种近似的变化曲线,并不意在分析它们之间的细微联系——因为精神世界最抗拒量化分析和近似简化,最排斥客观诠释和规律探求——这些联系表明了文化消费推动形成的精神世界的丰富表现。"自相矛盾"本是丰富性的深刻体现,如果试图把不可穷尽的精神世界之丰富形态理性地分析出来,那么"把理论应用于任何历史时期,就会比解一个最简单的一次方程式更容易了"[①]。

[①] 《马克思恩格斯选集》第4卷,人民出版社1995年版,第696页。

三、意义世界的社会化交流

商品是用来交换的劳动产品，文化商品也不例外。然而，文化商品与实物商品获得"商品"身份的机制并不相同，实物商品一旦生产出来，便立即获得"商品"的身份，而文化商品生产出来以后，只要还处于个人使用的范围，就始终无法获得"商品"身份。其中的原因在于实物商品的本质性存在与物质形式是完全一致的，物质形式的定型标志着"商品"身份的确立，而文化商品的本质性存在是精神性存在，没有交流的精神根本就不是精神，只有进入到社会化层面进行交流，最初是"私人"身份的精神才能转化为"公共"身份的精神。因此社会化交流是精神的本质属性，这就意味着最初是作为私人产品而存在的东西一定会本能地生发出社会化交流的意向，其实现形式便是文化消费。通过文化消费，创作者与消费者都力图把自己的意义世界融会到社会层面上的意义互动共同体，使之成为具有"普遍性"身份的社会共享系统之一部分，这样在创作者与消费者之间、创作者与创作者之间以及消费者与消费者之间，便形成了意义世界的社会化交流局面，相比于传统文化消费下精神交流的简单、闭塞和孤独，现代文化消费所造就的公共性的意义世界是现代人精神生活的重要内容。

意义世界的社会化属性要求文化商品必须向大众开放，等待大众的选择、评价、判断，因此文化消费实际上是意义世界的再生产。"消费也中介着生产，因为正是消费替产品创造了主体，产品对这个主体才是产品。产品在消费中才得到最后完成。一条铁路，如果没有通车、不被磨损、不被消费，它只是可能性的铁路，不是现实的铁路。"① 实物商品的实现需要消费者的参与，作为以精神价值为本的文化商品就更是如此。文化商品要实现精神价值，不是像实物商品仅仅需要调动消费者的普通意识和能力就可以了，如到酒店就餐只需要一般性的生理运动、懂得一定的就餐礼仪即可，穿衣服只需要达到一定标准的体格条件即可，文化商品的消费需要调

---

① 《马克思恩格斯选集》第2卷，人民出版社1995年版，第9页。

动消费者的多种感觉系统并加以综合运用，有时还需要较高程度的知识水平、教育程度和审美理解程度，相对于实物商品，文化消费的主体要求要高得多。如对于一幅名贵字画来说，精神价值的消费空间几乎是无限的，即使是艺术家也难以穷尽它的精神价值的可能，更何况一般人的鉴赏能力。这种较高的主体要求把文化消费表达为主客互动，它反映出来的实质问题是消费和生产从来都紧密地统一于文化消费过程中，文化消费即是精神的再生产，文化消费主体即是精神再生产的主体，文化消费中消费与生产的深刻统一性成为意义世界社会化交流的重要标志。

如果从更大的社会视野来看，意义世界的社会化交流不仅表现为消费与生产的统一性，而是表现为社会意义上的交流，这也是社会化交流的本义。从表面来看，文化消费过程中消费者的所有情绪表达、情感体验和意义表达都只是在个体的范围内，是个体在意义世界中进行的价值选择和意义生成，个体文化消费的标准是他的整体性的意义体会，他对意义世界体会到什么程度，他就以什么程度的意义作为消费标准，从而将之表达为自己的主体感受。不过这只是问题的一个方面，问题的另一方面是消费过程必定吸收着社会意义世界的各种养分，必定是一种社会性的精神生产行为。马克思强调指出："甚至当我从事科学之类的活动，即从事一种我只在很少情况下才能同别人进行直接联系的活动的时候，我也是社会的，因为我是作为人活动的。不仅我的活动所需的材料——甚至思想家用来进行活动的语言——是作为社会的产品给予我的，而且我本身的存在是社会的活动；因此，我从自身所做出的东西，是我从自身为社会做出的，并且意识到我自己是社会存在物。"[1] 任何人的文化消费过程必定分享着社会提供给他的意义和价值，必定使用着社会提供给他的标准和理念，即使是那些不追求他人认同、不愿与他人共享的文化消费现象，也一定融和着社会提供给他的思想和体验。从这个意义上来说，个体的文化消费实质上超出了个体范畴，而进入到社会互动的范畴。尤其是在社会性意识日渐增强的当代，大众文化消费的社会化交流意识空前增强，越来越多的人渴望将自己

---

[1] 马克思：《1844年经济学哲学手稿》，人民出版社2000年版，第83~84页。

的文化消费感受传达给他人，希望能够引起他人的反应和重视，这些现象同样是意义世界社会化交流的重要体现。

进而言之，内在地贯通着意义世界的社会性交流的文化消费，也一定贯通着向更大、更广的层面发出意义寻求与意义参与的无声诉求，这种诉求通过时间向度上的追溯和空间向度上的传播体现出来。在时间向度上，人们从来都是坚持不懈地寻求历史文化作品的理解和解释，在空间向度上，人们始终渴望着共享其他地域文化商品的意义世界，正是基于时间和空间向度上的文化消费，所谓的"经典作品"和"畅销作品"才得以产生。可以说，经典作品和畅销作品既是特定主体的创作结果，更是意义世界社会化交流的产物，开放性、流动性和共享性的社会化文化消费局面，使得经典作品和畅销作品得以可能，使得"各个国家、各个民族的文化遗产不仅仅是本国家和本民族的宝贵财富，而且是全人类的宝贵财富"。

第四节　小结

人的生存之所以有别于动物生存，是因为它本然地就是体现着自由自觉性和超越性的生存，即蕴含着本真生存之方向的生存。人的生存不是无原则地领受日常生存的一切，而是由自然生理性的生命向着精神文化生命和主体性自由自觉生命的进发。超越是生存的本性，超越了某种陷于单调循环的庸常生存，才能成就生存自身，而这个超越的主体也正是生存自己，因此生存只有自我超越、自我跃进，才能成其为生存。生存的超越本性表现于人类生活的各个层面，吃饭是超越，穿衣是超越，礼尚往来是超越，婚丧嫁娶是超越，至于求学、就业、著述、奋斗、成就事业、颐养天年等都是超越。超越实质上是人的生命的本质性存在，只要人的生命存在，必然实现着超越，哪怕是最经常被人们等同于动物式生存的食色活动，也具有不断超出自身而生发出生存境界的意蕴，因为这是以一种消极的方式超越着此刻与此身，没有任何超越质素的生命等同于死亡。动物式的生存从来都不是人的生存的绝对性质，哪怕是一个平平庸庸、浑浑噩噩的人,他肯定是在按照自己的生存理解去超出生存、超出自身,即他的生活中也肯定有体现出超越性要求的地方。所以,问题的真实意义不在于吃喝玩乐被冠以"低级"称号,也不在于读书看报被赋予"高级"性质,而是人的生存方式注定要不断地超出自身,生存才能够实现为生存自身,才能够表明自己的生存身份。

毫无疑问,作为生存的本性,超越同样体现于现代消费活动中。在一般意义上,现代消费方式是属于人并为了人的,现代消费方式的粗俗平庸不可能抵消文化大众化的生存论效应,消费主义的享乐取向无法取代生活方式的历史性进步,商业资本的强大规制从来没有将来也不可能穷尽消费意义的再生产,现代消费方式始终保持着更自觉的、更自由的生存论维度。同时,现代消费方式又在特殊意义上体现出生存的超越本性。无论是在生存质量的推动方面,还是在生存需要的满足方面,无论是在生存品质的提升方面,还是在生存境界的超越方面,现代消费方式都发挥出了传统消费方式无法比拟的作用。归根结底,现代消费方式对生存的积极塑造作用来源于消费的市场交换方式。市场交换方式向人们提供了品种多样、数量繁多和质量上乘的消费资料,使人们享受到了传统方式下难以想象的生活舒适;市场交换方式向人们提供了海量的消费资源、大量的生活机会和便利的消费条件,使人们能够充分施展自己的生存能力;市场交换方式还向人们提供了民主的生活氛围、多元的选择空间和宽松的价值体系,使人们体验到了现代生存方式的自由特征。总之,在市场交换方式的推动之下,现代消费方式对人的生存的各个层面发挥了显著的改造作用,它不仅重塑了生存的内涵、构筑了生存的结构,而且还提高了生存的境界、提升了生存的素质,这些都构成了它的生存论意义。

第三章

消费的生存论异化

自然经济条件下的生产尽管水平低下，但生产目的是满足人自身的消费需要，当市场经济成为现代经济的主导成分后，生产目的就不再是人自身的消费需要，而是财富本身的增长。在此影响之下，消费也从传统条件下以人自身的需要为指向，转变成现代条件下人为了消费而存在，而消费又以物的占有为指向，这便是现代消费方式表现出的生存方式的物化特征。生存的物化不仅不是对人的自由自觉性和超越性的生存的确证，反而是对它的否定，即对人的本真生存方向的否定。在这种意义上，生存的物化实质上是生存的异化，我们将这种性质称为"生存论异化"。

第一节 物化生存

物化的生存是以物的占有和消费为最高原则的生存方式，相对于自然经济条件下的自然化生存，物化生存是一种在生存气质上发生了重大变化的生存方式，这样一种全新生存方式的形成经历了漫长过程。笔者借鉴张凤阳先生在《现代性的谱系》一书中对文化三层面的分析框架，来具体阐释物化生存的形成过程。

第一个层面的问题是"意义阐释"。文化既是一种教化，首先就得确立一个教化成人的价值标准。这种标准在不同的时间和空间条件下可能有很大的区别，但它的轴心地位是无法替代的。各种文化类型都必须以它的方式对是非善恶作出判断,否则就无法给人提供生活指引。第二个层面的问题是"教化培养"。价值标准既确定下来,当然就希望得到人们的信奉与遵循。而要做到这一点,除了对人们进行实际的引导和教育,别无良方。用社会学的术语来表述,这是一个价值理念的传播过程或社会化与再社会化过程。这个怎样发生、以什么形式发生,会因时因地而异,但它作为教化人、培养人的一个环节,意义十分重大。第三个层面的问题是"行为取向"。一般来讲,价值理念的传播过程或社会化过程,不是一蹴而就的,它天天进行、月月进行、年年进行,甚至代复一代地进行。长此下去,某种价值理念就会被一定范围内的族群所接受,不但印入他们的脑海,而且融入他们的意识和潜意识,以致当他们按照这种价值理念去行动的时候,就像是出自他们的本能一样。结果,文化就从意义阐释入手,经社会化与再社会化,最后展现为一种品格、趣味、风尚、思维方式、体验方式、行为方式和生存方式。①

笔者之所以大段引用张凤阳先生的文字,是因为"意义阐释""教化培养"和"行为取向"三者构成了本节的分析框架。"意义阐释"侧重于物化生存的价值标准,"教化培养"侧重于物化生存的传播过程,"行为取向"侧重于物化生存的确立成型,三者是相互联系同时又相互区别的"三位一体",本节将依次对物化生存形成过程的三个层面进行分析。需要注意的是,这三个层面并不存在时间上的严格的先后顺序,它们只是逻辑上的顺序,三者混合交错地发生于物化生存的形成过程中。以媒介为例,它既可能发挥着"意义阐释"的功能,又同时发生着"教化培养"和"行为取向"的意义,这在具体情境中都是常有的事情。因此,要在相互渗透、适度区分而不是绝对隔离的意义上理解物化生存的形成过程。

一、消费主义:物化生存的价值标准

当现代社会还处于早期阶段时,马克思分析资本势力的扩张过程就已

---

① 张凤阳:《现代性的谱系》,南京大学出版社2004年版,第7页。

经指出，人的尊严、自由、职业、知识、情感等在传统社会显示出神圣品格的东西统统都在资本铁蹄下被归入资本体制，并被通约为物的生产力，任何事物都必须在"现金交易"和"利己主义"的打算面前挣得一份存在的权利。在今天比较成熟的消费社会里，所有的欲望、计划、要求，所有的激情和所有的关系，都要抽象化或物化为符号和商品，以便被购买和消费。① 整个社会蔓延着一种强调物的占有、强调人生过程的高消费才是有意义生活的生存理念，这种理念不同于传统社会的"禁欲苦行"，也不同于匮乏时代的精打细算，而是倡导人生的价值在于占有更多的物质财富，生活就是要自由地选择自己喜欢的任何东西。当它普遍到社会层面并内化为大众的社会心理时，这样一种理念便取得了权力性质，或意识形态性质，这便是物化生存的价值标准：消费主义。

所谓消费主义，是指不是为了实际生存需要的满足，而是追求被文化形式所不断制造出来的欲望的满足的生存方式和价值观，它具体表现为把占有更多的物质财富和消费更多的高档商品作为人生成功的标志，并以此作为生存意义的源泉和人生价值的尺度。之所以把消费主义认定为一种意识形态，意在指明这样一种容易被忽视的社会事实：消费主义究其实质，不是它自己宣称的追求高消费是天经地义和正当合理的，而是服务于物的生产体系的附属性意识，是仍然被物的生产逻辑支配的工具性意识。从社会根源的角度看，消费主义是物化的意识形态，它通过塑造大众与外部世界发生关联的基本方式，具体来说就是制造欲望应当且可以得到满足的意识，许诺每个人都可以自由选择，如此一来，在满足欲望之手段相对缺乏的现实状况中，消费主义势必催生和加剧着欲望无限和手段有限、诱惑无限和占有有限之间的不平衡，而解决这种不平衡的办法只有一个：消费、消费、再消费，只有不断地消费才能缓解那份渴望刺激却总得不到彻底满足的紧张，只有物品的最大化占有和快速消费才能带去些许幸福感。殊不知，从消费主义所维持的这种心理逻辑中获利最大的是物本身的增长，通过维护有利于物的生产格局的生活理念和生存方式，通过将人与自己、人

---

① 布希亚：《物体系》，林志明译，上海人民出版社2001年版，第224页。

与人、人与自然之间的关系导向消费化、商品化的方向，消费主义时刻与物的生产利益保持紧密的一致关系。

意识形态是消费主义的基本性质规定，按照马克思的意识形态分析，意识形态的特征应当在两个层面加以规定：存在论和利益论。"自然性"是意识形态存在论意义上的特征，即意识形态总把自己描绘成符合人的本性的永恒真理，把自己装扮成唯我独尊的人类文化成就，其他文化只不过是走向它所代表的那个文化的一个阶段，或者是它所代表的那个文化的一种不成熟形态。"经济学家所以视现存的关系（资产阶级生产关系）为天然，是想说明，这些关系正是使生产财富和发展生产力得以按照自然规律进行的那些关系。因此，这些关系是不受时间影响的自然规律。这是应当永远支配社会的永恒规律。于是，以前是有历史的，现在再也没有历史了。以前所以有历史，是由于有过封建制度，由于在这些封建制度中有一种和经济学家称为自然的、因而是永恒的资产阶级社会生产关系完全不同的生产关系。"① "自然性"的实质是将特定事物的历史性、暂时性转换为非历史性、永恒性，以此获得大众对它的认同、维护、坚持和肯定。

消费主义的自然性表现在它从来都是将欲望和占有说成是人的天然本性，把高消费说成是人类根深蒂固的冲动，将对物的欲望作为认识框架去套用传统社会的人们，以为他们和今天消费社会的人们一样具有难以遏制的消费欲望，而他们满足欲望的手段又极其缺少，因此他们肯定生活在欲望始终无法得到满足的困境中，对比之下，今天的消费社会提供了丰富的消费手段，我们该多么庆幸于我们所生活的时代，我们就应该尽情地享受生活的每一刻、把握住生命的每一个瞬间。究其实质，消费主义是把自己时代才出现的特殊状况扩展到整个人类的历史过程，把现代人的特殊心理想象为古往今来所有人的普遍心理，并以古代与现代对比之下的古代的"艰难"和"贫穷"来凸显现代的"富饶"和"自由"，让人们"自然而然"地去选择、认同、赞美和支持消费主义所代表的那个时代，以此保证物的生产体系，并生产出符合物的利益格局的社会关系，使物的生产格局

---

① 《马克思恩格斯全集》第 4 卷，人民出版社 1958 年版，第 153~154 页。

"可持续"地运行下去。

　　"虚假性"是意识形态利益论意义上的特征，是指意识形态以扭曲、错误、谎言、神秘的方式反映现实世界的真相和人与现实世界的真实关系，按照特定阶级的特殊利益要求去规定人们看待问题的方式。"虚假性"的实质是遮蔽特定阶级利益产生的观念意识的谬误，并赋予真理性外表，从而赢得人们不怀疑、不反思、不批判的信念态度，同时制止人们对意识形态和现实生活真相之间不一致的探索及其引起的旨在改变社会关系的社会行动，让人们安安稳稳地沉溺于意识形态编织的图景中。需要注意的是，这里的"虚假性"不仅是认识论意义上的虚假，更是社会利益上的虚假。因此，除了要认识到意识形态表述和社会实在之间存在着不一致，更要深入到社会利益层面去分析意识形态的虚假性质，要看到不同群体基于利益差异以及力图把这种差异维持在表象层次上、限制在一定范围之内的利益法则决定了意识形态作为虚假意识存在的必然性。从这个意义上来讲，马克思的宗教颠倒性取决于国家和社会本身的颠倒性的观点就极具合理性，意识形态的虚假性实质上是社会存在颠倒性在观念领域的体现，所以马克思才主张不要单纯地把斗争矛头对准意识形态家说了什么，而是要由此出发深入到社会利益层面去发现对抗性的社会根源，最后的行动也要落实到实际地改变社会利益等社会存在领域，而不是用"震撼世界的词句"来反对"这个世界的词句"。

　　消费主义的虚假性表现在它自始至终都致力于把人的价值归结到个人占有的物质财富上，把对生活意义的探寻编织进高消费代表的生活方式中，把对自由、平等、民主等价值的追求定义为只有通过物化渠道而且不须付出很大代价便可实现的廉价过程。它不鼓励乃至杜绝人们脱离物化轨道去探索一条不能为物的增殖带来利益的生活价值实现之道，杜绝人们不按照消费主义要求而是按照超越性的为人处世原则去设定日常生活模式，杜绝人们探索一种无法纳入物的生产体系的生存价值观。消费主义往往能够做到这一点，这是因为消费主义采取了个体化的价值实现途径，把欲望无法满足的问题归结到个体身上，"不是个体在经济系统中表达他的需求，而恰恰是经济系统推导出个体的功能和与之相适应的物品和需求的功能性。个体是一种意识形态结构，是一种与商品形式（交换价值）和物品形式（使用价值）相关的历史形式。"① 把宏大问题、社会问题归结为细小问题、生活问题，把那些旨在改变社会关系并有助于生活价值实现的集体行动转化为个体在私自角落里就可自行解决的消费过程，消费主义意识形态最终成功地将集体实践问题降低为个体生活问题，此时重要的问题已经不再是消费主义是揭露还是掩盖生活的真相，而是已经没有人再去关心生活的真相问题，没有人再去忧虑消费的异化何以出现以及如何克服。因此，奥威尔在《1984 年》中所担心的那种强行禁书、剥夺信息、独裁统治和受制文化的专制社会就不会出现，相反，赫胥黎在《美丽新世界》中所描绘的那种没有人愿意读书、真理淹没于无聊世界、文化堕落为感官刺激和享乐欲望、由于享乐而失去自由的消费社会正日益变成我们周围和我们自己的现实，② 而这样的一个社会正是保证物的生产体系的最合适状态。

在物的生产链条上，所有事物统统被纳入到物的生产体系中，所有质性价值统统换算成交换价值，这就是西美尔所说的"事物在一种完全没有色彩、不具有任何专门意义上的规定性的交换手段身上找到了自己的等价物"的价值夷平的过程，也是韦伯描述的关注人本身的"目的合理性"向关注生产的"形式合理性"转变的合理化进程，它实际上创造出一种人们看待自我与外部世界关系的新型方式，不管当事人是否自觉和愿意，只要身处消费主义笼罩的生活世界，他必然受到消费主义话语所施加的多重影响，使得他必须要通过众人共享的消费主义共识去完成简单的日常交流，这也使得现代社会的价值判定相比于以前发生重大变化，人的价值被定义成为物本身的价值，生活的意义被认为是无尽的攫取和占有。

由此可见，消费主义是对人们的思想观念和行为方式发挥着巨大建构作用的价值标准，正是因为思想上和行为上的巨大作用，所以现代经济才着力培养消费主义生存理念。当一种为人羡慕的物化生存以消费主义内涵被树立起来之时，接下来的任务便是在社会层面上普及、教育、渗透这种

---

① 鲍德里亚：《在使用价值之外》，《消费文化读本》，中国社会科学出版社 2003 年版，第 29 页。

② 波兹曼：《娱乐至死》，章艳译，广西师范大学出版社 2004 年版，前言。

生存理念，这就涉及物化生存的"教化培养"过程。

二、欲望制造：物化生存的传播过程

把生活意义定位于高消费的生活方式，这一现象在几乎所有的历史时期都存在，为什么在现代消费条件下就变成了"消费主义"，具有了意识形态性质？主要原因是自然经济条件下那种强调财富占有的生活理念基本出于自然而然的生活要求，即使是那些极端的斗富现象也主要是出于一种炫耀卖弄的个人式畸形心理，而与社会体制无关。到了市场交换条件下之后，那种强调高消费的生存理念被纳入到生产逻辑中，为了保证这种生存理念持续不断地为生产逻辑提供动力，生产逻辑必须要找到合理的动力形式，即欲望的制造，这也构成了物化生存的传播过程。于是围绕着欲望的制造便出现了以下情况：大众不仅在收入条件许可的情况下进行经常性的高消费活动，而且收入条件不允许时仍然追捧和模仿高消费的生活方式，由此陷入永无休止的欲购情节中；大众不仅消费商品（包括服务）的使用价值（需要），而且更看重商品的符号象征价值（欲望）及其代表的身份和地位——这些都是传统消费不曾出现的情况。因此，我们的研究必须关注现代消费在具体社会背景下使用和理解的方式。汤普森曾针对意识形态强调指出：

　　意识形态现象就是只有在特定社会——历史环境中服务于建立和支撑统治关系的有意义的象征现象。只有在：重要的是要强调，象征现象，或某些象征现象，并不就是意识形态，而只有在特定环境中它们服务于维持统治关系时才是意识形态。①

"象征现象"类似于我们这里所讲的价值标准，一种价值标准在某一背景下是意识形态，在另一背景下就可能是非意识形态或反意识形态话语。简言之，高消费是任何时代都存在的现象，但高消费不等于物化生

---

① 汤普森：《意识形态与现代文化》，高铦等译，译林出版社 2005 年版，第 62～63 页。

<<< 第三章 消费的生存论异化

存,使得高消费成为物化生存的关键点是高消费与欲望、媒介、时尚和物的生产的联姻,因此,关注以欲望制造为中心的物化生存如何在社会层面上传播就成为现代消费研究中一件不可缺少的工作。

汤普森在《意识形态与现代文化》一书中分析了意识形态运行的五种一般模式:"合法化""虚饰化""统一化""分散化"和"具体化",汤普森的思路是从一般运行模式入手研究意义(文化)服务于建立和支撑统治关系的具体方式,其分析层次分明、结构清晰,这种将一般模式和具体环境结合起来的思路无疑为我们分析物化生存的传播过程提供了很好的思路。① 不过,汤普森是从"一般模式"角度分析意识形态运行方式的,其叙述更多地带有一般性特征,而本文是要分析物化生存的传播过程,需要在现代消费语境下展开叙述。因此,本文借鉴汤普森的分析思路,而不采用他的分析术语(除了虚饰化)。本文将物化生存的传播区分为五种模式:"虚饰化""目的化""分层化""图像化"和"全球化"。

首先来看第一种模式:虚饰化。汤普森认为虚饰化的手法是指通过掩饰、否认或含糊其辞,或者对现有关系或进程转移注意力或加以掩盖的方式来建立和支撑统治关系。② 虚饰化的实质是用虚假、扭曲的方式反映现实生活的真相和关键问题,同时又以普遍意识的面目出现,从而将与大众处于异己关系的观念意识输入到大众心理中,让大众以为这就是本己的心理。意识形态"首先作为结构而强加于绝大多数人,因而不通过人们的'意识'。它们作为被感知、被接受和被忍受的文化客体,通过一个为人们所不知道的过程而作用于人"③。对于大众而言,物化生存的输入是一个不知不觉的过程,因此大众往往会以为自己的思想情感就是自己行动的真实动机。物化生存的虚饰化表现在本是服务于物的生存体系的生存方式,表现出来却像是出于人的自然本性。物化生存从不对自己的存在前提表示起码的反思,也不对自己的后果表达任何的忧虑,它通过激活大众的消费体

---

① 汤普森:《意识形态与现代文化》,高铦等译,译林出版社 2005 年版,第 67~75 页。
② 同上书,第 69 页。
③ 阿尔都塞:《保卫马克思》,顾良译,商务印书馆 2006 年,第 229 页。

验,激发大众的消费想象,将大众的情感和思维引向商品代表的生活意象,如美好、美妙、美丽、唯美、天真、烂漫、梦境、可能、自由、本色、随意、温馨、幸福、享受、体验、爱情、专一、真情、感动、成功、可靠、先锋、领袖、智慧等等,刺激大众去渴望和购买琳琅满目的商品。归结到一点便是:商品是"好"和"善"的体现,所以商品值得拥有,而本来是普通的有形实体被赋予了好和善的品质,这就需要运用一系列操作法来实现。

其一是询唤。阿尔都塞在阐述意识形态的社会功能时提出了"询唤"概念:"我认为意识形态是以一种在个体中'招募'主体(它招募所有个体)或把个体'转变为'主体(它转变所有个体)的方式并运用非常准确的操作'产生效果'或'发挥功能作用'的。这种操作我称之为询唤或召唤。"① 简单来说,询唤就是意识形态将日常生活中散漫无意的个体转变为与询唤者形成对应关系的独一无二的主体的过程。要想将大众纳入某种文化氛围,就要告诉每个人相信在生活中自己是主体,相信自己能够做到很多事情,尽管自己根本做不到那些事情,或者即使做到也是凭借着自己看不见的支撑体系,这就是阿尔都塞说的"好像发生于意识形态之外,实际上是发生于意识形态之内"。意识形态通过两条途径发挥询唤功能,一是承认途径。承认是把自己当作正在被询唤的对象,把自己想象为询唤中的"我"、"你",并按照询唤的思维框架去看待询唤的内容。现代社会几乎所有的广告都采取了承认途径,广告展示的语言、姿势、意象对应于日常生活的方方面面,我看到广告中的一个年轻人因为使用了某商品而精神饱满,于是我就会产生询唤心理,在由那个年轻人舞动的意象空间中,我认出了我自己的存在:只要我拥有那个商品,我也可以像他那样,这样我就转变成了广告中那个精神饱满的"我"。"我的地盘听我的"(动感地带广告词)、"飞亚达,为您准确报时!"(飞亚达表广告词),这些广告语径直使用"我""你"等人称代词,询唤效果直接显著,更多的广告语没有人称代词,但丝毫不减弱询唤效果,如"不走寻常路"(美特斯邦威广告词)、"一切皆有可能"(李宁服饰广告词)、"领导时代,驾驭未来"(奔

---

① 阿尔都塞:《意识形态和意识形态国家机器》,《外国电影理论文选》,三联书店 2006 年版,第 729 页。

驰汽车广告词）等等，广告引导大众按照询唤框架去理解广告的含义，使大众想象自己为广告中的人物，从而完成意识形态的询唤功能。二是误认途径。意识形态促使人按照它所规定的方向去思考日常生活，让人以为自己就是主体，以为自己真的可以随心所欲、无所不能，而实际上自己在接受意识形态之后，主体能力没有任何增长。"我"在广告中所渴望的"我"只不过是广告塑造出来的"我"，彼我与此我看似年龄相仿、性格相似、嗜好相同，其实此我远远达不到彼我所展示的能力和水平，我看到了广告之中的"我"，这个过程实际是此我消费彼我的过程，根本不是此我转变为彼我的过程，而广告却致力于将两个本质不同的"我"同一化。广告词"我能"（全球通）意在激活大众的自信、乐观、进取精神，当我使用了全球通产品，我就变得能力超凡，或者我认为自己能力超凡了。果真如此吗？恐怕未必，即使产品确实使我变得有些"神通广大"了，也不是我自己的原因，而是具体产品、通信网络、基础设施、公司力量乃至整个经济基础支持着我能够这样，而广告对此绝口不提，似乎我真的就是广告宣称的主体。可见，"误认"比"承认"更突出地说明了广告的意识形态手法。

其二是转移、美化和转义，这三者都是借用汤普森的说法。"转移这个词习惯上指用一物或一人来谈另一物或另一人，从而把这个词的正面或反面含义转到另一物或另一人。"① 在资本推销商品的情况下，转移主要是将一物的正面含义用在商品身上，将普通商品变成各种美好价值的体现，从而促使消费者产生购买行为。在生存价值观体系中，什么是好的、值得追求的都有既定的文化规定（这些规定潜移默化，长久不发生改变），它作为潜在的认识框架帮助人们迅速分辨新事物，以做出相应的应对。像传统文化崇尚的"自然""家庭"现代文化崇尚的"高效""卓越"青年文化崇尚的"先锋""活力"都被征用来负载到商品身上，使大众在不知不觉中将熟悉的文化价值"转移"于不熟悉的商品形象，促使大众最终做出购买行为。美化是"把行动、体制或社会关系描述或重新描述，使之具有正面的评价"②，美化手法广泛运用在商品广告中：开上名贵轿车被描述为

---

① 汤普森：《意识形态与现代文化》，高铦等译，译林出版社2005年版，第69页。
② 同上书，第70页。

"驾驭世界"，用上高端手机被描述为"成功人士"，抹上高级香水被描述为"悉心呵护"，普通得无法再普通的消费过程一经传媒渲染便成为体验卓越、享受领先的独一无二过程。第三个手法是"转义"，转义是"以文字修辞手法来使用语言或象征形式"①，提喻和隐喻是消费意识形态常用的策略。提喻是用表示局部的词来指代全体，或用表示全体的词来指代局部，以达到混淆或倒转局部与整体、特定集团与更广社会形态之间关系的目的——例如用"我""你"这种一般词语来指那些买不起又渴望拥有高档商品的消费者，广告用语最不具歧视性，它在语言使用上对所有人一视同仁，以此掩盖不同阶层在购买力上的不平等。隐喻是"使用对一件事物并非真正适用的词语。隐喻性表达在句子里把来自不同语义领域的词结合到一起而起到一种弹性作用，如果成功，这种弹性就产生新的持久的意思"②，比如宝马轿车被想象为尊贵身份的象征，海尔电器被想象为售后服务的典范。正因为广告致力于将产品与各种价值联系起来，所以造成大众一想到某产品，便会联想起商品之外的价值。在大众决定是否购买的过程中，起主要作用的往往不是产品本身及其实用功能，而是商品广告传达出来的文化形象和意象。现代广告反复渗透某些价值，以致大众必须通过它们去了解产品，这样普通产品便拥有了价值含金量，这既辅助着商品的推销，又增大了利润的空间。

第二种模式是目的化。目的化模式强调消费者是市场的最终决定者，因此生产者应当根据消费者的意愿偏好来安排生产。目的化表明资本家是把消费者当作目的的，围绕消费者的意志来进行生产。在市场经济中，资本家生产产品不是为了自己享受产品的使用价值，而是为了获取交换价值，因此他就要把产品拿到市场上寻找买家，完成商品到货币的"惊险的跳跃"，这样才能收回资本的生产代价并获取利润，因此资本家必须按照消费者的意志进行生产。由于消费者在生产系统中的"决定性作用"，资本家把消费者抬到一个至高无上的"地位"，"顾客是上帝"的口号就表达了资本家对消费者的地位说明。与虚饰化在商品上做文章不同的是，目的

---

① 汤普森：《意识形态与现代文化》，高铦等译，译林出版社2005年版，第70页。
② 同上书，第71页。

化是在消费者身上做文章,把消费者塑造成享有消费的最高决定权、愿望和嗜好应当得到满足的主体,实际上反映出资本家对消费者的文化控制和隐性支配。因此,目的化实质是消费者意义上的虚饰化,目的化模式主要采取消费者主权化的策略。

消费者主权化指消费者在经济运行体系中发挥着决定性作用,因此生产者应当根据消费者的偏好进行生产。生产者生产产品的种类和数量取决于消费者的购买力,由于购买力是稀缺资源,因此消费者会按照效用最大化原则做出购买选择,并以货币投票的方式选择生产者,而生产者必须按照消费者的意志(哪怕是不合理的)组织生产活动,尽量满足消费者的意愿,如此消费者在经济运行体系的主权地位就体现出来。消费者主权不是法律意义上的权利概念,它不是消费者的权利,而是消费者的地位,消费者花钱购买商品,其实是对该商品的生产体系投了一张赞成票,生产体系必须要争取货币选票,才能满足消费者的需求从而实现利润最大化,这样的一个过程是消费者取得生产决定权的支配过程。

然而,消费者主权是从经济学角度对消费者地位做出的论断,如果不仅考虑到市场条件下的信息不对称、政府管制型公共产品、无民事行为能力消费者(幼儿、智障者、残疾人、精神病患者)等情况极大地削弱了消费者主权,而且更考虑到消费者的选择是在一定的价值体系中做出的,要联系消费者所处的文化环境来谈论消费者的地位,那么就很难说消费者享有的是"主权"地位了,或者说消费者主权根本就是服务于欲望制造的假象。表面看来,消费选择完全按照消费者的意志来进行,购买什么、购买多少和如何购买都由消费者自己决定,然而,消费选择是在物化生存理念占据主导的文化价值标准中发生的,尤其是在生存性需要已经得到满足、享受性需要和发展性需要成为现代消费动力的条件下更是如此,物化生存理念的文化价值通过"抬高"消费者的地位让消费者认为自己就是资本家的目的,以此来唤起消费者的购买欲望,而这一切只不过是服务于物的生产逻辑,因此消费者主权不仅在经济学上不完全成立,而且在社会学意义上根本站不住脚。质言之,一旦联系消费者背后的文化背景,"消费者主权"的意识形态性质便立即暴露出来。

第三种模式是符号化。市场经济条件下的商品生产过程和大众是分离的，大众很少关心商品的生产、加工、包装、运输、储存等一系列环节。然而，要想将商品顺利地让渡到大众手中，就必须给流水线上生产出来的商品填充意义，让商品看起来不仅不与大众隔膜，而且就是生活的一部分，是维持自信、区分身份、表现理想的重要一面。喝酒当然能够解渴、解口馋，但仅言及至此，远远解决不了销售问题，把喝酒与人际往来、喜庆气氛、高远境界、艺术享受乃至民族自豪联系起来，才是制造欲望的不二法门，于是商品一定要被赋予特定的符号价值。符号化即是商品的实用功能让位于符号象征功能，商品被当作文化符号来进行认知、体验、传播和销售。

巴特的流行体系研究揭示出了大众如何着迷于符号—物构成的虚像世界，"为什么流行要把服装说得天花乱坠？为什么它要把如此花哨的语词（更别说意象了），把这种意义之纲嵌入服装及其使用者之间？原因当然是经济上的。精于计算的工业社会必须孕育出不懂计算的消费者。"[1] 赢取利润才是商品千变万化的支配性原因，不过为了实现"经济上的原因"，就需要文化上的手段，因此"为了钝化购买者的计算意识，必须给事物罩上一层面纱——意象的、理性的、意义的面纱，要精心炮制出一种中介物质"[2]，不用说，这种"中介物质"就是符号体系。商品世界就是一个符号编码组织起来的结构，符号分为能指和所指，所指是商品本身，能指是商品代表的文化意义，所指和能指之间的意指关系是任意的，一部轿车既可以和"年轻动感"相联系，也可以和"领导时代"相联系。不论商品具有何种意义联系，意指关系的过程是任意的，因此符号就可以凭借意指关系无限地生产出来。当符号纳入物的生产逻辑的计算程式并俘获大众心理之后，就完成了从意义向意识形态的转变，即意义服务于建立和维持某种统治关系。对物化生存的分析必须要借助于符号逻辑，这一逻辑分为两个方面：一是分层逻辑，二是时尚逻辑。

在分层逻辑中，符号渗透商品的目的在于制造社会身份的分层系统，

---

[1] 巴特：《流行体系——符号学与服饰符码》，敖军译，上海人民出版社2000年版，第4页。

[2] 同上。

大众通过占有一定的商品及服务，将自己的身份信息向外界传达出来，使自己与某一阶层相同或不同，由此消费过程变成对地位和身份的展示，消费成为"一种符号的系统化操控活动"。传统社会经常出现浪费的现象，这是当时人们争夺尊严、提升等级的一种方式，因此浪费的动机绝不是无私慷慨的。与传统社会的浪费动机相似，现代社会同样利用物品的分层系统来区分各个群体，看似浪费的消费过程，实则是向社会传递有关自己的社会地位信息，物体要讲出"大量关于它们的占有者的社会身份"。"通过物体，每个人与每个团体都寻找着他—她在秩序中的位置，所有的人都根据个人的轨道来尽力贴近这个秩序。通过物体，一个分层的社会在言说着，就像大众媒介那样，物体似乎在对每个人演说，但那是为了让每个人都保持在特定的位置上去。简言之，在物体的标题下，在私有财产的图印下，总有一个不断出现价值的社会过程引导着这条路。"① 于是，文化意义上的分层逻辑就被社会阶层逻辑所捕获，消费成为社会识别系统的基本手段。

　　时尚逻辑是消费社会才可能出现的景观，在等级分明的刚性社会里，各阶级之间的消费模式都要从全能主义政治中获取生存空间，模仿是被等级秩序严格禁止的。但是现代社会的时尚运动打破了等级规则，物的生产逻辑制造出花样繁多的消费潮流来吸引人们走上自觉自愿的追逐之路，像广告上的名车豪宅、电视上的帅哥美女、电影上的上流阶层等时尚场景，刺激着大众去模仿参考群体的消费模式。按照西美尔的分析，时尚是人们众多寻求将社会一致化倾向与个性差异化意欲相结合的生命形式中的一个显著例子，时尚一方面具有整合群体的作用，众多个体因采取同一风格的消费模式而享有共同的消费心理，从而形成消费认同的群体内聚力，另一方面又具有分离群体的作用，不同个体因消费模式的差异而相互区分、相互隔膜。一般来说，时尚往往是由经济资本充裕但社会地位不是最高的那部分群体发动，在一段时期内他们是时尚的领导者，但是大众总是向较高的社会阶层看齐，因此时尚从开始出现之日就被大量模仿，带来的结果却是"时尚的发展壮大导致的是它自己的死亡，因为它的发展壮大即它的广

---

① Jean Baudrillard: For a Critique of the Political Economy of the Sign, p. 38. 转引自仰海峰：《走向后马克思》，中央编译出版社 2004 年版，第 154～155 页。

泛流行抵消了它的独特性"①，于是时尚又被重新制造，重新开始新一轮的运动生命。

西美尔的社会学分析对时尚现象做出了很多合理分析，然而他是从形式化角度切入时尚运作机制的，对于时尚背后的物的生产逻辑没有涉及。对于现代消费的诸多现象，不能只是关注表面的五彩缤纷，而要深入到现代消费得以成型的经济运动中去考察才能更深刻地把握住其命脉，因此，只有从物的生产角度入手去探究时尚才能真实地看清其面目，那么时尚对物的生产到底意味着什么呢？简言之，时尚是物的生产体系的驱动器。物的生产要从内涵上扩张市场空间，就必须要加速商品的更新换代，促使人们更快地抛弃还能使用的商品，但商品的使用寿命是由技术确定的，过快的更新换代与技术本性相冲突。因此为了解决这一难题（既是消费者的难题，更是资本的难题），物的生产体系通过引导和制造时尚人为地中断某些旧的、"不合时宜"的需求，强制性地迫使使用价值完好的商品退出市场，即通常所说的"过时"，推出精心策划的光鲜闪耀的新商品，让大众总是感觉耳目一新。大众在追逐每一个时尚时，已经忘记或不去回想前一个时尚许下的永恒、卓越之类的诺言，因为前一个时尚的驱动功能已经耗尽，后一个时尚能够为物的生产体系开拓出更大的空间，问题关键就在于"现在才是重要的"，注重当下感的大众总是容易忘记过去、追逐现在、向往未来。

第四种模式是图像化。"图像"一词取自海德格尔在20世纪30年代的表述，在《世界图像时代》一文中，海德格尔讨论了"对于现代之本质具有决定性意义的两大进程——亦即世界成为图像和人成为主体——的相互交叉"，他指出，"从本质上看来，世界图像的时代并非指一幅关于世界的图像，而是指世界被把握为图像了。……世界图像并非从一个以前的中世纪的世界图像演变为一个现代的图像；不如说，根本的世界变成图像，这样一回事情标志着现代的本质。"② 问题不在于世界是不是一幅实在的图像，而在于世界被展示为图像，即把非视觉性的东西图像化，把原本无法

---

① 西美尔：《时尚的哲学》，费勇等译，文化艺术出版社2001年版，第77页。
② 海德格尔：《世界图像时代》，载孙周兴编《海德格尔选集》，上海三联书店1996年版，第899页。

用图像表现的东西用图像方式视觉化，由此导致视觉影像成为物的重要呈现方式。物的呈现形式的变化直接引起了大众思维方式和行为方式的改变，如果说语言文字鼓励抽象思考、想象发挥和自由创造，那么视觉图像就会助长表义直观、感性具体和触手可摸，读者的思想领悟变为观众的感官娱乐，文字的缜密逻辑置换为影像的炫目色彩，原来为读者留下创造空间的文字符号和现实世界之间的距离被视觉影像的逼真性抹平，人们渐渐习惯于在图像之间做平面转换运动，从一个图像熟练地过渡到另一个图像，思维点到为止即可，不需要做深度阐释。由于不必劳心费神就可娱乐身心，因此观众也乐得从工作环境中摆脱出来投入到廉价的商业娱乐中，愿意被影像所吸引，愿意跟随视觉文化。不错，这些都是观众想要的，然而同时更是物的生产体系追求的结果。通过心神涣散的随意关注，通过向观众兜售他们想要的而不是需要的商品，物的生产体系把大众引入到一条越来越不需要静心冥思、越来越放松消遣的价值实现之路，而获得真实实现只不过是物化生存而已。

  视觉时代的图像化之所以成功，主要采取了两条路径：一是视觉化，二是媒介化。视觉化是指事物的呈现越来越采取取悦视觉的形象化路线，以致不能为视觉所感知的事物就难以获得自我实现。在现代商品普遍过剩的情况下，依靠质量和价格取胜的空间越来越小，能否最大限度吸引注意力成为销售问题的关键。因此，商品美学被纳入产品生产过程，视觉消费被提升为销售的头等大事。在购物过程中，不仅消费者看好某一商品是由于其外表形象满足了审美需求，从而促使他们做出购买决定，而且消费者提早淘汰某些商品是因为商品形象引起了审美疲劳，如轿车、手机、住房等这类实用功能很强的商品，消费者往往是从外在形象引起的视觉感受出发做出购买或抛弃的决定，视觉消费已经成为消费过程的重要方面。

  媒介是图像化的另一条重要路线，这里的媒介主要指可视化媒介。传统观点认为以电视为代表的视觉媒介是世界的窗口，是现实的真实写照。以媒介的现代效果来看，这种观点不仅粗糙肤浅，而且十分错误。夸张一点说，媒介在现代社会的地位怎么估计都不过分，媒介不仅以选择性框架和倾向性解读重新规定了大众周遭的现实世界，而且直接介入了现代事物的存在结构，以致非媒介化的事物就要面临非存在化的命运。这里的"非存在化"并不是从存在变成了不存在，从有变成了无，而是说那些进入媒介的事物会获取促使自身壮大、影响更广泛、关注广度和力度瞬间就能膨胀的巨大力量，而无缘进入媒介的事物则会变成匿名的、沉默的、无人知道更无人关心的边缘区域，像不发达国家、第三世界、落后农村、小职员、小公务员、小干事、农民工、失业者、流浪者等，媒介中的"不在场"或"弱在场"进一步巩固了他们在现代利益格局中的边缘地位，而地位的低下又导致了他们在媒介中的弱势，如此恶性循环，边缘群体越来越没有机会改善自己的困境，这就是现代媒介所强化的马太效应。① 质言之，能否在媒介中现身，成为现代事物能否踏进存在之域的门槛，生活竟然变成了对媒介的追逐和模仿，恐怕这就是媒介成为现代社会"无冕之王"的主要原因。②

如今，媒介已经成为物的表现的基本形式，大众的思想和行为首先需

---

① "马太效应"指优势者越来越优势、弱势者越来越弱势的现象，最先由美国科学史研究者罗伯特·莫顿提出这个术语用以概括一种社会心理现象，后来被经济学界、社会学界广泛采用。
② "媒介的独特之处在于，虽然它指导着我们看待和了解事物的方式，但它的这种介入却往往不为人所注意。"（波兹曼：《娱乐至死》，章艳译，广西师范大学出版社2004年版，第13页）媒介支配着我们对现代社会方方面面的认知，因其不为人注意，影响反而更加有力。以2008年四川大地震为例做一种假设：如果没有报纸、电视、网络等现代媒介，那么人们对大地震的认识程度会有多少？对地震的感觉会是如何？也许人们会去想、去猜、去想象、去推测，但不会看见、听见和感觉，缺少了这些感觉，人们只能以抽象而片面的方式去对待地震。就像现在的人们看待唐山大地震一样，多数人对唐山地震几乎没有感性印象，为什么？不是因为唐山大地震不猛烈，灾难不深重，而是因为当时严重缺乏现代媒介，缺乏将感性信息传递给大众的手段。所以，要说现在的人们对唐山大地震有印象，那多是依靠当事人的许多描述在我们脑海里主观建构起来的印象，未必符合当时真实。而四川大地震就不同了，现代媒介充当了人的感觉器官的延伸，摄像头在现场，其实在很大程度上就代表着我们的眼睛、耳朵、鼻子、嘴巴和整个身体在现场，现场的人在哭，电视机前的人很可能也在哭，现场与非现场实现了同步。也正是因为媒介发挥着如此巨大作用，所以当媒介不去报道或宣传某一事物时，我们就会对它一无所知，我们就会当它不存在，然而实际上它是存在的。在四川地震的同时，陕西也发生了地震，而且陕西的受灾程度也很严重，但陕西迟迟得不到人们的广泛关注，也得不到人们的更多救援，主要原因便是媒介没有出现在陕西，或者说陕西没有出现在媒介中。

要呈现于媒介才能呈现于世界,媒介以特有的方式规定了我们的世界,而媒介规定世界的方式绝不是纯洁无瑕的,而是为了特定集团的特定利益。首先,多数媒介本身便是商业运作的产物,广告、电影、电视剧、杂志、报纸、网络等媒介的商业背景自不必说,即使是书籍、新闻、纪录片、评论、谈话、辩论等带有公益性的媒介都受惠于物的生产体系。从根本性质上说,现代社会的任何媒介都与物的生产体系保持千丝万缕的联系,媒介的生产过程必然受到物的生产体系的支配,因此商业是现代媒介的主题。其次对绝大多数人而言,媒介已经成为窥探世界的主要途径,由此媒介在保护特定利益、维持社会秩序、传播价值观方面的作用被成倍放大。大众会很容易地相信电视画面上展示的一个事件,因为人们认为这是消息的可靠来源,而且经过了自己眼睛的证明,与此同时自己亲眼目睹、亲耳倾听的事情却急剧减少,以致能在第一时间知道大洋彼岸发生的一起车祸,却不知道邻居刚发生的入室盗窃案。媒介上未出现的事件对大众而言就是"无",大众也无从关心它们,而实际上媒介是用选择性视角来决定一个事物能否进入媒介以及进入程度。以犯罪性新闻为例,媒介报道并不是像它自己所宣称的那样保持客观立场,而是重点描述犯罪经过、罪犯的心理斗争、追捕的曲折复杂,强调用文学手法为观众设计悬念、剖析心理,而案件反映出来的深层冲突、社会体制问题、教育问题等矛盾则被一笔带过,正像霍尔评论电视功能时所言,事件的处理可能有几种方法,但是电视偏向某一种,而且这种倾向性解读与电视、其他媒介以及整个社会所表现出的强大有力且占主导地位的世界观并行不悖。[1] 通过维持和强化某种价值观秩序,对事物进行选择性报道,媒介忠实地再生产着现代社会的物化生存方式。

　　第五种模式是全球化。从历史形态学角度看,以消费主义为代表的物化生存是20世纪美国等西方发达国家兴起并盛行的一种生活观念,自从产生之后,它就力图要在世界范围内广泛输出,因此全球化是物化生存的内在要求。不仅中心区国家的多数人按照物化生存的要求展开日常生活,而

---

[1] 阿伯克龙比:《电视与社会》,张永喜、鲍贵、陈光明译,南京大学出版社2002年版,第32页。

生存论消费哲学　>>>

且边缘区、半边缘区越来越多的人们纷纷抛弃掉自己本民族传统的生活方式，转而崇尚消费主义所代表的那种高消费生活方式，并把它作为幸福生活的典范。在很多边缘国家，经济条件并不允许大众购买奢侈用品，但很多人却宁愿举债也要添置一些看起来体面却没有多少实用价值的器具。这种现象用经济学理论分析很难切中要害，而运用物化生存框架进行分析却很有效。物化生存就是要说服人们选择高贵、高雅的生活方式才是人生的第一要务，选择高消费的生活样式才是现代化的标志，相反如果舍不得花钱打扮一下自己、舍不得付出经济收入来改善自己的生活，这就是与时代不相称的落伍观念。物化生存由西方国家蔓延到世界各地，引起富有阶层争先恐后的奢侈消费潮流，而大众也急切地加入到这场消费大军中，在经济收入尚不宽裕的条件下，主要的办法便是分期付款、贷款消费、负债消费，以此解决收入约束下仍要享受"先行消费"的生活问题。物化生存理念一直宣称消费水平的提高意味着生活幸福的增加，但是大量文献资料表明，物质商品供应的全面增长实际上并没有使我们的心理和生理上的幸福感获得相应的增强。① 尽管我们的衣服更漂亮了，食物更丰盛了，住房更宽敞了，车子更快了，但是它们是如何获得呢？首先是分期付款，以自己的未来自由作为抵押换得现在的所谓消费自由，为了现在的幸福，就用贷款购买未来，而为了偿还贷款，现在又要拼命工作，如此消费—贷款—偿还—消费的循环无疑对资本提供了可靠的赢利保证，而大众却在对未来的隐隐忧虑中抵消了刚刚获得的心理幸福感。其次是非制度化工作的兴起。在消费需求节节攀高的时代，要想让自己跟得上主流消费步伐，就要想尽一切办法增加经济收入，除了制度化工作的赚钱渠道外，剩下的选择就是利用休闲时间来增加收入，于是现代人在节假日时间也难得清闲，紧张的工作节奏规定着人们休闲时间的安排，"忙"成为现代人的突出特征。

物化生存的全球传播借助现代媒介手段而实现，它依靠广告、电视、电影、杂志等现代媒介把所谓高品质的生活方式灌输进大众的意识深处，使大众的生活理想表达越来越与中心区保持一致，以致从消费方式来看世

---

① 弗兰克：《奢侈病：无节制挥霍时代的金钱与幸福》，蔡曙光、张杰译，中国友谊出版公司2002年版，第9页。

界各地的消费风格越来越表现出趋同特征。由于物化生存理念是在衣食住行、吃喝玩乐的过程中发挥作用的，所以大众接受物化生存往往是不知不觉的，这种非强制的传播特征使得消费成为现代社会的控制手段之一，而跨国资本看重的也正是这一点，通过"非意识形态"的文化超越国家、政治、民族等地方性话语的局限，直达日常生活的点点滴滴，让人们在对所谓"欧陆经典""意式风情"和"美式风格"的崇拜中认同商品承载的价值理念，从而对整个现代资本主义体系保持心理上的认可和行为上的支持。正是在这个意义上，以消费主义为代表的物化生存理念是全球资本流动的文化驱动力，借用一句著名的口号做比喻：消费主义是宣言书，消费主义是宣传队，消费主义是播种机。由此看来，当今世界各地高消费生活方式的兴起并不必然与当地的经济水平相联系，而物化生存的全球化传播才是生活方式日益"现代化"、日益昂贵乃至奢侈的直接原因。陈昕先生在《中国社会日常生活中的消费主义》一文中曾生动地描述了消费主义的传播效果：全球范围内蔓延的消费主义生活方式是人类日常生活中曾经经历过的最迅捷、最显著、也是最基本的变化。经过短短的几代人，人们已经变成了轿车的驾驶者、电视的观看者、商业街的购物者和一次性物品的使用者，并以此作为人类文明的最高成就、较高生活质量的象征和人类社会进步的标志。① 我们接下来要问的便是：物化生存的传播过程到底在大众层面产生了怎样的结果？大众又是以怎样的新的方式与周围世界发生关系的？至此，我们已经走到了"行为取向"问题的门槛——从物化生存的价值标准的确立，经由传播过程，最后到达大众层面上的"行为取向"。

三、抽象人格：物化生存的确立定型

任何一代人都生活在一定的历史条件中，生活在一定的经济结构和社会体制中，这一点使得他们的行为方式表现出区别于其他时代的特点，即所谓的"行为取向"。行为取向既不是个体意义上的概念，不是指某个人

---

① 刘晓君：《全球化过程中的消费主义评说》，《青年研究》1998年第6期，第3页。

的行为特征,也不是统计学意义上的概念,不是某一类人群的行为特征的简单总和。行为取向是共享某种文化的人们的性格结构中具有稳定性和持久性的核心部分,就本文语境而言,它是现代消费过程中形成的大众行为和大众性格。

那么作为物化生存的实现,大众到底表现出怎样的一种行为取向,使得现代消费过程中形成的"品格、趣味、风尚、思维方式、体验方式、行为方式"具有了不同于其他时代的特质?简要来说,抽象人格的形成标志着物化生存的确立成型。马克斯·韦伯曾用一系列术语概括现代社会的特征:理性化、科层制、官僚化、祛魅、工具理性等,而所有这些特质都是奠基于抽象化之上。传统社会的各种关系都具有人格、人身、直接、经验的特点,一个人的个性与其所处群体具有高度的契合,他以人格为保证去做生意,他终其一生打交道的人不超过方圆几公里,他习惯以经验作为依据去判断人生道路和社会形势,不需要所谓的计算和算计而照样能够活得逍遥自在。然而,现代社会的各种关系剔除了人身色彩,越来越赋有非人身、非人格、平均、普遍、均质、同一、客观的特点,事件的统计学特点上升为"规律",行为的特征被总结成"模式",情感的表达遵循社会可接受的"原则",思维的方式采取一定的"程式",这些都可以概括为从具体向抽象的转变。现代社会在抽象维度上获得了突飞猛进的发展,能够加入到抽象行列并被抽象所贯穿的东西都会增强实力、强化力量,如客观意识、计算理智、工具理性、数理思维等,而像个体灵魂、生命感觉、意义感悟等质性价值因无法提取到抽象化层面而难以获得支持性力量,因此变得越来越"衰弱"、越来越稀薄,这就是西美尔笔下的那种"只关心内心救赎"的人为什么会与尘世生活产生深刻的紧张关系的原因。

马克思在谈到资本主义社会人与人之间的关系表现为物的依赖关系时,直截了当地提出了一种观点:个人现在受到了抽象的统治,而以前人们是相互依赖的。抽象"无非是那些统治个人的物质关系的理论表现"[①],其实就是现代社会中的资本、货币等价值抽象形式内化成人与人之间发生

---

① 《马克思恩格斯全集》第46卷(上),人民出版社1979年版,第111页。

关系的主导方式。当人与人之间不是按照人的方式进行人际互动，而是依据资本指令产生一定行为时，一种"抽象"特点的行为取向便产生了：因为资本逻辑支配下的物的依赖关系成为人与人发生关系的基本方式，市场这只"看不见的手"把独特、有质感的个人性完全淹没在普遍的赢利链条当中，任何关系都要在资本 G—G′ 的抽象形式上找到自己的增殖性，否则就要面临出局直至落至边缘区的命运，所以聪明的人会采取有利于自身强大的方式——抽象化——的方式去与现实世界发生各种联系，不要问内心怎样想的，不要关注生命质地发生什么改变，重要的是自己的行为纳入资本增殖渠道才能获得自身的增殖，"抽象"终于成为内在的统治力量。

　　抽象使得人们的真实情感、独特个性和外部的行为表现发生分离，使得自我脱离种种形式化框架和制度化约束，抽身而退分化成了真实自我和面具自我、密室自我和社会自我、内在自我和现实自我。自我被分化成两个世界的异质事物，于是抽象开始在两个层面上分别大踏步前进：一是自我的内部层面，由于与社会联系较多的现实自我总是能够得到社会世界的支持，与社会化倾向很少一致的内在自我总是受到社会世界的漠视，所以本是内在自我和现实自我构成的自我整体，越来越多地被体验为形式自我、社会自我和现实自我，被体验成工具理性急剧增长、价值理性日益萎缩的理性人和经济人；二是自我的外部层面，由于自我中只有现实自我才能为物的生产体系做出实在贡献，因此现代制度普遍对人的现实自我的代表——社会化行为做出事无巨细的规定，把行为从人格整体中单独提取出来，以便它被更直接、更快速地处理，由此导致制度等行为类、他律性规范的大量衍生，而道德等内省类、自律性规范却日渐式微。自我内部层面和外部层面的抽象化效应相互支持、相互强化，结果便是塑造出（工具）理性发达却丧失了生命感受能力的片面自我，一种表面风光、内里空虚、表面优秀、内心忧愁的常人。在抽象取向的支配之下，这样的常人具有以下四个特征：

　　一是质性品质的量化。现代社会的一个标志是科学技术的突飞猛进，而科技的威力便是以数学方式重构人们的认识方式。它将世界理解成一种庞大的待计算的样本，用数学符号去把握所有事物的价值。它不对任何事物心存敬畏,而是致力于发现事物内在的奥秘,并且预测事物未来的状态秩序,由此它促成了本质还原、定量计算、条分缕析、系统整合的数学化思维模式的生成,并最终取代传统的朴素经验和身心领悟,成为现代知识建构的基本方式。在一个现代性意识很强的主体看来,不仅物质世界可以用数学方式加以分析,而且情感世界、价值世界和伦理世界都可以采取数学化的计算思维。例如,幸福感的表达正越来越被经济收入、工作条件、住房状况、学历程度等外在事物来考量,一名有车有房、腰缠万贯的"成功人士"在现代性指标下被判定为幸福指数很高,然而同时他正因为一场欺骗朋友的私人事件而深感道德压力,那么他到底是幸福还是痛苦呢?通过把独特的幸福理解外化成与社会化指标相一致的形式标准,幸福指数剥夺了一个人表达内心渴望的自然权利,本不幸福的人却要在精神上接受大家都很"幸福"的社会局面,这种"指数化幸福"渗透出强烈的量化原则。

　　在抽象原则主导身心的现代社会,人们会认为所有事物都能找到等价物,因此就习惯于用同一的抽象原则去对待性质上千差万别的万事万物。按照西美尔的说法,这是"任何一种夷平过程的悲剧:这一过程直接导向了最低因素的位置。最高的因素总是能下降到最低因素的位置,但最低因素几乎从不会上升到最高因素的位置"[1]。抽象化过程其实是价值贬值的过程,通过把高位价值拉低到低位价值,使得大众能够轻而易举地获得想要的东西——只要拥有一定量的货币。随着对象的易获得性的增长,对象自身的内在品质越来越不受重视,人们不再看重精神品质的高贵独特,不再感受事物的自身魅力,而是看重理性的精明谋算和感官的即刻满足,关心的是能否以最划算的价格占有事物,于是"事物有什么价值"的问题越来越被"值多少钱"的问题取代。这种思维方式的位移又带来了生命感觉的萎缩和无趣,"这正是所谓麻木不仁态度的体现,即人们对于事物的微妙差别和独特性质不再能够做出感受同样细微的反应,而是用一种一律的方

---

[1] 西美尔:《金钱、性别、现代生活风格》,顾仁明译,学林出版社2000年版,第8页。

式,因而也是单调无味的,对其中的差异不加区别的方式,去感受所有一切。"①

二是伪个性化。个性表现程度是区分传统社会和现代社会的一个标志,传统社会的"共同体"将个人约束在一个狭小的生活圈中,个人和群体不仅是同构的,而且是一一对应的,此人换成彼人,那么群体的生存秩序就面临着被破坏的威胁,如中国传统社会的"差序格局"就将人际关系做同心圆式的不平衡处理,除了婚姻途径,外人很难跨越层级进入到自己的生活群体中,因此重视群体甚于重视个体的个人就要管制住自己的个性表现,约束自我、限制自我乃至牺牲自我成为前现代的生存常态,而现代性则一刀斩断了传统时代这种人与人之间亲疏不等、层次分明的差序关系,将所有人都公平地平铺在自己面前,由抽象化原则和具体需要决定要与谁发生亲密或疏远的关系。就个人而言,我可以不依赖于确定的个人和组织,因为总可以较为轻易地更换具体对象,我对某些人和组织的需求总可以被同等程度地替代,如现代人在各个公司间的跳槽,这样做并不会丧失掉生存资源。这种拼图式、组合式的自由关系造成了人与人之间关系的疏离化和短期化,客观的社会进程和经济制度与自我的人身色彩发生明显的分离,自我(真实自我、密室自我和内在自我)能够退出具体的关系而不参与社会性互动,于是每个人更多地关注自己的独立造就的生存机会、关注自己的独立造就的自主性和个体性的品质,并把这些作为宝贵的东西加以维护和巩固。从这个意义上说,抽象化进程在个人发展史上具有不可替代的意义,它造就的自主、独立和个性表现都是人类争取解放的真实财富。

不过,个性表现的张扬、个人自主的增加只是个人发展进程中的一面,另一面不可忽视的是随着个人和社会之间关系的抽象化,个人对社会整体的依赖却空前增加了,一个人只要生活在现代社会里,就必须依赖整个社会的结构性支撑和基础性支持,尽管他可以脱离具体的某些人和组织,但无法脱离"某些人"和"某些组织"构成的整个社会。试想一下,

---

① 西美尔:《金钱、性别、现代生活风格》,顾仁明译,学林出版社2000年版,第9页。

生存论消费哲学　>>>

今天的人们如果离开整个经济体为他提供的衣食住行保障和吃喝玩乐渠道，他将如何进行最简单的日常生活？更进一步说，每个人的日常生活不仅受到经济状况和政治局势的多维影响，而且受到跨国界的诸如能源储备、环境危机、战争形势的深刻影响，抽象化进程在为个人自主性因素增添强大驱动的同时，也为个人的依赖性因素增加了同样广阔的社会背景，使得个人在强调个性的同时越来越深地进入到整个世界的密集互动圈中，进入到你中有我、我中有你的广泛联系中，这恰恰是传统社会的自给自足生存模式不曾出现的情况。现代人的个性表现越充分，他就会越深入地参与现代社会的互动，如占据着现代性舞台中心的政治人物、经济人物和明星等，他们的个性表现比普通人都来得充分和突出，然而他们对社会的依赖也比普通人更加深刻和广泛，因此单纯地强调个性表现一面而忽略社会依赖一面，其实是掩盖人与人之间关系的真实性质。正像张一兵、蒙木桂所言：

实际上，当人们跪倒在三文铜钱所买来的艺术复制品的虚荣中不能自拔的时候，与那些在演唱会上万人同唱的市场幻象中的人们拜服在自以为是的与偶像同在的大众心理一样没有任何区别。而这种主体性的幻觉最终不是揭示了人与人的真实关系，而是更深地埋进了物与物的关系之中。当廉价的物化批判泛滥成灾的时候，与那些自称是精品的文学丛书或者是自标为另类的摇滚音乐一样，都比任何没有贴上"批判"或"精品"或"另类"的标签的其他商业操作更为商业化和物化。批判是为了更深地认同物化现实，精品是为了更大众化的普及，领来是为了更好地加入主流。在这里，否定之否定的逻辑所超越的就不是物性的市民社会，而是更加精致地论证了市民社会拜物教和现代文明。①

自以为个性十足、八面玲珑，自以为自己能够"走自己的路，让别人说去吧"，殊不知，当大众越来越喜欢用这句话标榜自己时，对它形式意义的关注已经取代了对实质意义的关注。许多人并没有做出具有历史价值

---

① 张一兵、蒙木桂：《神会马克思——马克思哲学原生态的当代阐释》，中国人民大学出版社2004年版，第149页。

的行动,并没有选择具有独特品质的生活方式,只不过用物化价值支撑的高档消费品装扮得与众不同,便以为自己拥有了"优秀卓越"、"至珍永恒"的质性价值,其实这两者之间不存在必然的对应关系。这种形式标榜和个性幻觉不仅没有揭开社会的面纱,让人们全面认清自己的社会联系,而且进一步加剧了人与人之间以物为中介的依赖关系,让人们沉浸在以为个性表现充分便可实现所有超越的表意系统中,忽视和放弃从社会关系层面改变社会的历史行动,从而最终有助于物本身的增长。

三是自我分化。只要一个人正常地生活在现代社会中,那么他就要在社会层面上完成众多种类各异、性质不同的事务,于是自我被分化成多面自我,每一自我按照功能属性被划分成某一类型,按照各个自我在社会组织中的角色去决定一个人的行为方式和价值取向。例如,一个人在公司里是经理,走进商场是顾客,回到家里被叫作父亲。现代社会的功能专门化和角色分化使得一个人必须以异质身份去面对不同领域,而且要"自由顺畅"地跨越各个领域而不逾矩。可以设想这样一种情境,一名警察面对一个逃犯做如下陈述:作为一个人,我同情你的遭遇,但作为一名警察,我必须逮捕你。此时警察的人格和人的人格是分化的,他体验的是分化的自我。作为功能化自我集合而成的混合自我,现代性自我发展出极强的社会适应性,他可以同时做到生产领域的严肃认真和消费领域的骄奢淫逸,做到交往领域的八面玲珑和独处领域的静观冥思,这正是丹尼尔·贝尔描述的"白天是正人君子,晚上却花天酒地"的现代人的自我分化面相。

多面自我使得一个人在日常生活的表现具有了表演和伪装的性质,为了给外界留下良好印象,个人根据角色要求对自己的行为、语言、情感和表情进行管理,于是多面自我大体分为了两类,一类是社会性、表演性自我,这是符合社会期待、遵守社会秩序、发生社会关系的自我,一类是人身性、私密性自我,这是依从本能冲动、宽容个性特征、表达真实情感的自我。这两类自我的一致不容易发生,却经常产生摩擦和冲突,最突出的便是情感制度化带来的情感分裂。

情感制度化是适应消费者的服务需求而出现的把表情、语言、形体等形象纳入公司管理轨道的一种现象。在服务型行业,消费者是否接受资本

117

家提供的服务，很大程度上取决于公司服务的质量如何，这就要求员工对消费者必须"热情欢迎"、必须"保持微笑"。如此一来，员工的热情友好、彬彬有礼姿态就不是出于真实情感，而是出于外在的环境要求，这显然是一种情感分裂。例如，第一次对顾客进行导购，员工可能首先想到的不是"这是我的工作，我应该待人礼貌"，而是初涉职场的新鲜感促使员工本能地"想待人礼貌"，但是，假如员工每天都要实施大量的导购行为，那么他的内心会有什么变化？他的礼貌行为还会有多少自主性动机？在这里，员工自己的真实情感已经不重要了，或者说真实情感一定要隐藏起来，展示给消费者的必须是制度化微笑、程式化手势和表现性语言，必须是能够刺激消费者最终掏钱购买的"美好情感"，否则资本的利润要求就无法实现。于是，员工成了情感性劳动者，员工的自我被严格地区分为两个领域。一个是职业化的自我，带着职业面具进行情感表演和表情调节，一个是个人化的自我，能够从容自由地表达喜怒哀乐。同时，消费者面对制度化的情感表达，清楚地知道服务性情感的表演性质，因此他们对服务性情感的"热情"和"热烈"并不当真，在内心里也不认真地对待服务性情感，至多在表面上对这类情感做着简单回应和廉价感谢，而且消费者明知其虚假，但从不拒绝之，这被齐泽克称为"消费犬儒主义"，而消费者的无所谓态度反过来又助长了员工情感表达的表演性，这就是员工和消费者之间发展起来的关系的相互适应性。在物化生存氛围比较浓厚的地域，这种情感互动的表面化、形式化和虚假性已经超出了商业机构的范围，几乎蔓延到各类社会组织，成为现代人的一种普遍症状。

四是泛商品化。泛商品化是指一切事物都被赋予了商品形式，都可以换算成等价的货币，并可以被消费，在本文语境中，泛商品化指的是人的各种特点、品质等质性价值以及人与人之间的关系被作为商品来对待的现象。在前现代社会中，一方面交换只是实现经济目的的一种手段，另一方面交换主要局限于经济领域，而随着现代性因素的迅猛发展，以消费为目的的生产日益转变为以货币为目的的生产，这也就意味着生产不再是为了满足人的基于使用价值的需要，而是为了满足追求交换价值的欲望，交换本身成为活动的目的，与此同时，交换越出经济领域而扩展到整个社会生活领域,变成了弥漫在社会各个领域、各个角落的普遍心理和动机,这是普遍、彻底的商品化,是商品原则在社会生活领域的实现。正如马克思所言:"有些东西本身并不是商品,例如良心、名誉等等,但是也可以被它们的所有者出卖以换取金钱,并通过它们的价格,取得商品形式。"①泛商品化所揭示的实质问题是人的一切品质等所有从自身来看本不是商品的东西,都被所有者和他人当作了商品,被纳入了交换、购买、消费的逻辑轨道中,这就是"泛商品化"现象。

在现代社会中,商品化原则渗透到社会生活的方方面面,而人的规定性也日益与商品联系起来,一个人要想满足自己的需求,获取自己的尊严,就要把自己与他人的关系反映成商品的交换关系,以价值交换原则去完成日常的基本事务,如果脱离开商品和货币形式,人们反而不会进行哪怕是最简单的人际互动,由此商品化原则成为社会生活的基本原则。于是,人们渐渐"习惯于说'一座300万美元的桥梁',一支'20美分的雪茄',一块'5美元的手表'"②。要注意的是,这些并不仅是人们的口头说法和思想认识,而且是本体论意义上的人的生存状态和生存原则。"人生的整个过程被看作类似是一笔有利可图的资本投资,我的生命和我的人格就是用来投资的资本。"③人们认识自我的基本方式便是商人方式,任何一个人——只要他与现代性发生关系——在本性上都被当作一个商人,一个需要发挥自己的全部能量、动员自己的所有资源去获取最大化利益的商人,"在每种情况下,人们总是要用一个方程式来确认自己的行为,这个方程式会告诉他这是一笔有利可图的投资。甚至卫生和健康也不得不服从于这同一目的;一个人每天早晨散步是把它看作一笔健康投资,而不是一个令人愉快的活动,根本用不着找什么理由。"④这些话不禁让我们想起了现在普遍流行的"感情投资""知识投资""智力投资""教育投资"和"人才投资",本来是具体而微同时又丰富多彩的个性特点,都被抽象化为

---

① 《马克思恩格斯全集》第23卷,人民出版社1972年版,第120~121页。
② 弗洛姆:《健全的社会》,蒋重跃等译,国际文化出版公司2003年版,第99页。
③ 同上书,第129页。
④ 同上。

具有增殖性的投资行为，变成了一种"幽灵般的对象性"而操纵着现代人的行为。

当人与自己、人与人之间的关系主要表现为物与物发生关系的方式时，现代社会的拜物教也就产生了。按照马克思的分析，资本主义社会关系在拜物教形式上采取了商品拜物教、货币拜物教和资本拜物教，这三种形式在表现程度上依次降低，但在神秘程度和复杂程度上却依次升高，即人们往往能够较为明显地指认和体验商品崇拜和货币崇拜，但不容易感觉到资本崇拜，而正是人们无法直接面对的资本崇拜才是迫使人们深陷商品化社会关系的原驱动和策源地。资本作为能生钱的钱，既把物在社会生产过程中获得的社会的经济的性质变为一种自然的、由物的物质本性产生的性质，也把人在社会生活中发生的异质的、多元化的社会关系变为一种同一化的、从属于增殖目的的物与物之间的关系，这给现代社会的人际关系蒙上了一层神秘面纱，"商品形式在人们面前把人们本身劳动的社会性质反映成劳动产品本身的物的性质，反映成这些物的天然的社会属性，从而把生产者同总劳动的社会关系反映成存在于生产者之外的物与物之间的社会关系。由于这种转换，劳动产品成了商品，成了可感觉而又超感觉的物或社会的物。"①

由于商品性质被资本关系输入到社会关系中并且占据着主导地位，所以沉浸于现代社会中的大众也就不再对拜物教意识保持起码的警惕，而是真诚地相信商品、货币和资本的神奇力量，按照它们的原则自愿地做出符合拜物教要求的行为，因此，现代社会的拜物教并不是简单的虚假问题，而是人们即使意识到它的虚假，也仍然在实践层面上主动地去适应和迎合。正是在这个意义上，齐泽克提醒人们：表面上最不像意识形态的东西可能是最具意识形态性的，"意识形态不仅仅是'虚假意识'及对现实的幻觉性再现，相反，它就是已经被设想为'意识形态性的'现实本身。"②遵循着物化生存原则的大众不仅不认为人与人之间采取物与物的关系是不

---

① 《马克思恩格斯全集》第 23 卷，人民出版社 1972 年版，第 88～89 页。
② 齐泽克：《意识形态的崇高客体》，季广茂译，中央编译出版社 2002 年版，第 28 页。

合理的、荒谬的，而且认为除了以商品化原则来对待他人之外，其他一切都是骗人的鬼话。让大众自己为自己辩护吧！让商品化原则成为大众潜意识的自我暗示和自我审查：明白何时该热情，何时该"感动"地流出眼泪，什么场合下要适可而止，什么场合要纠缠不已，而这一切最终不过是为了赚取可观的利润。也正是在这种意义上，现代性意识形态不仅没有走向终结，反而依靠大众的自主与自由、欲望与节制变本加厉地发展起来，这样，大众就成了大众自己的意识形态。

第二节 物化生存的异化性质

现代人在被导向通过高消费来体现人生价值的渠道时，很多人已经不再关心本真生存是怎样的，现代人普遍相信消费生活能够带给自己想要的一切东西。然而，生存意义的苦恼仍然伴随现代人的左右，很多人不仅没有明显的幸福感，而且感觉比以前更辛苦和更劳累，这一点实际上表明物化生存没有转化为积极和肯定的生存条件，或者是转化为消极和否定的生存条件，以致人们的生存活动具有否定本真生存的性质。这说明，物化生存具有一种生存论的异化性质。

一、物化价值的至上：人的价值世界的贬值

物化生存的"物化"是社会规定性意义上的物化，而不是自然规定性意义上的物化。自然规定性的物化是一种对象化，是主体力量以物的形式的体现和结晶，它不是本文的分析对象。社会规定性的物化是社会关系的物化，即社会关系由人与人的关系形式采取物与物的关系形式后，成为一种独立于人并影响和支配人的社会力量，当它体现于生存领域、表现出"拜物"特征时，这就形成了物化生存。"人生的意义就在商业和制造业之中，而不在心灵和灵魂中，人的尊严和独特品格被市场和广告世界所毁灭，友谊、欢乐、爱情、亲情和忠诚皆为商品，皆在名牌汽车、昂贵香

水、地位标志和体育比赛入场券的流通中买卖。所以市场和消费影响着我们私人生活和公共生活的每一领域,以及我们意识行为的每一层次,直至我们总想把自己和他人皆看作商品。"① 简要来说,物化生存就是把物化价值作为至高无上和能够置换出其他所有价值的一种生存方式,为了追求和获取物化价值,其他的一切都是手段性的、隶属性的。

在与物化生存相似的一系列生存观念中(如拜金主义、消费主义、生产力崇拜等),拜物教的含义与物化生存最为接近。如果是除去资本拜物教,② 那么商品拜物教和货币拜物教的综合就是物化生存表达的内容。在现代消费条件下,人们要维持正常的生存,就必须通过市场这个巨大的中介系统获取消费资料,这样人们之间的社会关系便只能通过物与物之间的关系得以体现,由于物与物之间的关系能够获得量的抽象性,促进了人们之间的社会关系交换,以致从消费的手段上升为消费的目的,这样它就掩盖了价值本身内含的社会关系内核,并表现为独立于人的意识之外的社会力量,最后是人拜倒于物的面前而不自觉。不过,商品拜物教并不是物化价值抽象的终点,商品交换和价值实现都是以货币兑换为终点的,因此对人们的生活具有实际意义的是货币拥有量的增加。"正如商品的一切质的差别在货币上消灭了一样,货币作为激进的平均主义者把一切差别都消灭了。但货币本身是商品,是可以成为任何人的私产的外界物。这样,社会权力就成为私人的私有权力。"③ 拥有了货币,也就拥有了自我实现的条件,拥有了可以影响和改变社会关系的力量,由此货币拜物教成为物化生存的典型表现。

物化生存既可以表现为把物质财富的最大化占有作为终极目标,也可以表现为道德、荣誉、地位、友谊等非物质性价值被用作获取物质财富的手段,既可以表现为金钱占有量成为界定事业成就、人生成功的主要标

---

① Houston, James. The Heart's Desire, a Guide Personal Fulfillment, A Lion Book, Oxford Batavia Sydney, 1992, p. 13.
② 之所以说资本拜物教不属于物化生存的内涵,是因为资本拜物教不是一般地追求物质财富,而是贯彻着以下原则:以自己的不变部分吸纳尽可能多的剩余劳动,这就超出了物化生存表达的内容。
③ 马克思:《资本论》第1卷,中国社会科学出版社1983年版,第82页。

准，也可以表现为欲望、世故、精明、利己等由贬性价值向中性和褒性价值转变的趋势。物化生存的根本之点在于物化价值成为人的生存的中枢和最高原则，这势必造成对人的价值世界的蔑视和抹杀。进而言之，以货币拜物教为代表的物化价值成为人的价值世界的"普照的光"和"特殊的以太"，这里的实质问题是货币价值通约了人的价值，以货币价值的内容取代人的价值的内容。货币的主要特征之一便是它的通约性，它可以计算和交换任何商品的价值量，在一定意义上它也可以计算和交换人的价值。为什么说是在一定意义上呢？因为人的价值与货币价值既有可通约的一面，又有不可通约的一面，可通约的一面在于货币实际上是"人们互相间的物化的关系，是物化的交换价值，而交换价值无非是人们互相间生产活动的关系"①，生产活动及生产关系是人的价值世界的一种内容，因此货币价值把人的价值表达为计算和交换的符号，是人的价值世界中生产领域的题中之义，这一点不仅不是对人的否定，而且是对人的肯定，这是货币在历史上出现并一直存在下去的重要原因。不可通约的一面在于超出生产领域之后，人的诸多价值有着自己独特的价值根据，在最终意义上也不能被归结于货币价值，如生产精神产品的素质、对真善美的向往等，如果这些丰富的价值服务于货币价值，即被通约于货币价值，那么它们都将无法成其为自身，就像人们所说的"变味了"。现代社会的人们之所以会对道德、崇高、理想采取无所谓和不信任的态度，是因为以货币为代表的物化价值已经吸纳了那些本来确实很崇高和非常丰富的事物，并将它们变成自己的手段和工具，这就是货币价值通约了不可通约的人的价值，将人的丰富意义世界定位于物化价值一极上，从而导致了人的价值世界的贬值。

二、犬儒主义的盛行：知与行的背离

物化生存把人的价值归结于个人占有的物质财富上，把对生活意义的探寻编织进高消费所代表的那种生活方式中，现代大众被引向一条通过高

---

① 《马克思恩格斯全集》第46卷（上），人民出版社1979年版，第107页。

消费来体现生活价值的渠道，如此一来，也就没有人再去关心生活价值如何真实地实现，没有人再以实践的方式去改变不合理的现实，尽管当事人非常清楚自己的所作所为，但他们仍然在做自己明知为假的事情。在很多人看来，对与错并不重要，因为对错的区分原本就是虚假的、无意义的，只要有利于自己，什么都是可以允许的，这种渗透着强烈价值虚无主义的生存理念便是流行于现代社会的犬儒主义。

犬儒主义来源于古希腊的一个哲学流派，其代表人物是第欧根尼。早期犬儒主义学派强调德性是至高的善，而德性的本质是保持自我克制，因此，人的自然状态便是保持最低限度的生活需要，而家庭、国家、社会、法律、宗教等都应当放弃，相传第欧根尼整日生活在一个桶里，旁人讥其为"狗"，"犬儒"由此得名，"犬儒主义"即由这一学派的行为方式演化而来。作为哲学理念的犬儒主义，是一种以节制禁欲来反对浮夸风气和以无所欲求来保持个性独立的社会批判哲学，因此除了它所奉行的行为方式显得乖张之外，其他更多的是它所体现出来的社会批判价值和理想主义精神。然而，经过晚期犬儒主义学派的粗俗化改造，犬儒主义已经转变成玩世不恭和冷嘲热讽的代名词，以致到了现代社会，犬儒主义已经完全失去了批判维度和理想精神，彻底地变成了嘲讽谩骂、消极无谓和明知其假仍然为之的混世哲学。

那么，什么是现代意义上的犬儒主义呢？对它的理解需要联系意识形态的传统概念。传统意识形态论认为意识形态就是虚假意识，马克思在《德意志意识形态》开篇便提到："人们迄今总是为自己造出关于自己本身、关于自己是何物或应当成为何物的种种虚假观念。"[1] 恩格斯曾对意识形态做出了一个定义："意识形态是由所谓的思想家通过意识、但是通过虚假的意识完成的过程。推动他的真正动力始终是他所不知道的，否则这就不是意识形态的过程了。"[2] 可见，传统视域中的意识形态概念是建立在"无知"基础上的，并且依靠当事人的"无知"，意识形态才能发挥它的全部功能和作用。但是，犬儒主义作为一种新型的意识形态，它的前提不是

---

[1] 《马克思恩格斯全集》第3卷，人民出版社1960年版，第15页。
[2] 《马克思恩格斯选集》第4卷，人民出版社1995年版，第726页。

"无知",而是"有知"和"明知",是当事人明明知道自己和他人所作所为的虚假性质,也依然按照虚假的要求去做。正像齐泽克所言:"虽然犬儒性主体对于意识形态面具与社会现实之间的距离心知肚明,但他依然坚守着面具。那个公式,正如斯洛特迪基克所言,只能是这样的:'他们对自己的所作所为一清二楚,但他们依旧坦然为之。'犬儒理性不再是朴素的了,却成为已被启蒙的虚假意识的一个悖论:人们很清楚那个虚假性,知道意识形态普适性下面掩藏着特定的利益,但他拒不与之断绝关系。"[1]由此看来,现代意义上的犬儒主义已经超出了传统意识形态的视域,需要在新的基点上展开意识形态的分析,这个新的基点便是知与行的背离。

在知的层面上,人们非常清楚地知道事情的真相,知道话语的性质,而且在某些场合会表达出自己的这种"知",例如他们在私人场合会谴责自由话语的虚假和残酷,在日常消费中会声讨资本家的唯利是图,当然在更多的时候他们会心照不宣地保持对现实的清醒和理解。在行的层面上,人们按照公开话语的要求自愿地进入话语所设定的逻辑中,表现出对现实的消极接受或积极认同,例如他们在谴责自由话语虚假性之后,便会在公开场合热情赞美他们刚刚谴责过的东西,他们一边骂着资本家唯利是图,一边却享受着资本家提供的舒适和便利。按照常理分析,知其虚假、知其空洞,便不会接受,更不会努力追求,然而,犬儒主义是明知其假,仍然努力为之。犬儒主义在表达其知时,或是愤世嫉俗,或是玩世不恭,或是冷嘲热讽,或是调侃戏谑,其依据的前提便是事实和真相,与此同时,犬儒主义在表现其行时,不是委曲求全,便是勤勉为之,不是消极认同,便是全盘接受,而从来不是以实际行动和集体实践的方式改变虚假的东西。由此不难看到,犬儒主义表征着人的自我精神分裂,表征着人无法以一种"内部一致"和"原则自洽"的精神统率自己的言行。

在犬儒主义日渐扩散的情形下,凡是经历了社会化历程的人们,多多少少都会沾染犬儒主义的行为方式。今天,大众已经很难认真地对待意识形态的种种信条,也很难一腔热血地相信资本家标榜的话语。我在坦然地

---

[1] 齐泽克:《意识形态的崇高客体》,季广茂译,中央编译出版社2002年版,第40页。

接受资本家为我提供的周到服务的同时，心里会想"他们这样做只不过是为了赚钱"；我在知的层面上明白事情的荒谬，但是我照样接受荒谬。按照徐贲先生的分析，犬儒主义是一种对现实的不反抗的理解和不认同的接受，也就是人们常说的"难得糊涂"。既然没法说我心里想说的话，那么你要我怎么说，我就怎么说，我不这么说也得这么说，由不得我心里想说什么。我照你的说，不见得有好处，但不照你的说，说不定就有麻烦。我知道我照你的说，你未必就相信我，未必就拿我当回事，但我不照你的说，你肯定会说我不拿你当回事。既然你要的不过是摆出相信的样子，我又何必在说真话上面空费心思。① 无所谓真实，也就无所谓虚假，既然没有什么东西是值得在乎的，那么就没有什么东西是不可能的，于是犬儒主义一方面鼓励人们义正词严地大谈正义和理想，另一方面又鼓励人们肆无忌惮地追求私利和实惠，这种言行不一的分裂状态无疑构成了现代人的重要的生存悖论。

不难发现，在犬儒主义盛行的情况下，即使意识形态的虚假面具被揭穿，它也仍然会发挥现实的作用和功能，而且相比于以前的"无知"基础上的意识形态教化，这种"明知"的意识形态毫不畏惧自己的虚假前提，反而是把"虚假"作为自身运作逻辑的必要组成部分，公开展示这种虚假，也正是在犬儒主义的支撑下，现代消费社会的意识形态壁障比以往更难以穿透，更难以打破。尽管犬儒主义的内核中有愤世嫉俗的一面，有理智清醒的一面，但是这些维度归根结底是一种口头的反抗和跪着的造反，它与公民社会表达意见的方式相去甚远，它对于公共话语的理性构建的贡献也非常有限。其实，犬儒主义所反映出来的深层次问题是现代社会的价值虚无问题，当一个社会难以普遍地生长出让人产生超越性追求的价值体系时，那么犬儒主义便是普通人退而求其次的"理性"选择，而现代社会正日益进入这样一种境地。

---

① 徐贲：《当今社会的现代犬儒主义》，《时代潮》2001年第17期。

<<< 第三章 消费的生存论异化

三、中心区利己主义：全球向度的生存不平等

自人类有史以来，追求生存质量提升是任何人、任何地区最正常不过的一种诉求，无论在何种环境下，这种诉求总是顽强地生长出来。然而，看一下世界各地的现实状况，便不难理解华勒斯坦和萨林斯不约而同做出的"在物质上今天世界还不如传统社会"的结论。① 就拿现代人认为的比之于传统人最得意的物质财富占有来说，这方面的数据就让现代人汗颜。据估计，第一世界与第三世界人均收入差额之比1500年为3：1，1850年为5：1，1900年为6：1，1960年为10：1，而1970年达到了14：1。第二次世界大战结束时，占当时世界总人口约6%的美国人消耗了当时全世界工业用原材料全部的50%，而在80年代，美国人消耗的原材料仍占全世界总量的1/3，如果把北美、欧洲、日本和澳大利亚这些发达工业国家全考虑进来，那么，这些人口不到世界总数1/4的发达国家所消耗的原材料竟占去了一大半。② 这些数据反映出来的问题不是人类与天斗与地斗过程中表现出来的"人类中心主义"③，而是人类内部不同群体由于地位和力量的差异而导致的享受发展成果上的不平等。具体而言，这些不平等是指下列情形：为了维持自己的高消费生活方式，中心区国家拒不改变剥削

---

① 华勒斯坦说："我相信，世界人口的大多数，无论从主观还是客观上说，物质上都不如在以往的历史体系下富裕。"（伊曼努尔·华勒斯坦：《历史资本主义》，路爱国、丁浩金译，社会科学文献出版社1999年版，第21页）萨林斯说："同理，最最重要的，我们今天的世界又怎样？全人类的一半或三分之一以上的人每晚以饥腹入眠。在旧石器时代，这比例必定小得多。我们现在才是空前的饥饿时代。"（萨林斯：《原初丰裕社会》，载许宝强、汪晖编：《发展的幻象》，中央编译出版社2001年版，第76页）

② 斯塔夫里亚诺斯：《全球分裂》，迟越等译，商务印书馆1995年版，第15页；李普塞特：《一致与冲突》，张华青、林恒增译，上海人民出版社1995年版，第360页。转引自刘森林：《辩证法的社会空间》，吉林人民出版社2006年版，第61页。

③ "人类中心主义"概念的成立，有赖于"人类主体"概念的成立，而"人类主体"这一范畴抹杀了当今世界仍然客观存在的各群体之间的利益差异和利益矛盾，抹杀了世界范围内不同群体之间的结构性矛盾、人际性矛盾，它是一种强调人类利益联系的整体性而忽视人类利益差别的抽象整体主义和传统形而上学思维，这是本文采用"中心区"概念而不采用"人类"概念的原因。

不发达地区的结构性关系,拒不改变依靠不发达地区供养的生存结构,拒不改变把自己幸福建立在其他地区痛苦之上的生存秩序,归结起来,这些不平等都指向了中心区国家仍然不放弃以剥削方式来处理与其他地区关系这一问题,即中心区利己主义。

"中心区"即是传统意义上的经济发达地区,由于当今世界的发达地区全部分布在资本主义国家,因此,"中心区"就是资本主义经济发达地区。中心区的资本扩张过程将世界范围内的一切——包括中心区、半边缘区、边缘区,乃至自然界——统统纳入到自身范围内的交换体系,而所有这一切,只不过是为了资本的增殖而已。从资本本性而言,资本藐视一切非资本性质的人和物,藐视一切自然性质的关系,资本从它产生那天起,就始终不断地进行着将所有事物都予以资本化的运动,而不管其他事物的性质和价值如何。从现实层面来看,资本主义中心区不仅在早期将统治和剥削的主要对象定位在"无产阶级"和"东方民族"身上,而且在现代当这种统治和剥削遭遇到阶级斗争和民族斗争的双重反抗时,它开始变换着手法除了继续在资本聚集区赚取高额利润之外,更把主要精力放在了广阔的边缘区、半边缘区和大自然身上。因为对中心区而言,边缘区和半边缘区是由反抗能力更弱、反抗意识更差、权利意识薄弱的无产阶级、半无产阶级、农民阶级和底层民众组成的庞大弱势群体,他们与中心区的无产阶级和大众相比,只要最基本生活保障还得以维持,他们就更渴望进入到资本主义主导的经济体系中去拼命争取相当于资本家利润零头的生活待遇,这使得他们难以提出或不敢提出对中心区保持权利平等的要求,只能容忍和默认中心区变相了的剥削手法。布罗代尔指出:

其实,资本主义正是靠这种规则的分级而生存的:外围地区养活中间地区,尤其是中心地区。什么是中心?不就是统治尖顶,不就是整个大厦的由资本主义构成的上层建筑吗?观物有变向角度,如果说中心依靠外围的供应,那么,外围则依靠中心的需求,中心向外围发号施令。弄来弄去,还是西欧将奴隶制搬到了新大陆的框架里,而且加进了新的创造;弄来弄去,还是西欧出于自身经济的要求将二茬农奴制导入东欧。由此可以看出伊曼纽尔·华勒斯坦论断的分量:资本主义是世界不平等的产物;为了自身的发展,它需要国际经济的默契。在一个显然非常巨大的空间里,它是专横组织所生下的儿子。在一个狭窄的经济空间内,它不会生长得如此茁壮。若不借助别人卖身的劳动,它大概压根儿就生长不成。①

以当今社会突出的生态问题为例,边缘区和半边缘区的生态灾难固然有他们自己发展理念和环保意识发生偏差的原因,更有中心区国家进行生态侵略的原因。环境污染从来不受国界限制,许多中心区国家假借国际经济合作之名,通过跨国公司经营、直接投资等渠道,向边缘区和半边缘区国家转移其比较优势衰减的传统产业。在自由贸易体制下,各国之间的贸易与投资更容易进行,同时也使一些有毒有害废弃物、污染型产业更容易向经济不发达地区转移。中心区国家的企业为逃避国内严格的环境法规与监管措施,将国内某些污染严重的产业、技术及设备转移到其他国家,或者将有害废弃物直接出口到其他国家,这种污染的越境转移直接加剧了边缘区和半边缘区乃至全球的环境恶化。如果说中心区国家的生态侵略因其延续了一贯的殖民主义思路而备受谴责的话,那么边缘区和半边缘区出于单纯的发展经济动机而对生态侵略置之不理的做法则是极其可悲之处。一些经济不发达国家为了所谓的经济增长速度,不惜出卖自己的生态精华。1975年,菲律宾政府在《幸福》杂志上刊登了一则广告:"为吸引……像你们一样的公司……我们已经砍伐了山川,铲平了丛林,填平了沼泽,改造了江河,搬迁了市镇……全都是为了你们和你们的商业在这里经营更容易一些。"② 中心区把损人利己关系施加到全球范围,从而造成中心区对非中心区进行剥削的生存结构和生存秩序,这是现代消费方式在全球向度上导致的生存不平等。

---

① 布罗代尔:《资本主义的动力》,杨起译,三联书店1997年版,第62页。
② 杜宁:《多少算够:消费社会与地球未来》,毕聿译,吉林人民出版社1997年版,第33页。

第三节　小结

　　通过考察物化生存的形成过程及其异化性质，不难看出，现代消费方式对人的生存造成了巨大的消极影响，这种消极影响从根本上来说便是人们的生存条件否定着本真生存的方向。就本来意义而言，消费只是人的生存展开形式，只是人趋向本真生存的一个过程，但在现代消费条件下，人们的消费方式表现出了严重的物化特征，使得消费不再是为了生存，而是为了物本身的增长，人不是为了生存而消费，而是为了消费而生存，消费又以物的占有为指向。这种从人本向物本的转变，表明人们的生存状况已经偏离了本真生存方向，这是需要人们进行反思的重大问题。

　　人们通常将物质财富的占有和消费作为生活价值的体现，这种物化的生存理解其实带有很深的商品经济特征。为什么呢？因为在人类原初的生产状态下，产品除了供消费之外基本没有剩余，因此可以说，这里的生产是为了消费，生产的目的就是人自身。"人在这种状态下生产的东西不多于他直接的需要。他需要的界限也就是他生产的界限。……他的生产是以他的需要来衡量的"，"需要是生产的尺度"[①]。在生产力进一步发展的条件下，生产的产品开始有了超出消费需要的剩余，这些剩余又被用于交换其他群体的剩余产品，因此此时的生产性质发生了变化，即从以消费为目的转变为以财富为目的，这是一个从以人为目的向以物为目的的转变过程，这一过程深刻地改变了人类物质生产的性质和方向，也根本性地改变了人在社会中的地位，使人从生产的目的降为生产的手段，而本来从属于人的物从手段上升为目的。这种人与物的关系的颠倒是商品经济的现实面相，正是在这个意义上，本来作为人的自身再生产的消费，降格为只具有经济学意义上的"劳动力"的再生产，本来是为了消费才进行生产，现在是为了生产而人为地去刺激和制造消费，结果消费与生产相并列，并且因

---

　　① 马克思：《1844年经济学哲学手稿》，人民出版社2000年版，第180页。

为消费成为生产得以继续进行的前提而重新成为生产的主导。

　　表面看来，消费确实是生产的主导，大众需要什么，生产才会提供什么，消费是生产的指挥棒，但是，这里的消费所对应的生产只是物的生产，而不是人自身的生产，消费满足的是物的世界的增值，而不是人的世界的增值。"我们的生产并不是人为了作为人的人而从事的生产，即不是社会的生产。也就是说，我们中间没有一个人作为人同另一个人的产品有消费关系。"① 不是人的自我发展、自我实现的需要构成生产的纽带，而是物的增殖逻辑把本来没有任何联系的人联系在一起，这正是马克思所说的"以物的依赖性为基础"的联系。当社会发展到这一阶段，人们匍匐于物的面前而不自觉，消费远离了人自身，人不是为了生活而消费，而是为了消费而生活！

　　于是，人的生存被生产体系打造的消费社会、购物天堂、时尚工场和符号体系所吸引，借助于一系列现代商业机制，大量的文化符号通过广告、影视、传媒等载体被批量复制传播，铺天盖地的象征意义被作为任意的能指附加到普通的消费过程中，在把物化取向培养成现代消费主流趋势的过程中，现代生产体系无所不用其极地力图造成物化生存至上的生活气氛，尤其是在现代经济普遍出现买方市场的条件下，消费已经成为经济平稳运行的头等大事，而单靠个别公司的促销活动根本不能保证持续的消费冲动，因此，物化生存的建构就被各国政府和企业提上议事日程——要造就物化生存至上的社会氛围，要让对物的增殖而言是一种必需的消费活动变成对个体而言的快乐源泉。现代消费方式造就的这种母性关怀氛围剔除了大众理性判断的基础，让大众舒舒服服地进入到物化生存的体系，而所有这些都为物的生产体系的运行奠定了绝佳的环境。因此可以说，现代消费方式的物化特征是物的生产体系支配下的产物，是实现物的增殖的要求，当这种要求上升为一种生存方式并蔓延到社会各个层面时，人的生存的异化性质就前所未有地巩固了起来。

---

① 马克思：《1844年经济学哲学手稿》，人民出版社2000年版，第180页。

第四章

消费的生存论张力

　　人们凭借着现代消费方式的兴起一举摆脱了物质绝对匮乏的生活困境，在追求更多更新奇的消费时也体验到了花样繁多的现代生活感觉。在很多人的观念中，现代消费培养的消费主义生活方式是现代化生活方式的代表，消费主义生活方式就是理想的生活方式。在一种有别于现代消费的生活方式尚未普及之前，现代化的生活方式主要是通过现代消费体现出来的，这自然会鼓励那种把"现代化"视作现代性的观念，于是"现代化的""进步的"和"理想的"生活方式就被认为是现代消费方式能够承诺的。

　　然而，现代消费所唤起的消费主义生活方式却不是合理地满足人们的实际生活需要，而是一种追求高消费的倾向和偏好。它把人们引入到一条通过消费来实现生活价值的渠道，以至于消费承诺了生活的所有意义。进一步说，如果是从动机与效果、过程与结果相结合的角度而非"现代化"的角度观照现代消费，现代消费方式所导致的生存论张力就凸显出来了。现代消费方式并不是在所有方面都符合"进步的""理想的"标准，它在提升物质生活水平的同时也在加剧生存世界的紧张，让人们在商品符号价值构成的变化序列中去进行相互追逐，除此之外，如果考虑到现代消费方式还造成了一系列积重难返的生态问题，那么就更无法说现代消费及其所代表的生活方式是"进步的""理想的"。基于此，我们应当格外重视现代消费过程中多重关系的张力，因为正是这些同样具有历史合理性的张力关系有可能抵消甚至是摧毁来之不易的发展成果。

第一节 需要与欲望

消费无不是根源于人的需要，人正是感觉到对某种客体物的匮乏关系，才会提出消费的要求，需要是消费的根据，消费只不过是满足需要的一种手段和途径，满足需要的消费由此成为任何合理形态的消费方式的基本依据。然而在现代消费活动中，消费本身却越来越与需要失去了必然的联系，消费不再是对需要的满足，而是变成了被人们的欲望所指引的活动，只不过是为了满足心底的那种生存优越感和差异感才去消费，消费就像是一支断线的风筝一样越来越远离人的需要，这使得现代消费变成了无根的消费、畸形的消费、为了消费的消费，这些都偏离了人的本真生存方向。

一、从"我需要"到"我想要"：欲望消费的心理模式

在现代社会中，大众的基本生存需要都已经得到满足，现代消费再也不能像传统消费那样仅仅盯住人的生存需要，而是必须找到新的"需要"类型。这种类型的"需要"必须是层出不穷的、花样翻新的乃至无限延伸的，不能像生存需要那样过于容易地满足，否则现代消费及其背后的经济系统会面临失去动力的危险，这种新类型的"需要"便是基于"想要"基础上的欲望消费。欲望消费的基点不是满足人的"需要"，而是要满足人的"想要"。这样大众一旦被纳入到"想要"的欲望消费渠道，他就会提出各种各样的消费要求、消费激情和消费想象，这对于将整个基础建立在需求之上的现代经济大厦来说，无疑是一件一本万利的好事。

现代经济之所以如此看重基于"想要"模式的欲望消费，是因为"需要"与"想要"之间存在着重大的原则性差别，"我需要某种东西"和"我想要某种东西"在主客观形式、强度、满足难度和精神气质上有着天壤之别，而欲望消费正是将"我需要"的心理发生逻辑置换为"我想要"的心理发生逻辑，才使大众在不知不觉中认同了消费主义的生存理念。具体而言，

"我需要"和"我想要"之间的差别及其转变体现在以下几个方面：

首先，欲望消费摒弃了需要的客观化的发生逻辑，代之以想要的主观化的发生逻辑，这是消费心理从客观模式向主观模式的转变。需要是人对其生存、享受和发展的客观条件的需求，它表明的是人对外部世界的一种客观的、必然的依赖关系，不以人的意志为转移。需要的客观性意味着需要不是人的主观产物，不是人主观地需要什么才会需要什么，而是人与客观条件之间客观的匮乏和依赖关系决定着需要的发生。尽管任何需要只有在主观层面中得到反映和自觉才成其为需要，但这不是需要的发生逻辑，需要的发生逻辑是客观化的。欲望消费之所以总是以"我想要"的模式表现自身，就是因为它不再遵循客观化的发生逻辑，而是漠视和忽视人的需要，以便促使大众从主观层面去渴望高消费的生活方式。很明显，人类社会现有的客观条件无法支撑高消费生活方式的盛行，"高消费"本身根本不是人与客观条件之间客观的匮乏和依赖关系的反映，它只不过是被"我想要"观念支配的只反映人的欲望的主观产物。"我想要"的主观化发生逻辑从根基上改变了传统消费心理的禁欲气质，使得现代消费心理发生了向纯粹主观模式的转变。

其次，欲望消费排除了需要的普遍化的发生逻辑，代之以想要的特殊化的发生逻辑，这是消费心理从普遍模式向特殊模式的转变。普遍化的需要和特殊化的想要之间的区分来源于需要和欲求的传统区分原则，贝尔认为："'需要'是所有人作为同一'物种'的成员所应有的东西。'欲求'则代表着不同个人因其趣味和癖性而产生的多种喜好。"[①] 尽管在不同历史环境和社会条件下，不同人的需要会体现出较大的差别，如现代人和原始人的吃喝需要就有着巨大差别，但在相同或相似的历史环境和社会条件下，需要的内容和层次大致是相同的，如现代人的生存需要基本定位在温饱层次上，这一层次对绝大多数地区的人们都是适合的，从而表现出普遍一致性的特征。而欲望消费恰恰排除了需要的这种普遍一致发生的特征，代之以想要的特殊化的发生逻辑，即鼓动大众中的不同群体、不同个人去

---

① 贝尔：《资本主义文化矛盾》，赵一凡、蒲隆、任晓晋译，三联书店1989年版，第22页。

追求独特的、区别于他者并且高于他者的消费模式，让人们在"独一无二"的消费模式中体验自我的独特性，这也就赋予了现代消费以个人主义和唯我主义的性质。广告词"我的地盘听我的"便突出地展示了想要的特殊化发生逻辑，现代商业资本通过设置不同等级的消费特权，让消费者自由地选择手机功能，以此满足消费者特殊化的消费需求。这一方面是消费自由的体现，另一方面也为追求更多更强大消费功能的欲望消费打开了通道，从而使得现代消费心理发生了向特殊模式的转变。

再次，欲望消费否认了需要的同一化的发生逻辑，代之以想要的差别化的发生逻辑，这是消费心理从同一模式向差别模式的转变。需要的客观化和普遍化的发生逻辑意味着需要在不同社会成员间的体现是大致同一的。既然需要是人对其生存、享受和发展的客观条件的需求，同时相同或相似历史环境和社会条件下的客观条件也大致相同。因此不同社会成员的需要也是大致相同的。就像生存需要依靠吃喝行为得以满足、性需要依靠性行为得以满足一样，需要的同一化带来的是需要满足方式的同一化。但是，如果现在有人声称自己的生存需要必须通过吃山珍海味、喝经典洋酒才能满足的话，那么这里的需要实质上就失去了需要性质，而是变成了想要的差别化的发生逻辑。差别化逻辑意味着消费内容、档次和品味与大众日常的消费模式不同，如此一来也只有奢侈消费、高档消费才能满足想要的差别化要求，于是现代消费表现出越来越强烈的高消费趋向和消费主义特征，这就是现代消费心理向差别模式的转变。

最后，欲望消费摈弃了需要的有限化的发生逻辑，代之以想要的无限化的发生逻辑，这是消费心理从有限模式向无限模式的转变。需要的有限化是指在一定的历史时期，需要的内容和水平客观上存在一个相对稳定的数值，不会在短期内发生较大波动，这也是现代社会"贫困标准""生活保障线""最低工资"等得以可能的根据。但是，欲望消费是一种无止境追求欲望满足的消费模式，不管在强度还是在限度上，它都极大地拓展了需要的水平，以致向着无限的方向延伸了许多，这便是想要的无限化的发生逻辑。贝尔指出："资产阶级社会与众不同的特征是，它所要满足的不是需要，而是欲求，欲求超过了生理本能，进入心理层次，因而它是无限的要求。"① 欲望消费极力地激发人们进行求新求变的消费革新，促使人们永不满足现有的消费模式，时刻怀揣着不买不甘心的欲购情结，时刻储藏着向更高档、更新奇消费模式进发的欲念，很多人一到假日便会迫不及待地走进购物广场，尽情地挑选自己中意的商品，而商品往往是在购买不久后就被人们闲置或扔掉，但人们并不为之可惜，以一种"旧的不去，新的不来"的心理逻辑说服自己进入下一波新的购物潮流。如此循环往复，人们的消费心理就彻底转向了无限模式。

由以上四方面可以看出，欲望消费从根基上瓦解了需要的客观化、普遍化、同一化和有限化的发生逻辑，代之以想要的主观化、特殊化、差别化和无限化的发生逻辑。现代消费心理一旦采取"想要"的形式，那么消费欲望的激发便成了水到渠成之事，现代消费方式背后的经济系统也就拥有了可靠持久的动力保证。

二、消费对需要的偏离：欲望作为经济增长支撑的风险

由福特主义生产模式一手促成，并借助广告业、市场营销技术和分期付款制度的催化而出现的大众消费模式，极大地刺激了人们的消费欲望，尤其是后福特主义生产模式更是无微不至地制造着消费的欲望。现代市场经济正是借助于这些以欲望为指向的生产建制才获得了巨大发展，从而取得了对自然经济的彻底优势和自身合法性的证明。从推动经济增长、为经济注入持久动力的角度来看，推崇欲望消费、鼓励消费的高档次是必然的、合乎逻辑的事情，经济要获得持续发展的保证，就必须摒弃那种"新三年、旧三年、缝缝补补又三年"的节俭消费模式，必须采取那种"我想要什么就要什么"的高消费、奢侈消费乃至挥霍性消费模式，在一定意义上，奢侈消费是现代市场经济的支柱。桑巴特正是看到了奢侈与资本主义产生之间的因果关系，所以才极力地赞扬奢侈消费的进步意义。在20世纪初，米瑟斯在《自由与繁荣的国度》一书中也明确地赞扬奢侈："奢侈鼓

---

① 贝尔：《资本主义文化矛盾》，赵一凡、蒲隆、任晓晋译，三联书店1989年版，第68页。

励了消费水平的提高,刺激了工业的发展,促进工业新产品的发明创造并投入大批量生产,它是我们经济生产的动力源之一,工业的革新与进步,所有居民生活水平的逐步提高,都应当归功于奢侈。"① 经济增长的动力,以及建立经济基础之上的生活条件的改善、就业机会的扩大和美好生活的建构,在一定程度上都要借助于激发欲望的高消费模式。一个新的欲望的唤起,便意味着新的经济增长点的开始,便意味着生产体系的进一步扩张,这也是现代消费社会中流行的"不消费便衰退"的合理基础。

由于现代经济系统把欲望的制造作为自己的支撑点,所以承担着为经济系统做合法性辩护的现代经济学也转变了自己的研究任务。在古典经济学时期,经济学家们总是把消费看作劳动力再生产的途径,相应地,在看待生产与消费的关系上,认为消费从属于生产,消费是为了更好地生产,除了满足必要的生存需要之外,其余的消费活动都是不必要的,应当受到谴责的。配第在论述消费问题时,就提出了节制不必要的消费,以保证积累和财富增殖的观点。他认为最不利于生产的是用于大吃大喝的消费,其次是用于购买衣料的消费,应该向那些把资金用于不利于生产方面的人征税,然后再把资金转交给发展生产的人,这样才能有利于公共财富的增长。② 但是,当生产过剩成为经济发展的瓶颈时,经济学家们就转变了话语指向,开始大肆地鼓吹欲望消费,并把激发消费欲望作为自己全部理论的指向。当凯恩斯面对20世纪20年代末以来越来越严重的生产过剩现实时,就指出:"消费乃是一切经济活动的惟一目的,唯一对象"③,并进一步指出资本主义通常存在有效需求不足的问题,而有效需求不足又是由"边际消费倾向递减规律""资本边际效率递减规律"和"流动偏好规律"三大规律造成的,因此国家有必要采取干预经济的一系列政策,这种主张被称为凯恩斯主义。自第二次世界大战之后的二三十年间,凯恩斯主义一

---

① 米瑟斯:《自由与繁荣的国度》,韩光明等译,中国社会科学出版社1994年版,第72~73页。
② 郑红娥:《社会转型与消费革命——中国城市消费观念的变迁》,北京大学出版社2006年版,第49~50页。
③ 梅纳德·凯恩斯:《就业利息和货币通论》,徐毓译,商务印书馆1963年版,第90页。

直主导着西方经济学界,并实际地支配着政府决策人的思路,其理论原因就在于凯恩斯经济学把激发和制造欲望作为自己全部理论的出发点和归宿。因此如何对待"需要"和"欲望",成为区分古典经济学和现代经济学的重要标志。

基于欲望的消费模式确实支撑着现代经济的持续增长,在过剩性生产的历史环境下,经济增长就是依靠欲望消费才得以维持的,如果大众没有消费的欲望,那么"庞大的商品堆积"如何销售出去呢?如果大众不追求时尚消费、奢侈消费,那么商品就不再是资本家的赢利手段,而是资本家的最大焦虑。我们看到,每当现代经济的增长出现一些减缓、衰退和危机的时候,企业、政府连同社会舆论都在营造"刺激消费"的氛围,力图把消费变成爱国的举动,此时社会对于奢侈消费的后果便不会给予足够考虑,① 这些都不难反映出欲望消费对于经济增长的重大意义。不过,欲望消费在保证了经济持续增长之时,一些更为根本的问题提出来了:既然经济增长已经超出了人们的实际需要,那么为什么还要维持经济的增长?以欲望作为经济增长支撑的发展模式对人的生存造成了哪些风险呢?

不难发现,以欲望为支撑的现代经济增长的根本目的不是人自身的发展,也不是人的需要的正常满足,而是经济增长本身。在这里,经济增长便是终极目的,经济必须要增长,经济增长无需任何理由。因此为了维持经济的持续增长,就需要激发和制造大众的消费欲望,消费欲望的增长被作为经济增长支撑提上议事日程。当欲望成为了大众的消费心理模式时,现代消费也就彻底离开了"需要"基础,越来越走向欲望导向的消费模式。这种消费模式将需要——从而也就将人的合理本性——排除在人们的视域之外,以一种人为制造的需求作为自身合法性的保证,这就至少产生了三方面的风险:

1. 现代经济增长在偏离人的需要之后,失去了判断自身合法性的根本标准,内含着偏离和否定人的本真生存的风险。任何经济活动都是从属于人的活动,经济活动的直接目的是增加社会的物质财富,根本目的则是促

---

① 当然,这里的"消费"不是奠基于"我需要"基础上的需要消费模式,而是奠基于"我想要"基础上的欲望消费模式。

进入人的本真生存,这是所有经济活动的合法性所在。因此,经济活动本身不是目的,它只有有助于人的需要的合理满足——需要的合理满足又有助于本真生存——才能获得自身的意义。然而,现代经济把经济增长等同于经济发展,把经济发展等同于人的本真生存,又以消费欲望的增长推动经济的增长,这在根本价值标准上偏离了人的本真生存方向,偏离了人的需要本性。也正是在这一基础上,人们总是从"物"的角度来理解人,把人定义为欲望无限、欲望应当满足、欲望必须满足的经济人,这是对人自身价值和尊严的蔑视,也是对人的本真生存方向的偏离和否定。

2. 现代经济以欲望而非需要为指挥棒,所造成的无以计数的生存性矛盾、人际性矛盾和自我性矛盾,内含着人类生存世界遭受破坏的风险。由于现代经济把消费的数量、档次、品味及象征价值作为人生价值的体现,大众的主要精力被导向了物化价值的追逐和争夺,从而导致了人与自然、人与人、人与自我之间的对立。由于消费品的最初来源都是自然界,因此欲望导向的现代经济导致了对自然的无度的开发,使得人类的生存家园遭受着有史以来最严重的破坏。除此之外,欲望消费作为经济增长的支撑,也带来了人与人之间的矛盾冲突,现代人热衷于攀比消费,以消费水平高于他人为自己的自信源泉,以消费方式为人羡慕为自己的快乐源头,这使得人与人之间的关系朝着你争我夺、你追我赶的方向发展,削弱了人际关系走向和谐的可能性。由于欲望占据了精神上的主要精力,因此人的内心始终充斥着强烈冲突,人只有在消费中才能确证自己的生活价值,只有在时尚中才能感受到自我的存在,消费成了生活唯一的内容和目的,成了制造内心失衡同时也是平衡内心的主要手段,在一轮又一轮的欲望消费浪潮中,人们通过消费发现了自我,旋即通过消费的完成又失去了自我,从而越来越难以体验和感受幸福。

3. 现代经济以欲望为增长的支撑点,内含着巨大的经济风险。在现代经济系统中,一方面是越来越大规模的生产体系,一方面是越来越大规模的大众消费,这两者构成了现代市场经济不可分割的组成部分,现代经济的顺利运行和持续发展,也依赖于生产和消费的大体平衡。然而,现代经济时刻受到了来自政治、社会、自然等多方面的干扰和破坏,如政治家的战略选择会导致一国经济的衰退，企业家的决策失误会导致经济上的巨大损失，一场战争会导致生活水平下降，一场自然灾害也会导致基本生存难以保障……这些都破坏了生产与消费之间的平衡关系，造成了已经生产的商品大量滞销，固有的生产体系成为废品，整个经济系统萎缩和瘫痪，这些都是对欲望消费引导下的现代生产力的破坏和浪费。

以上风险说明，欲望作为经济增长支撑的功能是有限的，消费推动经济发展的作用不能被无限夸大，当经济发生困难，经济主义消费观就会粉墨登场，现代经济就会越来越偏离人的需要，从而导致经济、社会和人的生存世界面临更多的潜在风险。当然，以市场经济为主导成分的现代经济，也不可能回到需要基础上的自然经济模式，如果专注于满足人的需要，生产力水平的提高就会异常缓慢，这对于人类生存环境的改善和生存质量的提升也不是有效药方。其实，问题的关键在于：如何在"需要"和"欲望"之间保持适度的平衡关系，如何在现代经济的欲望消费模式之上，建立经济的自我反思、自我规制和自我平衡机制，以便保证经济适度发展的同时不致造成沉重的生存代价，这才是现代人真实和可行的努力方向。

第二节　财富与幸福

现代社会的大众已经普遍告别了物质绝对匮乏的贫困年代，在物质生活方面逐渐走向富足，并且已经拥有了人类长期梦寐以求的财富，这些财富极大地改善和丰富了人们的日常生活。按理来说，享受着财富的人们应当生活得更加幸福、更加悠闲，然而事实却是另外一番景象：匆忙的身影、沉重的工作压力、紧张的人际关系和始终不得安宁的内心……这一切都很难与幸福联系在一起。可以说，现代人在财富迅速增长的同时，却未能拥有同步上升的幸福感，相对于财富的极大涌流，幸福处于相对匮乏的境地，我们不妨将这种现象称之为"财富与幸福的张力"。

<<< 第四章 消费的生存论张力

一、财富对于幸福的意义及其界限

在现代生活语境中，人们都追求财富，向往幸福，然而，何为财富和幸福？一般而言，财富的概念容易把握，而幸福的概念不容易达成一致，理论家们在面对幸福问题时，往往是采取经验性的描述法，而很少会给出一个规定性的定义。之所以如此，是因为现代社会主流财富观往往从物化角度去定义财富，把财富等同于物质财富，由此财富概念才会相对容易把握，而幸福除了关联物质财富外，更多的与人们的精神状态、主体领悟和社会差异有关，这就使得幸福的概念很难被轻易地给出。

诚然，幸福确实是一个社会内涵极其丰富的概念，幸福范畴中往往内含着某些极不相同的、自相矛盾的和不确定的元素，使得一个确定性的幸福概念马上会在一种新的幸福情境中不攻自破。例如许多学者认为幸福与一个人占有的财富成反比关系，但现实生活中有很多富翁感觉自己很幸福。这是否意味着幸福问题无法探讨呢？当然不是，幸福问题理解上的困难只是说明了幸福概念的复杂性与相关因素的不确定，其实幸福包含着主观性的感受和客观性的内容，幸福是主体和客体发生优良互动的产物。就此而言，任何把幸福归结为纯粹主体感受的主体主义表述，和把幸福归结为纯粹财富占有的客体主义表述，都没有真实地理解幸福的发生条件和发生过程，从而导致了幸福观上的偏颇。在现代消费生活中，人们往往认为创造财富就是创造幸福，占有财富就是享受幸福，把幸福完全等同于财富，由此大量有财富无幸福的事例才会困扰着人们，那么财富和幸福之间的关系到底是怎样的呢？这就涉及财富对于幸福的意义及其界限。

除了极少数个例之外，多数讨论幸福的著述以及大众至少都认为财富的占有是享受幸福的一个必要条件，本文也认可这一观点。就通常情况而言，尽管占有一定的物质财富不一定带来幸福感，但是缺乏一定的物质财富，肯定不会获得幸福，这在亚里士多德伦理学理论中就有明确的说明。亚里士多德把善的事物分为三类："外在的善""灵魂的善"和"身体的善","我们说灵魂的善是主要的、最高的善"①，幸福作为人类活动的最高目的自然就属于灵魂的善。亚里士多德虽然认为幸福是最高的善，但他紧接着就指出幸福不是自足的，而是要以"外在的善为补充，正如我们所说，赤手空拳就不可能或者难于做好事情。有许多事情都需要使用手段，通过朋友、财富以及政治权势才做得成功"②。很明显，亚里士多德将财富看成是享受幸福的必要手段之一，强调了财富作为外在的工具善对于幸福所具有的重要价值。

幸福的生成或者与物质财富的增加相联系，或者与物质财富的保有相联系，如果一个人无缘无故地或者由于非自愿原因损失了一笔财富，那么他的幸福感肯定不是上升，而是下降，③ 这说明财富不仅与幸福相关，而且是幸福得以生成的必要条件。重视财富，实质上是重视幸福生成的必要条件。对于失业者来说，他们享受不到发薪水的幸福；对于白领来说，他们体验不到金领阶层坐拥亿万财富的幸福；对于缺钱的人来说，他们感受不到购物者自由消费的幸福……如此等等，不一而足。"钱不是万能的，没有钱是万万不能的"，如果是排除了这句话透露出来的拜金主义倾向，那么它表达的金钱对于幸福的重要作用可谓是千真万确。财富对于幸福有着不可替代的支撑功能、推动功能和维持功能，这些都说明财富对于幸福有着重要的、不可或缺的意义。

在财富对于幸福具有重要意义这一问题上，基本没有尖锐的争论，争论多是出在这一意义的重要程度上：财富是幸福的全部内涵，还是财富仅仅充当幸福的条件，幸福主要来源于一种自我感觉？财富对于幸福的意义是工具和手段意义上的，还是全方位意义上的？这些问题可以表达为：财富对于幸福的意义的界限。现代人在这一问题上聚讼不已，即使很多人能够在理论上分清两者的关系，但在实践上却难以按照理论要求做出相应举

---

① 亚里士多德：《尼各马科伦理学》，苗力田译，中国人民大学出版社2003年版，第13页。
② 同上书，第15页。
③ 人们出于有意识的动机和目的造成了自己财富的减少，如捐赠、救助等，这种现象超出了文本论题，因此不在讨论之列。

动。因此，有必要对这个问题做出全面的阐释。

第一，财富是幸福的必要条件，但不是幸福的充分条件，也不是幸福的决定性因素。反驳财富是幸福充分条件的最有力事实是：古往今来的富翁们没有普遍地感受到幸福，相反，许多富翁还感觉到生活不幸福，乃至选择自杀等方式来结束不幸福的生命。当然，事实例证对于问题的论证并不充分，我们还需要在理论上进行论证。亚里士多德的幸福论提示我们应当结合手段和目的的范畴来探讨财富和幸福。一般而言，手段服务于目的，又导向目的，这是财富对于幸福的手段意义。同时，目的的价值地位包含着手段的价值地位，目的在手段之上，手段从属于目的，这是幸福对于财富的目的意义。从这一点出发就能够得出：财富是幸福的必要条件，财富作为手段从属于作为目的的幸福，追求财富是为了幸福的实现，而不能反过来说只要占有财富，就拥有了幸福，即财富不是幸福的充分条件。

另外，财富也不是幸福的决定性因素，影响幸福实现的因素可以说难以计数，即使就通常情况而言，财富也难以充当幸福的决定性因素。从经验层面来看，与幸福相关联的因素异常众多，直接相关的就有经济收入、物质生活、工作环境、家庭环境、社会地位、婚姻儿女、身体状态、人际关系、生活琐事等等，间接相关的又有社会时事、社区状况、历史传统、自然环境、国家形势、生态环境乃至世界局势等等，财富决定论将如此众多的因素完全排斥在幸福视野之外，不免有挂一漏万之嫌，这是思维简单性的表现。在理论上对财富决定论的观念发起挑战的是塞林斯的人类学研究。他在《原初丰裕社会》一文中对现代人关于原初人的痛苦想象表达了愤慨。这种想象认为原初社会的经济是"一种以绝对贫穷为印记的'糊口经济'，缺乏用以'建立文化'的闲暇，无穷尽的生产活动仅足以维持生存"[①]，但是塞林斯用详实的人类学证据表明这实质上是现代人把自身逻辑扩展到原初社会中去产生的错误，"贫穷"是现代人的概念创造，原初人并不适用这一分析框架。以物质生活为例，原初人"厌恶拥有一件以上日常必需的同样物件"，他们"产业之心不高"，"没有占有之心"，"完全无

---

① 塞林斯：《原初丰裕社会》，载许宝强、汪晖编：《发展的幻象》，中央编译出版社2000年版，第56页。

视于任何物质的逼迫",呈现了一种对发展的技术性装备的"不感兴趣"。然而,即使在较低生活水准上,原初人比起新石器时代或其他"更高"的生产方式却拥有更多的闲暇时间,突出标志是猎人们甚至常常能够在白天睡觉。塞林斯的研究说明幸福与财富不是通常认为的正相关关系,财富更不是决定幸福实现的主要因素。

第二,享受幸福需要相应的主体能力,这使得财富的意义相对化。毫无疑问,幸福是一种主观化的精神感受,因此它在不同个体那里有着不同的实现方式和实际内容。亚里士多德说:"在生病的时候,他就把健康当作幸福,在贫穷的时候,他就把财富当作幸福;有一些人由于感到自己的无知,会对那种宏大高远的理论感到惊羡。"[1] 这说明主体处于不同的环境和状态中,就会有不同的幸福理解。由于幸福更多的是一种人的生命在活动中的自我确证感和自我实现感,因此主体的精神能力达到何种水平,他所理解的幸福就会达到何种层次。"对于没有音乐感的耳朵来说,最美的音乐毫无意义,不是对象,因为我的对象只能是我的一种本质力量的确证,就是说,它只能像我的本质力量作为一种主体能力自为地存在着那样才对我而存在,因为任何一个对象对我的意义恰好都以我的感觉所及的程度为限。"[2] 幸福作为主观性的体验,是对人生存于其中的世界的属人性的领悟和感受,是主体对客体的人化属性的整体性理解和体悟,这些都对主体的能力提出了相应的要求。幸福内在地需要主体具备相应的体悟能力,这其实就使得财富的意义发生了相对化的趋势。本来财富只是享受幸福的必要条件,这是从财富角度来说的;与此同时,幸福本身需要相应的主体能力,这与财富的占有没有直接关系,从而就进一步证明了财富对于幸福的意义的界限。

第三,财富的物化属性使得财富无法承诺幸福的整体性要求,这是财富意义的重要局限。幸福必定是整体性地生成,而且同样的幸福不会发生第二次,这意味着幸福只有在生命整体的层面上才能感受。当然,这里的"整体性"并不意味着与幸福相关的因素的全部到位,其实那也不可能,

---

[1] 亚里士多德:《尼各马科伦理学》,苗力田译,中国人民大学出版社2003年版,第4页。

[2] 马克思:《1844年经济学哲学手稿》,人民出版社2000年版,第87页。

"整体性"只是说明幸福在生命圆融一体的平台上才是可能的。"一只燕子造不成春天或一个白昼,一天或短时间的德性,不能给人带来至福或幸福。"① 幸福的真谛就在于生命整体的自我确证和自我和谐。生存由各种各样的具体生存活动组成,如吃饭、穿衣、说话、沉思、行走、跑步、交往、工作、婚嫁、生育、治病等等。这些具体活动无疑有着自己的自觉或不自觉的目的,如穿衣是为了御寒避羞、跑步是为了强身健体、生育是为了繁衍后代等等。如果这些目的能够实现,那么就可以说一个人的生存是丰足的、惬意的。但如此还不能断言他是幸福的。因为具体活动目的的实现只是指向活动自身,而不是指向生命的抽象整体。幸福必定是对生命整体而言才有效力,单独的生存活动不可能生发出幸福感受。而财富只是一种固定化的物,就像具体的生存活动一样,财富目的的实现只是为幸福奠定了基本的手段和条件,它只能被作为幸福的一个属性纳入到幸福的生命整体的体悟系统中去,但仅仅凭借它本身无法生发出幸福感受。

二、幸福等同于占有财富:现代消费方式对幸福的误解

财富对于幸福的实现具有重大的、不可或缺的意义,但这一意义又有着内在的限度。具体到消费问题中不难发现,现代消费方式的突出问题在于将幸福等同于财富,以为创造财富就是直接地创造幸福,积累财富就等于追求和获得幸福。在这种幸福观的支配下,现代人一方面专注于财富的创造和追逐,另一方面却忽视了幸福的感受和体悟,从而导致现代消费生活"有财富无幸福"现象的大量发生。

通过对财富与幸福之关系的论述不难发现,财富意义始终内含着超出内在限度,直至成为幸福理解的主导范畴的危险,当幸福被等同于财富的占有时,这种危险就变成了现实。于是,现代消费生活经常出现这样的情境:有的人以面子消费、奢侈消费为生活的唯一价值取向,有的人以追逐财富的最大化占有为人生旨趣,有的人以不断满足口腹之欲、吃遍世间山

---

① 亚里士多德:《尼各马科伦理学》,苗力田译,中国人民大学出版社2003年版,第12页。

珍海味为人生目标……现代人在物化价值渠道上理解着幸福，以财富的获取和占有诠释幸福的目标，为了享受物化意义上的幸福，现代人不惜付出自己人生的整个过程，耗费人生的主要精力，即便是有可能损害自身的健康，现代人也不愿拒绝物化幸福的诱惑。弗洛姆针对现代消费的异化性质指出："最初，消费更多更好的商品的想法对一个人来说意味着一种更为快乐和满足的生活。消费是达到快乐的手段。"[1] 这是财富对于幸福的手段意义。"但是现在消费却成了自己的目的。不断增长的需求迫使我们去做出更多的努力，这使得我们完全依赖于这些需求，依赖于能够帮助我们满足需求的人和机构。"[2] "今天的人已经被他能够购买更多更好，尤其是更新的商品的能力所迷惑了，他成为了消费狂。购买和消费的行为已经变成了一种被迫的、非理性的目标，因为消费就是目标，而不是人们从这些物品中获得的使用价值和快乐。在市场上买到最新式样、最好型号的商品是每个人的梦想，而使用中的真正的快乐则是第二位的。"[3] 当幸福等同于财富之时，真正的幸福就隐没在现代消费视野之下，本是手段的财富僭越了幸福的所有尺度从而变成了幸福的主要尺度，而幸福被等同于为财富意义上的幸福，这就是现代消费方式对幸福的最大误解。

那么，现代消费方式是如何将幸福等同于财富的占有的呢？上面我们已经分析，由于财富是享受幸福的必要条件，因此现代消费方式内含着将幸福等同于财富的危险，这种危险变为现实的根据有两方面：一是根本根据，二是直接根据。根本根据来自于现代经济系统对目的和手段的翻转。在本来意义上，财富的创造是以人的幸福为目的的，如果不是为了实现人的幸福，人们就无需改造自然界，无需进行物质生产活动，这其实反映了自然经济的生产状况和生产性质。但是商品经济的出现改变了这一切，尤其是市场经济占据主导的现代经济系统从根本意义上颠倒了目的和手段，手段变为目的，目的成为手段，财富的创造成了终极目的，经济生产活动的目的就是物质财富的增加，而人的素质、能力、感受都要服从于这个目的，人的幸福也不再被

---

[1] 弗洛姆：《健全的社会》，蒋重跃等译，国际文化出版公司2003年版，第117页。
[2] 同上。
[3] 同上。

当作目的。可见，现代经济系统将目的和手段彻底颠倒了，将财富的生产作为目的，这就迫使现代消费方式也要在财富意义上理解幸福。

幸福等同于财富的直接根据在于现代社会中人与幸福目标之间存在着庞大的物化中介系统，人们越是想实现自己的幸福目标，就越是要充分地运用这个物化中介，而物化中介被运用的次数越多，它的力量和支配力就越大，因此现代人也就越来越难以走出物化中介的视野，就越是把物化中介当作自己的生活目标和行动目标，结果，本是追求幸福的人们却被导向了追求幸福之手段——财富的追逐之路。西美尔对手段覆盖目的的现象做过深刻说明："这种文明的本质在于：与原始的社会关系不同，人类的愿望不再是简单的、近在眼前的、用直接行动能够实现的愿望，而是逐渐变得如此困难、复杂和遥远，以至于它们需要对手段和设备进行多环节的建设，在作准备步骤时进行多层次的迂回。在较为发达的社会关系中，一步几乎不可能到位。这种文明不仅仅需要一种手段，而且在这种文明中，这种手段的获得本来就经常难以一下子实现，而是还需要许多手段，这些手段彼此相互支撑，最终汇集为最后的目标。但是，越这样就越容易导致这样的危险：陷身于这些手段的迷宫中并由此遗忘了最终目标。"[①]

第三节 生存与发展

消费是市场经济发展的内在要求，世界各国无不是把扩大消费作为经济发展的重中之重来对待，现代社会的一个普遍现象便是消费被渲染成爱国责任，消费被认作是大众通向幸福、成功和社会地位的途径。由于现代消费方式发挥着经济上的拉动功能，因此由消费所引导的现代经济往往能够表现出"欣欣向荣""繁荣昌盛"的发展趋势，而芸芸大众也乐得享受经济发展带给自己的便利。不过具有讽刺意义的是，当现代消费方式还没有给人们带来一种像其许诺的各方面都满意的生活时，人们首先遭遇的是

[①] 西美尔：《金钱、性别、现代生活风格》，顾仁明译，学林出版社 2000 年版，第 10~11 页。

自己的生存环境已经受到严重损害。就人类目前的生产力水平而言，现代消费渲染的高消费生存方式必须要有高能耗、高污染的生活资料才得以支撑，换句话说，高消费的生存方式必然付出巨大的环境代价才能被提供。"我们的生活方式所依赖的正是巨大和源源不断的商品输入。这些商品——能源、化学制品、金属和纸的生产对地球将造成严重的损害。"① 在高消费的意义上，消费即等同于污染，消费着就是污染着，发展着就是破坏着，当人们为了解决经济发展问题而鼓动消费时，这些努力尽管获得了相应成果，但是却破坏了人类的生存环境，使得生存问题凸显出来，这就是现代社会人们所面临的生存与发展的张力。具体而言，这里的"生存"是指生态学意义的生存危机，"发展"是指经济学意义的发展难题，它同时也是人类自身在解决了物质绝对匮乏之后面临的发展难题。

一、生存危机与发展难题

首先来看第一个方面：生态学意义上的生存危机。从整体上来说，人类已经解决了经济学意义上的生存危机。自人类有史以来，贫困一直是威胁人的生存的最严重、最紧迫问题，贫困意味着个体再生产的可能性随时会中断，而且由贫困所引起的"全部陈腐污浊的东西"不断加剧着生存环境的恶劣。在这个意义上，以现代消费为代表的生存方式无疑有着巨大的历史进步性和合理性，这场致力于物质条件改善的生活运动，强调充分发掘自然界的潜能，为人类锻造出一个无愧于人的独立性的人化世界。人类从能力和条件上来说已经能够解决物质绝对匮乏的问题，已经能够应对生存压力下的消费需要。因此，经济学意义上的生存危机已经不是人类整体上面临的最迫切问题。不过，刚刚摆脱了生存之虞的人类又面临着新的生存问题，或者说是生存危机。这个新的问题不是经济学意义上的生存危机，而是生态学意义上的生存危机。它可以简要地表述为：我们生存于其中的这个地球能否持续存在？被消费活动破坏的生态平衡能否恢复到保证人类世世代代永续生存的状

---

① 杜宁：《多少算够：消费社会与地球未来》，毕聿译，吉林人民出版社1997年版，第30页。

态？到目前为止，这个问题的答案还不明朗，但它作为危机已经十分明显地体现了出来，生态危机已经成为人类新世纪面临的最迫切的生存问题。

其次看第二个方面：经济学意义的发展难题。在人类面临生态学意义上的生存危机的同时，经济学意义的发展难题却并没有随着物质条件的改善而得以缓解，新世纪的人类面临着比过去更繁重的发展任务。人们普遍认为当今时代的主题是"和平"和"发展"，不过，与其把"发展"当作"主题"，不如把"发展"当作"问题"更能让人们清醒地认识到自己的现实处境，这不仅是因为"问题"的说法更符合邓小平的本意，① 而且重要的是这一说法具有现实的根据和冷静的理性色彩。"主题"的说法隐含着人们的某种企盼和向往因素在内，但世界的态势与走向并不完全取决于我们自己的愿望和努力，那么我们无法控制或"不依我们的意志为转移"的因素和力量会不会把世界态势引向与我们的愿望有差别、甚或可能不一致的地方？因此，保持这样的理性质疑就比一厢情愿地把"发展"当作牢不可破的潮流更有益，于是，"发展"作为"问题"比作为"主题"更有意义。② 以发展代价为例，现代社会的许多经济发展都以代价为前提，这些代价包括改革代价、制度代价、社会代价、生态代价等许多方面，在这种情况下，"发展"就不是人们通常想象的一帆风顺过程，而是一个伴随着风险和陷阱、失误和错误、必然和偶然的复杂过程，这就使得经济学意义的发展难题凸显出来。

二、生存与发展的张力

生态问题导致的生存危机和经济的发展难题，即生存危机和发展难题，

---

① 邓小平同志多次谈到"发展"是"问题"，在1985年3月4日他谈道："现代世界上真正大的问题，带全球性的战略问题，一个是和平问题，一个是经济问题或者说发展问题。和平问题是东西问题，发展问题是南北问题。概括起来，就是东西南北四个字。"（《邓小平文选》第3卷，人民出版社1993年版，第105页）1988年12月21日，他又谈道："当前世界上主要有两个问题：一个是和平问题，一个是发展问题。和平是有希望的，发展问题还没有得到解决。"（《邓小平文选》第3卷，人民出版社1993年版，第281页）

② 刘森林：《重思发展——马克思发展理论的当代价值》，人民出版社2003年版，第1~2页。

已经成为现代人必须同时面对的具有张力意义的问题。这种张力在于：只有通过进一步的经济发展才能创造更多的发展成果，从而用于解决生存危机问题，但是进一步的经济发展又会加剧本已严重的生存危机，这又要求拿出和占用更多的经济发展成果用于解决生存危机，由此生存和发展进入一种"恶性循环"，似乎只要重点抓住某一方，那么就会制约和损害另一方。

下面是我国的一组环境污染治理费用，透过这些逐年攀升的数据，我们能够感受到污染治理费用是如何消耗了经济发展成果的。2005 年，全国环境污染治理投资 2388.0 亿元，占当年 GDP 的 1.31%；2006 年，污染治理投资 2567.8 亿元，占当年 GDP1.23%；2007 年，污染治理投资 3387.6 亿元，占当年 GDP 的 1.36%；2008 年，污染治理投资为 4490.3 亿元，占当年 GDP 的 1.49%。① 面对日益严重的生态危机，投入更多的资金进行治理的做法相比于以前那种对污染问题视而不见的做法，当然是进步多了，然而，这些数据的另一种意味便是我国的环境污染问题在进一步恶化，污染问题积重难返的程度在进一步加深。因此，这种日益严峻的环境状况也就迫使我国每年就要拿出比上一年度更多的资金投入到治理系统中，而治理费用的来源只有一个，那就是每年的经济发展成果。随着人们环保意识的增强，污染治理的投资在若干年内还将会继续增长，这也就意味着用于污染治理的费用将会占用越来越多的经济成果，生存危机和发展难题已经紧密地缠绕在一起，形成一种具有张力关系的矛盾。

恩格斯早在一个多世纪之前就已经提醒过："我们不要过分陶醉于我们人类对自然界的胜利。对于每一次这样的胜利，自然界都对我们进行了报复。每一次胜利，起初确实取得了我们预期的效果，但是往后和再往后却发生完全不同的、出乎意料的影响，常常把最初的结果又消除了。"② 紧接着，恩格斯又总结了教训："我们每走一步都要记住：我们统治自然界，绝不像征服者统治异族人那样，决不是像站在自然界之外的人似的，——相反地，我们连同我们的肉、血和头脑都是属于自然界和存在于自然之中的：我们对自然界的全部统治力量，就在于我们比其他一切生物强，能够

---

① 2005 年~2008 年《全国环境统计公报》。
② 《马克思恩格斯选集》第 4 卷，人民出版社 1995 年版，第 383 页。

认识和正确运用自然规律。"① 据此,很多人便得出结论:之所以人类改造自然的活动会反过来给人类自己带来不利影响,原因是人类没有把握自然规律,因此只要认识了自然规律,按照自然规律去改造自然,自然界就不会对我们进行报复。其实,这种建立在认识中心主义(刘森林语)之上的做法非但不是总结教训,而是在回避问题。生存危机与发展难题之间的张力是由以现代消费为导向的经济发展方式引起的,问题的根源不在于是否认识到自然规律,而是渴望高消费的那种生存方式必然导致生存与发展之间的张力,现代消费一味鼓噪起来的消费主义生活方式,需要有消耗大量自然资源的现代经济系统作为结构性支撑,如此一来,生存与发展之间的张力关系必然会产生。

现代消费渲染的消费主义生活方式一方面破坏了深层的发展价值,另一方面造成了恶劣的生态后果。如果循着批判性的思路,不免会提出这样的问题:多少才算够呢?地球能支持什么水平的消费呢?拥有多少的时候才能停止增长而达到人类的满足呢?② 消费多少才能既保证生存,又促进发展呢?就此问题而言,直接地取消大众追求消费主义生活方式的意向是不可能的,降低消费水平、减少物质欲望也是一厢情愿的乌托邦。其实,恩格斯还提醒我们:"仅仅有认识还是不够的。为此需要对我们的直到目前为止的生产方式,以及同这种生产方式一起对我们的现今的整个社会制度实行完全的变革。"③ 这也就是说,破解生存与发展张力的根本途径在于,全面而深刻地认识到现代消费导致的生存与发展之间的勾连关系,改变以现代消费(核心是消费主义)为导向的发展方式、发展理念和生存方式。人们通常认为,"能否活"的问题现在已经被"怎样活"的问题取代,发展而非谋生已经成为现代人的中心议题。当生态学意义的生存危机还没有出现时,这种看法似乎是对的,但是当人们面临日益严重的环境问题,并且它还和经济发展问题纠缠在一起时,这种看法就需要深入反思了。人的自由生存需要充分运用消

---

① 《马克思恩格斯选集》第4卷,人民出版社1995年版,第383~384页。
② 杜宁:《多少算够:消费社会与地球未来》,毕聿译,吉林人民出版社1997年版,第7页。
③ 《马克思恩格斯选集》第4卷,人民出版社1995年版,第385页。

费导向的现代经济手段，但同样需要人们对消费后果的自觉和发展理念的深化。现代社会已经发展到这样一种程度：如果不根本改变追求高消费的消费价值观，不对消费主义生活方式做出切实改变，那么生存危机就始终缠绕着人类自己，经济发展获得的成果也会在很大程度上被危机治理投资所抵消，或者简单地说，"能否活"的问题仍然没有解决，而它的解决取决于"怎样活"这个问题的解决方式。因此按照恩格斯的提示，现代消费批判应当实现生态批判、制度批判和生存方式批判的统一，更加注重从生产方式、生存方式层面来解决生存与发展之间的张力问题。

第四节 经济价值与人本价值

现代经济的正常运行有赖于消费需求的持续扩大，没有消费需求，经济体系提供的商品便无法销售出去，从而造成再生产的中断，这就是马克思强调的生产和消费相统一的道理："因为消费创造出新的生产的需要，因而创造出生产的观念上的内在动机，后者是生产的前提。消费创造出生产的动力；它也创造出在生产中作为决定目的的东西而发生作用的对象。如果说，生产在外部提供消费的对象是显而易见的，那么，同样显而易见的是，消费在观念上提出生产的对象，作为内心的意象、作为需要、作为动力和目的。消费创造出还是在主观形式上的生产对象。没有需要，就没有生产。而消费则把需要再生产出来。"[①] 可见，消费对于现代经济保持平稳运行发挥着关键性作用，具有重大的经济功能，因此各国政府和企业才会把刺激消费作为经济发展的重中之重提上议事日程。不过不能忘记的是，就根本意义而言，任何消费都是为了满足人的需要，消费是人的需要的满足。人的生存和发展都对客体提出了相应的要求，而客体不会自动地满足人，此时客体就表现出对人的人本价值，即满足人的需要的价值，这种人对客体的匮乏关系构成了人与客体之间的内在紧张，内在紧张只能通

---

① 《马克思恩格斯全集》第12卷，人民出版社1962年版，第741~742页。

过消费活动才能解决。因此可以说，满足需要是消费的目的，消费是需要得以满足的手段，两者是手段与目的的关系。

然而，当今世界各国在发展主义思维的支配下，都把经济发展——尤其是GDP增长作为展示综合国力的重要指标，都力图通过消费的拉动功能来带动经济走向繁荣，因此消费的经济价值得到最大限度乃至过度地凸显，而消费的人本价值由于无法直接转换为经济价值，因此受到了极度的挤压，这就使消费从根本上偏离了人的需要。不是出于满足人的需要的目的，而是出于经济增长的需要去生产某种商品，现代消费方式的经济价值对于人本价值的偏离，构成了消费的生存论张力的重要方面。

一、消费经济价值的凸显

从表面看来，消费主要是一种私人活动，① 衣食住行、吃喝玩乐、琴棋书画等各种消费活动都是只与个人发生关系的行为，并不牵涉到他人和社会。但是，如果是从经济视域来看，消费是与生产相对应的极重要的社会化行为，消费不仅关联着经济发展的动力问题，而且关联着整个经济系统的平稳运行，它是实现生产目的的唯一途径，如果消费问题解决得不好，那么整个经济系统就会发生紊乱，致使生产既没有必要也无法继续进行，这对于现代经济的影响是毁灭性的。因此，世界各国无不重视消费的经济价值，希望创造各种有利条件去推动消费需求的增长，从而推动国民经济的健康持续发展。

不过，消费经济价值的凸显是一个漫长的历史过程。在人类处于物质绝对匮乏的时代，生活资料极端稀缺，生存问题始终是大多数人的头等大事，消费就是要满足必要的生存需要，也就是说匮乏时代的突出问题是供给不足的问题，而不是需求不足的问题。因此消费的经济价值还没有条件得以凸显，消费更多的是被当作从属于生产的一个范畴提出。例如，"消费"一词在英语的最初使用中，带有消极的含义，意指"毁坏、用光、浪费、耗尽"。

---

① 这里的消费是指生活消费，而不是生产消费。

到18世纪中叶，在资产阶级政治经济学中，"消费者"作为与"生产者"相对的中性概念开始出现。但至少直到19世纪后期，"消费"的消极内涵一直存在。① 消费仅仅是在满足基本生存需要的意义上才是合理的，除此之外的消费活动，如奢侈、浪费等等都是不必要的、不应该的。可以说，消费的贬义色彩是物质绝对匮乏条件下节欲主义的必然体现，它的主要价值便是维持生命体的存在，因此消费也就很难谈得上有什么重大的经济价值。

然而在19世纪下半叶，伴随着工业革命的完成和社会生产力水平的大幅上升，人类开始逐渐地摆脱物质绝对匮乏的生存条件，消费的维持生命存活的价值逐渐弱化。与此同时，福特主义生产模式开始在西方企业普遍实行，它采用批量生产制度，生产了大量消费品，同时也降低了生产成本，提高了工人的工资水平。此时，面对那些已经解决了温饱问题又持有一定量货币的大众，如何促使他们购买生产体系提供的消费品便成了企业和政府的重要任务，换句话说，需求不足的问题逐渐凸显出来。需求不足导致的直接结果便是消费不足，而消费不足又会导致生产体系的瘫痪，甚至是瓦解。由此消费的经济拉动功能亦即消费的经济价值开始凸显。

以上是从历史角度对消费经济价值的凸显做出的简要梳理，如果是从逻辑角度而言，消费经济价值的凸显也有着自身的必然性和合理性，这主要体现在以下两个方面：

1. 消费是生产的动力、目的和归宿。没有生产，也就没有消费，生产对于消费的意义固然重要，但是消费对于生产的意义同样重大。首先，消费是生产的目的。生产体系生产出来的产品，不是为了自给自足，而是为了满足消费者的需要，只有满足消费者的需要，生产体系自己的赢利目的也才能实现。相反，如果生产出来的产品无法满足消费者的需要，那么这些产品就会成为无用品，这既是对自然资源和社会资源的浪费，也是生产体系运行的阻碍。马克思明确地说："一条铁路，如果没有通车、不被磨损、不被消费，它只是（可能性）的铁路，不是现实的铁路。没有生产，就没有消费，但是，没有消费，也就没有生产，因为如果这样，生产就没

---

① 成伯清：《消费主义离我们有多远？》，《江苏行政学院学报》2001年第2期，第71~72页。

154

有目的的。"① 其次,消费是生产的动力。"因为消费创造出新的生产的需要,因而创造出生产的观念上的内在动机,后者是生产的前提。消费创造出生产的动力;它也创造出在生产中作为决定目的的东西而发生作用的对象。"② 人们不会完全满意现实的消费活动,总是提出更高更多的消费要求,这些要求作为内心的意象、需要、动力和目的,都是生产体系需要加以研究和满足的对象,由此生产就会在更高层次上得以展开。再次,消费再生产出劳动者的生产素质以及整个劳动者,"正是消费替产品创造了主体"③。通过消费一定量的消费品,劳动者不仅维持了自己生命体的存在,而且使自己的体力、生产能力、综合素质得以提升;劳动者不仅在肉体意义上再生产出自己,而且在精神意义上再生产出自己,而后者对于生产的推动作用将会越来越明显。消费再生产出整个劳动者,从而使生产得以可能。

2. 消费经济价值的凸显是现代市场经济的必然要求。市场经济的历史虽然悠久,但传统市场经济只是自然经济的补充和调剂,因此市场经济对消费需求的依赖度很低。当现代市场经济从根本上取代自然经济之后,人们的生活水平线也从维持生存上升到寻求发展和享受,市场经济也就从调剂余缺时代转变到产品过剩时代。此时,经济生活的难题就不再是供给不足,而是如何刺激消费和销售产品。尽管现代社会的生产仍然处于基础性地位,生产仍然像马克思所言的那样"决定着消费",但消费又在再生产的意义上决定着生产,消费如果不能实现的话,生产也就无法继续进行。消费成为市场经济中生产的引导者、裁决者和制约者,它规定着生产的规模、速度、方向以及生产整个存在的意义。

消费经济价值凸显的突出体现是消费者主权的出现。在物质绝对匮乏时代,供给不足是经济生活的头等大事,因此生产者提供什么产品,消费者(很多情况下消费者和生产者是同一的)就消费什么产品,消费者很难对消费品的档次和质量提出要求,他们的消费需要被低下的生产力水平严格地决定着。但是在物质相对匮乏时代,市场经济已经成为经济的主导形态,人们

---

① 《马克思恩格斯全集》第 12 卷,人民出版社 1962 年版,第 741 页。
② 同上书,第 741~742 页。
③ 同上书,第 741 页。

在温饱问题解决后开始提出更高的消费要求,人们开始重视商品的多样化、类型化和高质量化,那些质次价高、缺乏特色和缺乏美感的商品已经很难找到市场,因此生产体系越来越重视消费者的消费偏好、消费习惯和消费结构,并对上述问题加以尽可能地满足。正因为此,现代市场经济是消费者主权经济。生产体系生产出来的产品能否换回货币,取决于消费者的购买力;由于购买力是稀缺资源,因此消费者会按照效用最大化原则做出购买选择,并以货币投票的方式选择生产者,而生产者必须按照消费者的意志组织生产活动,尽量满足消费者的需要和意愿,如此消费者在经济运行体系的中心地位就体现出来,这个过程其实就是消费经济价值凸显的过程。

二、经济价值对人本价值的背离

为了创造经济繁荣,市场经济会本能地认识到"经济繁荣的关键是有组织地创造不满足","企业的新任务就是创造它寻求满足的需求"。[①] 20世纪20年代的资本主义经济危机带给世人的直接经验便是建立针对大众需求的大众消费文化和消费机制,这种做法最典型的代表是消费主义的广泛兴起。消费主义使得大众不再以"需求"为尺度自然地进行消费,而是以潜在的"欲望"为导向来建构消费活动。其实,消费主义问题的关键是要认识到它并不是大众自己主动选择的结果,而是现代市场经济刻意塑造出来的生活氛围。市场经济需要激发大众的消费需求,为此市场便制造出层出不穷的消费诱惑:大量的超级市场、购物中心、时尚酒吧、休闲场所遍布于城市的大街小巷;消费场所的购物环境、商品摆放、视觉景观和游客通道都被设计成最有利于消费者掏钱购买的形式;各类杂志、报刊、电视、网络等媒介充斥着关于商品的美好承诺,力图把人们的休闲时间变成接受广告说服的时间;为了打消人们渴望享受又有后顾之忧的矛盾心理,市场发明出信用卡、贷款消费以及租赁消费等各种消费新形式;连一向谨守中立的学者也开始拐弯抹角地劝诱人们多多消费,消费是爱国的表现,

---

[①] 里夫金:《技术渗滴和市场现实》,《现代外国哲学社会科学文摘》1998年第3期。

消费是生活的意义，你没有权利不消费……毫无疑问，现代市场经济创造出消费至上的社会氛围，人们也能够享受到传统社会人们想象不到的自由氛围，只要经济条件允许，人们就能够随心所欲地选择自己喜欢的消费品，选择自己喜欢的消费风格，这场为消费主义激发的生活运动从根本上保证着现代经济的平稳运行和不断繁荣。

从拉动经济增长到创造经济繁荣，扩大消费都是现代市场经济的必然要求。市场经济本质上是扩大再生产的经济，这一点决定了市场经济的扩张性质，因此市场经济会想方设法地刺激消费、鼓励消费，因为整个现代经济大厦都是建立在消费需求的不断开发上，一旦消费需求不再旺盛，那么整个经济系统就会衰退，直至自行崩溃。在这种意义上，现代市场经济深深地信服"不消费便衰退"的警言。于是在现代经济系统中，一方面是不断扩大的生产规模，一方面是不断扩大的消费规模，整个经济系统运行的深层根据就在于出于赢利需要的经济系统创造出扩大了的生产规模，相应地要求消费规模的扩大，这又刺激出更加扩大了的生产规模，这又要求消费规模的进一步扩大……生产与消费之间的互发促动和互相刺激，保证着现代市场经济的运行。不难看出，消费经济价值的凸显实质上是现代市场经济的内在要求。然而，正像本文反复指出的，当市场经济一味追求消费的最大化，当消费的经济价值得到最大限度保证时，那么这些消费到底对人而言有什么意义呢？这些被激发出来的消费需求是否有利于人的生存质量的提高、有利于人的生存环境的改善、有利于人的生存境界的提升？

从价值角度而言，经济价值是人的自由全面发展亦即人本价值得以实现的手段，人本价值是经济价值的目的和归宿。经济价值只有在作为人本价值的手段时才有意义，如果经济价值超出了人本价值的范畴，上升为独立自足的、至高无上的价值目标，那么这样的状况无论在经济意义上被描述为何等地重要，它对人的生存都是极大的危害，它对人本价值都是极大的偏离。当消费经济价值一味凸显之时，其实这就偏离乃至违背了消费的人本价值，它忽视了人的主体性价值和生存尊严，扭曲了人的个性和需要，导致了人的片面畸形发展。具体而言，消费经济价值对人本价值的偏离和违背表现在以下三个方面：

157

1. 被现代市场经济一味鼓噪起来的高消费生活方式破坏了人类的生存环境，浪费着宝贵的生存资源。消费品的档次和危害的严重程度之间向来存在着一种正比关系，越是低消费水平的生活资料对环境的影响越是小，如谷物、粮食等对地球并没有什么损害，越是高消费水平的生活资料对环境的危害越是大，如轿车、住房、燃料对环境的损害非常大。然而，高消费水平的生活资料往往其经济价值十分巨大，因此现代市场经济极力倡导高消费生活方式，哪怕它们有着巨大的生态负价值。结果便是高消费的生活方式造成了许多有生态危害的（如汽油、铁、钢、煤和电等）消费品的成倍增加，而由此造成的生态危机也呈相同比例上升。消费者阶层使用的矿物燃料，产生了由这种原料排出的二氧化碳的 2/3（二氧化碳是主要的温室效应气体），在工业化国家，燃料燃烧释放出了大约 3/4 的导致酸雨的硫化物和氮氧化物，[①] 这些污染物直接损害了人类的生存环境。

除此之外，用过就扔的一次性消费价值观在消费名义下浪费着宝贵的生存资源。消费的最初含义是毁坏、用光、浪费和耗尽，消费主义价值观则把消费周期最短化了，消费变成了立即毁坏、马上用光、迅速浪费和一次耗尽。消费主义价值观倡导的用过即扔的消费模式，这正好对应着市场经济的用意。市场经济就是要借助产品的迅速更新换代来谋取利润的更快收回，最明显的例证便是一次性用品在消费社会的激增。从厨房的碟子到相机，消费经济用短暂的用过即扔物品替代了作为环境健康典范的耐用品。英国人每年抛弃 25 亿块尿布；日本人每年使用 3000 万"可随便处理的"一次性相机，而且日本的公司免费分发数百万节电池——每一节都含有有毒的镉和水银。[②] 这些单纯出于经济考虑的做法使得有限的生存资源更加稀缺。

2. 承载着过度经济功能的消费主义扭曲了人的自我本性，造成了现代人的认同危机。消费主义由经济系统制造出来，满足了现代市场经济的赢利目的，却使得现代人在无止境的欲购情结中难以找回自我的本性。西方当代社会流行的谚语"我买故我在"，生动地反映了消费人本价值的丧失，

[①] 杜宁：《多少算够：消费社会与地球未来》，吉林人民出版社 1997 年版，第 28～29 页。

[②] 同上书，第 65～66 页。

人只有在消费中才会感觉到自己的存在，消费成为自己继续生存下去的唯一理由，如果没有消费那么自己就什么都不是，于是人们以时尚打扮来寻求自己的存在感，以口腹之欲来缓解心中的生存焦虑，以面子消费来满足自己的虚荣，以奢侈消费来显示自以为是的人生价值，这些现象都是消费人本价值被抛弃后引发的后果。

另外，经济系统造就的消费幻象成为人们建构认同的主要途径，这是现代人认同碎片化的重要原因。运用消费建构认同感，即是一种运用消费品来自我感知、自我定位的过程，如通过穿戴某种品牌的服装、入住某种档次的酒店、支持某种风格的明星来表现自我，使自己区别于他人，同时也将自己归属于特定的群体。"实际上，我们只是在吃一个'幻想'，与我们吃的东西已经失去了真实的联系，我们的口味，我们的身体，被排除在这一消费行为之外。我们在饮用标签。拿到一瓶可口可乐，我们是在饮用广告上的俊男俏女，我们是在饮用'停下来提提精神'这个广告词。"① 沉溺于现代消费中的人往往不自觉地以为自己在饮用可口可乐就同在美国饮用可口可乐的人毫无二致，而消费品风格和样式的变化往往十分迅速，于是人们"在一个快速变化的消费世界中体验的客观世界的转瞬即逝的感觉撕裂了自我的连续性和整体性的感觉"②，现代人的自我认同走向碎片化。

3. 现代经济系统提倡的消费民主仍然没有解决平等问题，反而造成了丰裕中的贫困。民主化是现代消费的一大成就，然而这一成就仍然有着难以克服的缺陷，这就是它根本没有触及各个阶级、阶层之间生存不平等的根源，没有从生产方式角度去克服不平等问题。现代消费民主只是用总量上的物质财富增长以及每个人进入消费世界的形式平等来承诺生存平等，实际上这根本就是一种幻觉。鲍德里亚举例道，在集体设施的使用上，贫困者从来就得不到实质公平。"当这些设施要对所有的人开放时，对最弱小者的筛选其实从一开始就已进行。为所有的人能够利用而做出的努力，通常从一种反映社会等级的分离上表现出来。这等于说在极不平等的社会里，为确保使用上形

---

① 弗洛姆：《健全的社会》，国际文化出版公司2003年版，第115页。
② Joseph E. Davis: Identity and Social Change, Transaction Publishers, New Brunswick, 2000, p. 129.

式平等的政治行动，在大多数情况下，却加重了不平等。"①

由于消费的民主化进程未能解决平等问题，而不平等的后果便是社会中的弱势群体越来越享受不到物质财富丰裕之后提供的生存机会和生存资源。例如，在生产资料和服务大量提供的同时，一些原来无需花钱唾手可得的财富现在变成了唯有特权者才能享用的奢侈品，像清新的空气、干净的饮用水、绿色的家园、宁静的私人空间等，至于那些经济地位较低的人群，面对这些生存权益只能是可望而不可即，而这些权益在消费经济价值凸显之前的传统社会是普遍可以获得的。现代经济系统造就了物质增长的表象，却使优质的生存资源流向社会的上层群体，而人数众多的下层群体看似享受了增长的形式平等，实质上距离丰裕越来越远，这便是丰裕社会中的贫困。

通过以上分析可以看出，现代市场经济所要求的消费经济价值的凸显在满足经济增长需求的同时，却造成了人类生存环境的损害、生存质量的降低和生存不平等的加剧，这就从根本上违背了消费的人本价值。消费经济价值对于人本价值的背离说明，消费作为推动经济增长的功能不是可以至高无上的，而是受到了人的健康和谐发展需要的限制，如果一味抬高消费经济价值，那么必然会偏离消费的人本价值，从而对人的本真生存造成威胁，这也使得消费的经济价值丧失任何意义。

通过对消费的生存论张力关系的阐述，我们已经进入到了现代消费生活中具有冲突关系的生存结构中，那么，这种冲突性的生存结构是如何形成的？它在更为根本的本体论层面上是如何可能的呢？这就是下一章着重要研究的问题。

---

① 波德里亚：《消费社会》，刘成富、全志钢译，南京大学出版社2001年版，第17页。

第五章

消费生存论关系的探源

现代消费方式之所以蕴含着积极和消极的生存论关系，并表现出具有生存论性质的张力关系，其历史根据在于资本逻辑出于自身增殖的需要，必须要发展出多种多样的消费类型和消费欲望，必须要培养出既体现高度文明又不能超出资本范畴的消费的生存论性质。资本逻辑既创造了现代消费方式的丰富多彩的形式和内容，又把这些形式和内容深深地嵌入资本的增殖轨道中，所以资本逻辑下的消费的生存论关系，是资本意义上的生存论关系，它既发展出了人的多方面需要和各种能力，同时也扭曲了人的个性和需要。

第一节 资本逻辑：消费生存论关系的发生根据

生产和消费的平衡是任何一种经济形式的内在要求，不管是自然经济、商品经济抑或产品经济，都是建立在生产与消费平衡或相对平衡的基础上。如果生产过剩、消费不足，那么经济系统的再生产动力便会丧失，导致经济系统的萎缩乃至崩溃；如果需求有余、生产不足，那么经济系统难以满足人的合理需要，就会被更高级的经济形式所取代。现代市场经济充分发展的结果便是形成了资本逻辑，资本逻辑更加典型地体现着市场经济的要求：高度发达的生产水平需要有需求旺盛的大众消费，否则资本提供的商品无法销售出去，这就违背了资本的本性。资本逻辑的消费要求，决定着消费的生存论关系的两面性及其表现。

一、资本逻辑

从表现形态而言，现代消费方式无非就是一套关于如何吃喝玩乐的表现系统，一套关于如何享受物品、如何体验物化价值的表意系统，但是正像鲍德里亚所言："表面上以物品和享受为轴心和导向的消费行为实际上指向的是其他完全不同的目标：即对欲望进行曲折隐喻式表达的目标、通过区别符号来生产价值社会编码的目标。"所以，"消费的真相在于它并非一种享受功能，而是一种生产功能——并且因此，它和物质生产一样并非一种个体功能，而是即时且全面的集体功能。"① 这也就是说，仅仅从文化层面来考察现代消费是不够充分的，只有深刻理解现代消费方式的"生产"根源和经济性质，才能把握现代消费方式的本质特征。因此，我们要从现代消费方式的产生根源——资本逻辑的角度来考察现代消费方式。

资本是一种追求自身无限增殖的物，相应地，资本逻辑便是追求资本无限增殖的逻辑。这一点说起来既简单又复杂，说其简单是因为资本逻辑的本质就是这样一条，除此之外没有其他的东西能算是资本逻辑的本质，说其复杂是因为资本逻辑为了实现其本质，调动着整个社会经济为其服务，这其中存在着复杂的相互关系和相互运动。不过，不管如何复杂，其最终的指向只不过是物本身的积累和增长，这种物一开始表现为日常可见可感的消费品和商品，后来表现为抹去了一切商品差别的、作为财富代表的货币，再后来便是更抽象也更神秘、占据主导范畴的资本。其实，资本是最不像物的物，资本抽去了它自身的一切社会关系痕迹，成为一种纯粹形式的存在，资本只能在运动中存在，运动一停止，它的生命就会完结，这使得它不能定型为物，定型为物意味着资本的不存在，这是资本不像物的地方，不过资本又毫无疑问地属于物，在现代人的眼光当中，资本还是唯一具有存在价值的物，其他的物仅仅成为资本附属物时才能享有物的身份，这是资本是物的地方。资本作为最不像物的物，实质上体现了资本力图控制和占有整个物质生产和整个

---

① 鲍德里亚：《消费社会》，刘成富、全志钢译，南京大学出版社2001年版，第69页。

社会世界的欲望，体现了资本力图把所有关系纳入到增殖轨道的野心。资本逻辑通过直接的或间接的、公开的或隐蔽的、无耻的或温情的方式将世界范围内的一切——包括资本主义中心区、半边缘区、边缘区，乃至自然界——统统纳入到以资本增殖为终极目的的交换体系，这正体现了资本逻辑无限度扩张、同时也是无限度吸纳的本质特征。

资本逻辑反映出资本与世界的单向度关系，资本总是力图以自己的逻辑同化掉非资本的一切，总是力图将越来越多的事物吸收进增殖链条并为自己的扩张服务，而不管其他事物的存在原则是什么。作为"力图超越自己界限的一种无止境的和无限的欲望"，资本天然地蔑视任何人为和自然的限制。任何限制首先都是针对事物自身而言的限制，这些限制并不总是具有负面意义，很多限制本身便是事物的内在组成部分和保护带，但是对于资本而言，资本从来不承认任何限制，它把一切事物自身的限制首先看作是对资本的限制，因此，资本力图突破事物自身的边界，直至深入事物的根基处，将其卷入资本的循环系统，这就会改变事物的存在方式，使事物不再按照自身的逻辑来运行，而是按照资本的指令成为资本增殖的手段和途径。

在前资本时代的传统社会中，没有哪一样资源和关系与资本发生联系，更谈不上成为资本增殖的工具，但是它们照样能够正常存在，并不失其合理性，如房屋、用具、人际关系等等。但是一旦迈入以资本为其生存原则的现代社会，凡是具有现代特征的事物，无不是根据资本增殖的无声命令默默地但却"坚定"地改变着自己的存在方式。因此，需要从本体论层面上来把握资本对于事物的关系，这也是马克思一再提醒我们要注意的问题："（1）把人类的最大部分归结为抽象劳动，这在人类发展中具有什么意义？（1）主张细小改革的人不是希望提高工资并以此来改善工人阶级的状况，就是（像蒲鲁东那样）把工资的平等看作社会革命的目标，他们究竟犯了什么错误？"[①] 显性层面上的工资不平等当然是一种不平等，但如果以此作为斗争的最终目标，那么斗争不仅只会触及资本结构的表面环节，对于资本的本体论结构毫发无损，而且资本会利用斗争的表面化转

[①] 马克思：《1844年经济学哲学手稿》，人民出版社2000年版，第14页。

移、规定注意力的方向,使注意力始终不对准诸多不平等的存在根源。①因此,问题的关键是要看到资本得以生存的条件,要看到资本对于事物所施加的作用决不仅限于一般性的改变,也不是普通意义上的相互作用,而是在本体论层面改变事物的存在方式,将增殖性植入事物的存在前提,使其成为事物与自身、与外界发生关系的主导性原则。"资产阶级的生产关系是社会生产过程的最后一个对抗形式,这里所说的对抗,不是指个人的对抗,而是指从个人的社会生活条件中生长出来的对抗。"② 这里的"对抗"其实就是以铁的必然性发生的那种对抗,是只要存在这种"社会生活条件"就会发生的不以"个人"意志为转移的那种对抗。相对于更容易寻找、更容易呈现出不平等的显性对抗,"社会生活条件"的对抗绝不是廉价的对抗,而是需要历史行动者合理运用理性、克服社会性和相互性的认同压力才能洞察的资本的自我矛盾和自我否定!需要清醒的是,"社会生活条件"生长出来的"对抗"及其表现不仅仅是"血和肮脏"的过程,这只是发生于早期现代性社会的现象,在成熟现代性社会更多的是和平的不流血过程,因此,资本所导致的"对抗"不仅在斗争和冲突意义上成

---

① 这是现代性意识形态的惯用手法。卢卡奇曾对意识形态压迫之下的民众分析道:"广大群众不愿意而且也不能够单靠同现实保持正确的关系去执行自己生活中的实际任务;希望感和恐惧感,迫使广大群众把对于自己活动的结局的决定权拱手让给那些超验力量,从而不仅物化了自己对现实、对自然界的态度,还愈来愈严重地物化了自己对社会的态度,并且通过这种物化的中介作用进而异化了自己的活动。"(卢卡奇:《关于社会存在的本体论》(下),白锡堃、张西平、李秋零等译,重庆出版社1993年版,第794页。)现代性意识形态通常都会将针对自己的矛头尽力引向工资、待遇、福利所指示的物质主义方向,让斗争者在为物质和生活条件所斗争的过程中实现追求物质主义、消费主义的隐蔽目的,这样局限于具体生活目标的斗争者就不会采取目标明确的历史行动,行动就不会对资本结构有实质性影响,更何况损害和颠覆。本来是由资本结构引起的不满和斗争在意识形态规范之下选中了具体的生活目标,最后达成的历史效果却是斗争对资本来说不是付出代价而是有利可图,这是现代性意识形态的理性狡狯。

② 《马克思恩格斯选集》第2卷,人民出版社1995年版,第33页。当马克思用一生的精力和时间致力于说明资本的这种存在论性质,而不是简单地把资本看作个人之间的对抗,更不是把资本作为既定事实和肯定性前提确定下来,马克思就走在与古典经济学家具有原则性区别的另外一条道路上了,所以马克思才会说:"同其他任何观点比起来,我的观点是更不能要个人对这些关系负责的。"

立，而且在驯化、诱导、诱惑、转移、内化和欲望的意义上成立，其实后者是现代性背景下更需要重视的对抗形式。

就越来越多的事物被纳入到资本增殖链条而言，不应当谴责资本的种种作为（这里丝毫没有为资本辩护的意思，而是提醒注意这样一点：伦理性评价应当建立在对事实及其逻辑的客观把握之上，资本的扩张冲动何尝不是"资本"这个事物的自身逻辑？资本不增殖、不扩张也就不成其为资本，因此不能简单地谴责资本的扩张），其实在现代社会世界中，事物价值的增长往往只有归结为资本价值的增长、只有为资本增殖体系做出贡献才是有可能实现的增长，价值只有在资本链条中找到自己的位置，事物自身才能在现实世界中找到自己的位置。因此之故，很多事物会主动地向资本"投怀送抱"，向资本"邀功请赏"。刚刚从校门走出的大学生一踏入公司大门就会立即改变原先懒散邋遢的生活作风，能够非常娴熟地按照公司要求遵守复杂的礼仪规范，以达到那种从里到外都很职业、从头到脚都很得体的外部效果。遵守资本要求而改变行为方式，这是很多传统事物——这里的"传统"是指尚未进入资本增殖体系——跨入现代社会的通行证。资本的扩张过程表明，资本作为"普照的光"和"特殊的以太"，力图将一切事物打造成具有"现代"特征，也就是能够为资本增殖服务的事物，不仅迫使不愿接受改造的事物必须接受改造，否则或是被边缘化，或是被取消存在的权利，如面临破产或兼并的中小资本、达不到公司要求而遭受解雇的员工，而且"引诱"更多的事物自愿进入到资本经济系统中，让事物在资本的汪洋大海里使出浑身解数去扩展自己的力量边界，从而直接或间接地扩展资本的力量边界，如为业绩而奔波的公司员工、渴望上市的中小公司等等。资本将事物纳入增殖轨道，从而使得事物只有为资本的再生产服务才能取得存在权利和主流地位。

资本逻辑的概念意在指明越来越多的事物被赋予资本属性，被输入资本增殖功能，以致资本成为事物存在的主导规定。其实，对通常意义上的商品化、商业化、产业化、经济化进行价值抽象，最后得出的便是资本逻辑的同质化。资本是现代经济领域的无冕之王，一切具有经济意义的感性活动都被抽象和转化为资本主体力量的增长，不能抽象和转化为资本主体力量的感性活动只会被排斥出经济系统。马克思举例说："一个人可以像僧侣之类那样整天灭绝情欲，自己折磨自己等等，但是他所作出的这些牺牲不会提供任何东西。"① 也就是说，在现代性背景下，不能转化为资本力量的事物不会被认为有多大价值，更不会占据主流地位，这就是类似僧侣、游民、失业者的一类人只能是现代社会边缘群体的原因。

资本力图将越来越多的事物夷平为一个质，这个质便是历史地积累起来的社会劳动，即物化劳动，而所有个人的当下的活劳动都要为物化劳动的增长和壮大服务。就历史效果而言，资本为现代个人提供了传统社会无可比拟的社会联系、社会权利和社会机会，但就生存目的而言，资本只是为了自己的增殖。资本虽然要转化为使用价值，但最后必然要求归结为货币形式，实现资本的价值增殖。活劳动和物化劳动之间的关系便体现了这种手段与目的的关系："资本的实质并不在于积累起来的劳动是替活劳动充当进行新生产的手段。它的实质在于活劳动是替积累起来的劳动充当保存并增加其交换价值的手段。"② 积累起来的劳动即物化劳动，物化劳动只有一个本能，便是无限地增殖自身，用自己的不变部分吸收尽可能多的活劳动，吸收的活劳动越多，物化劳动的生命力就越顽强，资本主体力量就越强大。资本逻辑的同质化通过制造关系的多样性、形式的多元化和形态的丰富性来扩展自己的力量边界，被冠以"现代"名称的各类事物由此得以生成。

需要注意的是，资本逻辑所主导的同质化过程并不局限于资本形态比较成熟的地区，而是广泛存在于资本触角所能触及到的所有区间中，这是我们当前的政治经济学和马克思主义哲学应当予以反思的地方。很多学者在观察20世纪资本以及资本主义的变化时，视域仍然停留于19世纪的资本主义范围，而没有随着当今全球化的趋势看到资本主义正在世界空间内扩展自己的力量边界，没有看到资本渗透的区间已经不仅局限在传统的发达中心区，而是扩展到占据世界更大范围因而对资本增殖来说更具潜力的资本主义边缘区和半边缘区，甚至是自然界。这一现象在一些学者身上表现为观察对象仍是发达资本主义国家内部的各种关系，仍是传统的资本家和工人之间的对抗关系及其变化。罗曼·罗斯多尔斯基在《马克思〈资本论〉的形成》一书中断言："由于生产

---

① 《马克思恩格斯全集》第46卷（下），人民出版社1980年版，第115页。
② 《马克思恩格斯选集》第1卷，人民出版社1995年版，第346页。

力的发展，现代已经达到这样一个阶段，事实上在不久的将来，作为衡量社会财富的尺度不再是劳动时间，而是可以自由支配的时间。以前所有提高人类劳动生产力的手段在资本主义的实践中证明它们同时又是促进劳动者更加退化，更加从属于资本，更加丧失个性的方法，而今天，技术的发展已经达到这样的程度：工人们可以最终地从'使他们极度痛苦的恶魔下'解放出来；从曲折的自动生产线中，从片面的、单调的，分得过细的工作中解放出来。从而由生产过程的附属物变成生产过程的实际监督者。……现在很清楚，技术的发展已逐渐造成这样的一种局面：早先的不完善的劳动分工和与其相适应的单调乏味的工作正在消失，取而代之的是劳动将是脑力和体力的自由活动的表现形式。"[1]

从这一段引述中不难感受到作者对于发达资本主义国家阶级关系的乐观预见，其实这一点倒不是问题的关键，问题在于这种乐观本身是建立在观察资本主义的视域是发达中心区这一基点上的，如果把视域放大到"现代世界体系"，放大到包括资本主义边缘区、半边缘区、非资本主义区和自然界的广大空间，那么问题就不像乐观论者谈论生产力和阶级关系那么简单了。其实，在1913年卢森堡就已经提出资本的再生产过程无法在资本主义区实现，剩余价值的实现必须以非资本主义区消费者的存在为前提，因此资本扩张必须依赖于资本向非资本主义领域的渗透和剥削。对于卢森堡的资本积累需要通过非资本主义外部市场的观点，我们在此不做具体分析，但是她的观点相对于正统马克思主义者的价值在于观察资本以及资本主义的视域的拓展。正是这种视域拓展提供给我们一个分析当今资本逻辑的新的理论空间，这便是以沃勒斯坦为代表的世界体系论。

按照沃勒斯坦的理论，资本构造的现代世界体系是由中心区、半边缘区和边缘区三部分组成的一个整体结构，由于中心区无法满足资本增殖需要，而且发达国家面临着自身范围内难以克服的对抗性矛盾，因此中心区国家将解决需要和矛盾的视野放在了中心区之外的大片资本主义区域，这也就意味着资本的增殖体系扩展到资本经济发展比较薄弱的地区，意味着

---

[1] 罗斯多尔斯基：《马克思〈资本论〉的形成》，魏埙等译，山东人民出版社1993年版，第475~476页。转引自刘森林：《辩证法的社会空间》，吉林人民出版社2006年版，第69页。

资本要在边缘区和半边缘区去寻找各种资源为增殖体系增添强劲的可持续运行动力。资本已经发现,相对于中心区几百年以来资本扩张进程造成的充分竞争以及与资本进行较量而锻造出的社会力量和社会限制(如普遍存在于发达国家的反垄断法、环保法),边缘区和半边缘区面对资本的应对机制、规范机制和防范机制都不成熟和巩固,是一个缺乏趋利避害能力、缺乏自我保护意识、缺乏扬长避短机制的被动区域,是一个更少反抗力量、更少制度反思、更多资本可接受性因而资本更有发挥余地的空间。终于,资本可以更迅速和更少成本地进驻广大地理空间,把世界上绝大多数地区和人口纳入到资本的可控范围,为它的增殖增砖添瓦,这就在很大程度上激活了资本的生命。由于边缘区和半边缘区成了现代世界体系(资本主义世界经济体系)的结构性要素,对中心区发挥着结构性支持作用,因此资本引起的各种矛盾会在整个资本主义经济体系层面发作,而且资本会适时地把中心区的矛盾转移、转嫁和外推到边缘区和半边缘区,让它们来消化中心区的成本和代价,所以资本逻辑在世界体系范围内的实现过程同时也是资本中心区向外转移矛盾、向边缘地区转移代价、向贫穷地区输入"贫穷"和两极分化的过程,这是我们在全球化情势下分析资本逻辑必须注意的现象,否则仅仅把资本逻辑看作是中心区的事情而与边缘区无关,那就会丧失对资本进行考察和批判的重要维度,以一种"眼不见为净"的方式实现着现代性意识形态对矛盾的掩盖。① 其实,马克思已经开辟出了

---

① 刘森林先生在《辩证法的社会空间》一书中透彻而详尽地分析了资本主义中心区向边缘区和半边缘区外推、转移、转嫁矛盾的特点,并把"外推空间"作为马克思主义辩证法的重要范畴,这对于本文的资本逻辑分析来说具有重要启发意义。"无视这个广阔的外推空间和庞大的失业后备军而仅仅把'资本主义'视为过去以为的'发达资本主义国家'组成,因而仅仅在这个已变得狭隘的'资本主义'范围内囿于那传统的两大阶级看待现代(资本主义)社会的发展,视野不但显然不够,而且也与正在全球化的大趋势很不协调。资本主义在全球空间中的拓展毕竟早已大大突破了马克思时代的那个范围,马克思时代尚未进入'资本主义'体系的许多国家与区域如今都已被纳入'资本主义'世界体系并被边缘化为其边角村落,因而观察'资本主义'的内部结构也必须突破原先的'资本主义'区域视野。""在这种背景下,无视整体化景观而仅仅囿于地方性构筑的理论话语,很可能被超政治的现代性意识形态所麻痹,导致批判性的枯萎甚至丧失。"(刘森林:《辩证法的社会空间》,吉林人民出版社 2006 年版,第 77、85 页。)

从整体性角度来考察资本扩张的研究思路,我们身处马克思当年体验不到的全球化情景中,马克思在理论逻辑上所言的资本本性在于无限度增殖更是我们今天在经验层面上不断得到证明的现实,因此更应当以自觉的整体性和总体性范畴来考察当今的资本逻辑。

二、缘起:资本逻辑的二律背反及其解决

资本逻辑的本性是最大限度地获取剩余价值,只有获取剩余价值,利润才能得到保证,资本再生产才能持续进行,这意味着资本逻辑必须为扩大再生产创造条件。资本逻辑把现实生活世界的各个事物都要收编进自身的增殖体系,把尽可能多的社会成员变成资本增殖机器的部件,使一切事物都要实现资本化。它从本性上来说不承认任何限制,它的扩张过程打破了国家和民族的疆域,最终的必然结果就是世界市场的形成、一切国家的生产和消费的世界化。"不断扩大产品销路的需要,驱使资产阶级奔走于全球各地。它必须到处落户,到处开发,到处建立联系。"[1] 遥远万里的人们由于资本的纽带作用而发生相互联系,资本把整个世界建构成以物的依赖性为基础的现代性世界,一切都处于错综复杂、无穷无尽的资本因果联系中,一切都由于资本而获得了自己的呈现形式,这正是马克思所强调的历史向世界历史的转变。"只有这样,单个人才能摆脱种种民族局限和地域局限而同整个世界的生产(也同精神的生产)发生实际联系,才能获得利用全球的这种全面的生产(人们的创造)的能力。"[2] 资本逻辑第一次真正地实现了世界的通约,由此造就了一个包罗万象而又本质同一的总体性世界。

资本逻辑所造就的总体性世界并不意味着资本主义社会成为内在有机的统一体,资本获取剩余价值的欲望会不断地冲破社会有机的生存外观,致资本再生产于不可能,这就是资本逻辑的二律背反:生产过程和交换过程的脱节。资本运动的生产过程是资本增殖的过程,但要实现这一点,必

---

[1] 《马克思恩格斯选集》第1卷,人民出版社1995年版,第276页。
[2] 同上书,第89页。

须依赖市场交换过程的顺利进行，否则资本就无法实现自身；同时，资本的本性从根本上决定着资本家会想方设法压低工人工资以获取最大化的剩余价值，克制其消费欲望以将尽可能多的剩余价值转化为再生产的资本，而资本的扩张必然导致消费品规模的扩张，由此造成了资本逻辑的二律背反：以限制消费为前提的资本扩张，导致的结果却是消费品规模的扩张，从而破坏了资本再生产的条件。正是在这个意义上，马克思把从产品到商品、从商品到货币的转换称为"惊险的跳跃"，"这个跳跃如果不成功，摔坏的不是商品，而一定是商品所有者。"①

资本逻辑的二律背反在现实层面上表现为商品向货币跳跃的失败，这就违背了资本增殖的本性，必然为资本所不能容忍。在自由资本主义时期，资本积累的重心在生产资料的生产上，生产性消费是剩余价值实现的主要途径。因此，尽管资本家尽可能地缩短工人的必要劳动时间，从而压低工人的工资，但这并不妨碍资本获取剩余价值。到19世纪末，随着资本向日常生活领域的扩散，生活消费品的生产逐渐成为资本积累的主要来源。因此，如何发现和刺激日常生活的消费需求成了资本再生产的关键条件。但是，资本榨取剩余价值的本性决定着资本家总是千方百计地压低工人工资，这样工人的低工资必然导致整个社会的低消费状况，资本逻辑的二律背反成为资本自身前进的障碍，资本必须要寻找到合适的方式解决这个问题。

这个方式正是以泰罗制科学管理原理为理论基础的福特主义生产方式。20世纪初，美国工程师泰罗面对企业中普遍存在的怠工现象，提出了他的科学管理思想，以代替当时占据主导地位的经验方法。他经过多年研究发现，一个人把生铁装上车的过程可以分解如下：（1）从堆上或地上把生铁铲起来（一分钟的百分之几）；（2）带着所铲的东西在平地上走（每走一英尺所需的时间）；（3）带着所铲的东西沿着斜板走上车（每走一英尺所需的时间）；（4）把生铁扔下（一分钟的百分之几）或放在堆上（一分钟的百分之几）；（5）带着空铲走回原地（每走一英尺所需用的时间）。②从中不难看出，泰罗制科学管理的精髓是动作、时间的细分和标准

---

① 《马克思恩格斯全集》第23卷，人民出版社1972年版，第124页。
② 泰罗：《科学管理原理》，曹丽顺译，中国社会科学出版社1984年版，第51页。

化，通过计量工具的精确化，工作被拆分为"一分钟的百分之几"和"一英尺"的细微动作，这就是由泰罗所开创的劳动形式化和合理化。在资本主义生产的现实层面，美国实业家、福特汽车公司创始人福特充分吸取泰勒制科学管理原则，创立了旨在高效率生产产品的福特主义生产方式。例如，将汽车的部件彻底标准化，并在流水装配线上批量生产。生产过程强调同质产品的一致性、标准化和大量生产，每个工人从事单项任务，工作高度专业化，按照比例付酬。福特主义生产方式大大提高了劳动生产率，降低了生产成本，因此促进了工人工资的增长，从而极大地促进了大众有效需求的增长，第一次创造了资本主义经济的生产过程和交换过程的有机结合，这样就在一定程度上破解了资本逻辑的二律背反。

为什么福特主义生产方式只是在一定程度上解决了二律背反问题呢？这是因为，资本家发现，如果人们手中持有的货币足够多，但是，如果他们的消费观念不及时更新的话，那么人们的消费方式就跟不上手中货币的增长速度，由此而来工人工资的提高对于有效需求的培养就不会发生实际意义，这时特定的消费方式的培养成了资本再生产的关键环节，[1] 这一点尤其在以"灵活积累"为特征的后福特主义生产方式中得到了确证。福特主义生产方式需要长期和庞大的固定资本投资，在人们需求稳定而且单一的情况下，它确实能够实现规模经济效益，降低产品成本，然而问题在于，一旦需求出现不稳定、多样化的情况，福特生产方式因同质产品的批量化生产而致的僵化呆板的弊端就会体现出来，20 世纪 70 年代的石油危机及其随后的美国汽车工业的下滑，是福特主义生产方式衰退的标志性事件。[2] 伴随福特主义生产方式的衰退而来的是后福特主义生产方式的兴起。后福特主义生产方式具有前者一些不具备的特点，如更加关注特殊化的产品，关注产品的用户化，风格和质量尤其受到重视，较短的生产周期，富

---

[1] 在早期资本主义产生的历史过程中，奢侈消费方式曾带动了资本再生产体系，并锻造了资本生产体系的品格，这一点可以说明特定类型的消费方式对资本主义的建构性影响（桑巴特：《奢侈与资本主义》，王燕平、侯小河译，上海人民出版社 2005 年版）。

[2] 里泽：《麦当劳梦魇——社会的麦当劳化》，容冰译，中信出版社 2006 年版，第 204 页。

有弹性的生产过程。为了适应并引导消费大众的需求,资本逻辑一方面改变生产过程的内部环节,另一方面将更多的注意力放在消费者身上,研究如何才能制造出花样繁多的新的消费需求。因此,资本逻辑必须要在人们的消费方式上发挥指导和引领的作用,才能进一步促进生产和消费的结合,从而在深层上保证剩余价值的实现和资本再生产的循环,现代消费方式正是由此突飞猛进。

　　福特主义和后福特主义生产方式的出现具有重大的经济意义和社会历史意义,[①] 它不仅使得日常消费品的大规模生产成为可能,从而资本能够进入消费品生产领域,而且通过改变社会的整体精神气质,深刻地改造了大众的消费方式,使得大众不再以"需求"为尺度自然地进行自己的消费,而是以潜在的"欲望"为导向主动地建构自己的消费,这就是流行于西方社会并向全世界扩散的消费主义。作为现代消费生活的典型形式,消费主义所表征的是被刺激起来的消费欲望,而欲望满足的意识必须在一定的价值系统中才能获得合法性。欲望往往被看成是纯粹主观的个体事情,其实这种自然主义看法深深掩盖了欲望的根本的社会性质。"我想要某种东西"至少表明:这种东西与某种生活方式联系在一起,"想要"本身就与人们在社会中生存的基本方式发生着千丝万缕的联系,这种联系不管是否被意识到,它都作为意识前提进入到了每个人的意识深层,这正是特定的价值系统进入个体身心的过程。因此,首先是特定的价值系统在人们的各种需要和欲望中确定哪些应当得到满足、满足多少和怎样满足,哪些需要和欲望是不值得提倡或必须加以控制和禁止的,现实生活的人们才能去追求某种特定的生活方式。正是在这种意义上,生活方式本身是相对的文化范畴、社会范畴,而消费主义企图把追求无尽欲望的满足说成是自然的和普遍的,[②] 无疑具有了文化—意识形态的性质,[③] 这就把理论的触角深

[①] 后福特主义生产方式并没有取代福特主义生产方式,后者仍然在现代生产中广泛存在,两者之间的关系不是断裂式的,而是组合式、混合式、合作式的。

[②] 陈昕:《救赎与消费——当代中国日常生活中的消费主义》,江苏人民出版社2003年版,第16~17页。

[③] Leslie Sklair, Sociology of the Global System, Harvester Wheatsheaf, 1991, pp. 41~42.

入到了为某种利益格局做合法性辩护的现代消费方式中。

在现代社会中，大众的基本生存需要都已经得到满足，资本逻辑要实现自己的利益诉求，必须要通过广告、电视、电影、宣传等各种文化手段和文化形式向大众推销适合于资本增殖的生活方式，因此，现代消费最重要的一点便是无止境地追求欲望的满足，"资产阶级社会与众不同的特征是，它所要满足的不是需要，而是欲求，欲求超过了生理本能，进入心理层次，因而它是无限的要求。"① 一旦消费者的消费愿望经欲望中介后达到无限的层次，那么资本增殖就具有了可靠而持久的保证，这其中发生关键作用的杠杆便是现代消费方式对大众生活方式的影响和重塑。下面是一则典型的案例：

感恩节的传统是在11月的最后一个星期四庆祝，但是美国总统富兰克林·罗斯福却在1939年宣布该年的感恩节在11月23日，这一小小的改动不是其他什么原因，仅仅是源自俄亥俄州百货公司老板小弗雷德·拉扎勒斯的建议，在他看来，这样做会使"圣诞采购"旺季延长一周。布尔廷斯评论道："这次罗斯福总统宣布对感恩节的日子作小小的调整，乃是意味深长的，因为它既揭示了美国圣诞节的实质，还表明感恩节这一古老的节日也转变为一个美国消费性节日了。"事实上，圣诞节和圣诞老人的形象本来也都是美国式的传奇或神话，圣诞树和圣诞贺卡也都是美国商业神话的副产品。只有想象一下，在1948年左右，美国每年都会销售2800万棵圣诞树和15亿张贺卡，它和经济的关系是多么紧密。②

通过赋予节日这一生活形式以商业规定性，资本成功地将大众需求纳入现代生产链条当中，而这对于市场交换过程的顺利进行、资本增殖和资本再生产都是至关重要的，这更加说明了现代消费的意识形态性质，亦即资本性质。资本逻辑的扩张欲望意味着资本必须要控制消费，"资本主义生产的扩张，尤其是世纪之交的科学管理与'福特主义'被广泛接受之

---

① 贝尔：《资本主义文化矛盾》，赵一凡、蒲隆、任晓晋译，三联书店1989年版，第68页。
② 胡大平：《崇高的暧昧——作为现代生活方式的休闲》，江苏人民出版社2002年版，第55页。

后，建构新的市场、通过广告及其他媒介宣传来把大众'培养'成为消费者，就成了极为必要的事情"①。这是资本和消费的双重化过程：一方面是资本的消费化，资本越来越借助于广告等传媒文化形式推销自己、实现自己，任何刺激消费欲望，从而有利于资本增殖的措施，都要通过现代消费方式才能获得合法性，资本离开现代消费将寸步难进；另一方面是消费的资本化，现代消费借重于资本的强大推动力，获得了不断发展的源泉，现代消费离开资本将停滞不前，这正是现代消费呈现出的"正反同体性"（巴赫金）、"神秘的两面性"（哈维尔）和"崇高的暧昧"（胡大平）。

通过以上的论述不难看出，资本逻辑的二律背反在现实层面表现为生产过程和交换过程的脱节，为了避免脱节所导致的资本增殖的失败，资本充分借助现代消费方式来激发消费欲望，使大众陷于欲望的追求当中，从而造就了资本主义生产与市场的有机结合，现代消费方式正是这一结合的关节点。通过引导某种特定的消费方式，使人的日常行动趋向于特定的方向，从而为资本增殖服务，这就是现代消费方式在资本时代的发生根据。

三、中介："历史形成的需要"

资本逻辑出于自身增殖的需要，必须要培育出有着相当规模并能够持续增长的市场需求，培养出在科学技术、文化知识和社会交往方面具有高度文明的人，这些一方面是在生产的意义上再生产出合格的劳动者，另一方面更重要的是保证资本逻辑提供的商品能够被消费掉，因此，资本逻辑在本性上将"培养社会的人的一切属性，并且把他作为具有尽可能丰富的属性和联系的人，因而具有尽可能广泛需要的人生产出来——把他作为尽可能完整的和全面的社会产品生产出来（因为要多方面享受，他就必须有享受的能力，因此他必须是具有高度文明的人）——，这同样是以资本为基础的生产的一个条件"②。没有生产固然没有消费，但没有消费同样没有生

---

① 费瑟斯通：《消费文化与后现代主义》，刘精明译，译林出版社2000年版，第19页。
② 《马克思恩格斯全集》第46卷（上），人民出版社1979年版，第392页。

产，生产和消费的平衡是资本逻辑进行运作的必要条件。资本逻辑最初注重从生产过程榨取剩余价值，这在早期资本主义生产方式中剩余价值主要来源于生产积累的阶段是行得通的。随着生活性消费逐渐成为剩余价值的主要来源，如何最大限度地开发消费需求成为资本逻辑再生产的关键条件。因此，直接关系到消费需求的规模和水平的需要问题成为资本逻辑的重点解决对象。

资本逻辑对现代消费方式的生存论关系的决定作用聚焦在资本逻辑制造出来的"历史形成的需要"上。为了自身增殖的需要，资本逻辑必须要发展人的多方面需要和各种类型的需要。就一般意义而言，需要是一种重要的历史推动力，"已经得到满足的第一个需要本身、满足需要的活动和已经获得的为满足需要而用的工具又引起新的需要，而这种新的需要的产生是第一个历史活动。"[1] 对于资本逻辑而言，需要的开发和培养既是资本逻辑进一步发展的历史结果，也是资本逻辑借以获得历史动力的主要中介。马克思说："如果说资本是财富的一般形式，那么，劳动就只是以直接消费为目的的实体。但是，资本作为孜孜不倦地追求财富的一般形式的欲望，驱使劳动超过自己自然需要的界限，来为发展丰富的个性创造出物质要素，这种个性无论在生产上和消费上都是全面的，因而个性的劳动也不再表现为劳动，而表现为活动本身的充分发展，在那种情况下，直接形式的自然必然性消失了；这是因为一种历史形成的需要代替了自然的需要。"[2]

"历史形成的需要"和"自然的需要"是两种本质不同的需要形式，更为关键的在于它们对于资本逻辑的推动作用具有巨大差别，这是资本逻辑异常重视"历史形成的需要"的内在根据。"自然的需要"类似于本能的需要和基本的生存需要，是人作为生物体存在必然具有的那种需要形式。例如人需要吃饭、穿衣、住房、通行，需要说话、行动、交往、休息，它们自然而然，出于人的自然本性，因此这些需要都是"自然的需要"。"自然的需要"对于资本逻辑的运行来说是必不可少的，但作用十分有限。以穿衣为例，我只要穿上一件普通的衣服，便可满足我的"自然的需要"，但生产这件普通衣服所获得的利润，相对于资本逻辑的赢利要求

---

[1] 《马克思恩格斯选集》第1卷，人民出版社1995年版，第79页。
[2] 《马克思恩格斯全集》第46卷（上），人民出版社1979年版，第287页。

来说还相差很远。但是，如果我穿上一件衣服后，不仅满足了我的"自然的需要"，而且还满足了我的表现个性、表达身份、凸显地位乃至引领潮流的需要，那么这件衣服即使价格昂贵，我也乐意购买。可见，超出了"自然的需要"界限的"历史形成的需要"，对于资本逻辑的赢利要求发挥出何等重要的推动作用。"历史形成的需要"相比于"自然的需要"，不管是在需要的数量、类型上还是在需要的复杂程度、满足难度上，向着更多、更高级、更复杂的方向上迈进了一大步，并且越来越以加速度的趋势推动着需要形式向着纵深的方向发展，这些特征又毫无疑问地直接对应于消费需求的扩大和深化，从而推动着资本逻辑的进一步发展。

在一般层面上，资本逻辑时刻面对着其自身二律背反的威胁，在现实层面上，资本逻辑经受过一系列经济危机和生产过剩的打击，这两方面带给资本逻辑的最大启示便是建立以"历史形成的需要"为中介的现代消费。资本逻辑明白，与其制造匮乏让工人每天饿着肚子生产大量滞销的商品，不如增加工资让工人买得起面包和开得起汽车，后者才是保证资本自我更新的长久之道。于是资本逻辑动员了大量文化手段、行政措施和理论意识，共同塑造"消费至上"的社会密集认同，让"没有权利不幸福、要幸福就要消费"的消费主义生活理念成为大众的自然意识。在这样一种观念背景下，大众的消费意识、消费欲望被无以计数地开发出来，从居家、生育、护理到旅游、餐饮、娱乐等等，大众日常生活的每一个角落都蕴藏着无数的精细需要等待满足，每一个领域都内含着无数的精致需要等待激发，这便是"历史形成的需要"逐渐取代"自然的需要"的过程。既然普通的衣服既缺乏品味、也缺少风度，那么就要让穿衣变成对品味的挑剔和对风度的追求；既然普通的饮水只能解渴，那么就要让饮水变成饮用可乐，可乐除了解渴，还能够刺激活力、释放激情、寻求认同、激发梦想；既然保护皮肤很重要，那么就要让皮肤不仅成为身体护理的重点对象，而且要成为身体曲线的表达、优雅气质的表现和身份地位的象征……"自然的需要"总是简单、乏味和平庸，而"历史形成的需要"则复杂、高雅和悠远，充分激发着想象力和创造力，现代人可以尽情地在"历史形成的需要"层面上展开自己的丰富想象力，去创造无穷无尽的现代消费形式。

就外在形态而言,"历史形成的需要"及其表现当然远比"自然的需要"及其表现丰富得多、深刻得多,"历史形成的需要"每上升一个层级,每深化一个级别,现代消费就会创造出难以计数的消费形式加以满足。仍然以穿衣为例,在"自然的需要"作用下,人们穿上普通的衣服就可以了,无需对衣服的类型、款式、颜色等提出要求,但是在"历史形成的需要"作用下,人们不仅要穿合体的衣服,而且要穿符合"时尚价值"和"周围环境"的衣服;不仅要穿款式不一、颜色搭配合适的衣服,而且要穿最新款式、颜色搭配符合科学原理的衣服;不仅衣服要分出男装和女装、流行装和过时装、春装夏装和秋装冬装、童装青年装和成年装老年装,而且每一类型中还要再细分出更类型化的服装,如青年装还要按照性格分出可爱装、扮酷装、反叛装、稳重装和异类装等。可见,与"历史形成的需要"的丰富化和深刻化相对应的是现代消费方式的丰富化和深刻化。不过,丰富和深刻只是在外在形态的意义上才成立,如果是就价值作用而言,"历史形成的需要"就不仅发挥着正面的积极作用,而且发挥着负面的消极作用,不仅创造出更合乎人的本真生存、更趋向于人的自由全面发展的消费意义,而且还制造出更偏离人的本真生存、更扭曲人的正常需要的消费异化,这是资本逻辑以"历史形成的需要"为中介决定现代消费属性的双重作用,也是现代消费方式对人的生存发挥双重影响的根据所在。

首先来看第一个方面,即资本逻辑以"历史形成的需要"为中介决定现代消费性质的积极作用,这方面构成了现代消费方式的积极的生存论关系。让我们先来回顾马克思在《1857-1858年经济学手稿》中对资本积极作用的论述。马克思指出:"以资本为基础的生产,一方面创造出一个普遍的劳动体系,即剩余劳动,创造价值的劳动,——那么,另一方面也创造出一个普遍利用自然属性和人的属性的体系,创造出一个普遍有用性的体系,甚至科学也同人的一切物质的和精神的属性一样,表现为这个普遍有用性体系的体现者,而且再也没有什么东西在这个社会生产和交换的范围之外表现为自在的更高的东西,表现为自为的合理的东西。因此,只有资本才创造出资产阶级社会,并创造出社会成员对自然界和社会联系本身的普遍占有。由此产生了资本的伟大的文明作用;它创造了这样一个社会阶段，与这个社会阶段相比，以前的一切社会阶段都只表现为人类的地方性发展和对自然的崇拜。只有在资本主义制度下自然界才不过是人的对象，不过是有用物；它不再被认为是自为的力量；而对自然界的独立规律的理论认识本身不过表现为狡猾，其目的是使自然界（不管是作为消费品，还是作为生产资料）服从于人的需要。资本按照自己的这种趋势，既要克服民族界限和民族偏见，又要克服把自然神化的现象，克服流传下来的、在一定界限内自守地满足于现有需要和重复旧生活方式的状况。"① 在这里，马克思以宽广的历史视野和深刻的人学视野谈到了资本的积极作用，这一段论述可以看作是马克思对资本积极作用的总括性阐述，这也为我们谈论资本逻辑决定现代消费的积极作用奠定了根本指针。

资本的积极作用包含着资本逻辑决定现代消费方式的生存论关系的积极作用。具体而言，资本逻辑出于无限增殖的需要，必须要"培养社会的人的一切属性，并且把他作为具有尽可能丰富的属性和联系的人，因而具有尽可能广泛需要的人生产出来"②，简言之，资本逻辑的发展需要培养出具有"高度文明的人"。"高度文明"的一个重要特征是在消费方面具有多方面需要和丰富消费能力，不能仅仅具有简单的物质需要，还要有复杂深化的、更加高雅的物质需要，否则资本逻辑提供的物质型商品就会无人问津；不能仅仅具有全面的物质需要，还要有完整的精神需要，否则资本逻辑提供的精神型商品就会缺乏市场；不能仅仅具有生存性需要，还要有享受性和发展性需要，否则资本逻辑提供的娱乐设施、健身场所和高档设备就会成为废品……马克思深刻地指出："消费能力是消费的条件，因而是消费的首要手段，而这种能力是一种个人才能的发展，一种生产力的发展。"③ 资本逻辑在资本意义上发展出了具有高度文明特征、具有丰富和深刻的需要的现代人。这些需要作为"历史形成的需要"，或是对"自然的需要"的改造、升华和取代，或是对"自然的需要"在更高水平上的展示和体现。原始人已经懂得通过贝壳、石头等器物来美化自己，现代人早已超

---

① 《马克思恩格斯全集》第46卷（上），人民出版社1979年版，第392~393页。
② 同上书，第392页。
③ 《马克思恩格斯全集》第46卷（下），人民出版社1980年版，第225页。

出这种简单满足的层次，而是充分运用服装、首饰等复杂器物来美化自己，这既可以说是现代人以历史积累起来的高级需要取代了自然的、朴素的需要，也可以说是现代人对美化这种"自然的需要"在更高水平上的展示和体现。

资本逻辑以丰富和深刻的需要为中介决定现代消费方式的生存论关系的积极表现是在资本意义上实现的，这一点不仅意味着丰富和深刻的需要无法超出资本逻辑支配的范围，而且意味着丰富和深刻的需要时刻面临资本逻辑转化、扭曲和异化的危险，这就是资本逻辑以"历史形成的需要"为中介决定现代消费方式的生存论关系的消极作用。资本逻辑要将"自然的需要"改造为"历史形成的需要"，其根本目的不是人的本真生存，而是资本自身的无限增殖。为了实现这一目的，资本逻辑要唤出人们的各种稀奇古怪的需要，只要它们对资本增殖有利即可。"工业的宦官顺从他人的最下流的念头，充当他和他的需要之间的牵线人，激起他的病态的欲望，默默盯着他的每一个弱点，然后要求对这种殷勤服务付酬金。"① 在病态欲望的支配下，人们的消费变成了对自身的异化本质的实现，"仅仅供享受的、不活动的和挥霍的财富的规定在于：享受这种财富的人，一方面，仅仅作为短暂的、恣意放纵的个人而行动，并且把别人的奴隶劳动、把人的血汗看作自己的贪欲的虏获物，所以他把人本身，因而也把自己本身看作可牺牲的无价值的存在物。在这里，对人的蔑视，表现为狂妄放肆，表现为对那可以勉强维持成百人生活的东西的任意糟蹋，又表现为一种卑鄙的幻觉，即仿佛他的无节制的挥霍浪费和放纵无度的非生产性消费决定着别人的劳动，从而决定着别人的生存；他把人的本质力量的实现，仅仅看作自己无度的要求、自己突发的怪想和任意的奇想的实现。"② 马克思没有生活在大众消费时代，但他的异化消费批判论从本质上符合而且可以说是预言了资本逻辑制造的现代消费方式的异化性质。

资本逻辑决定现代消费属性的消极作用表现为"历史形成的需要"对"自然的需要"的扭曲和异化，主要分为四个方面：一是自然需要的粗俗化，即人的自然需要向着感官化、野蛮化、动物化的方向寻求满足。自然

---

① 马克思：《1844年经济学哲学手稿》，人民出版社2000年版，第121页。

② 同上书，第130页。

需要尽管是人出于自然本性的需要，但并不必然就是低级的、粗俗的，正像性行为等人的自然机能，如果加以艺术地表现，那么完全可以成为触动心灵的伟大作品，如果将性原始化地表现，并当作最后的唯一目的，那么性行为只不过就是动物的机能。资本逻辑设计的很多高档和奢华的消费设施，究其内里不过是以高雅的形式更加精细地满足现代人那种返祖的畸形冲动。二是社会需要的本能化，即人的社会需要向着本能、感官和非理性的方向发展。社会需要是人在社会实践中形成的历史性的需要，是真正意义上的人的需要，如社会交往、人格尊严和精神文化方面的需要，都是人的需要的真正实现，但资本逻辑出于自身需要，却诱导现代消费以本能方式来满足社会需要，例如社会交流采取以比拼档次为取向的奢侈消费方式，人格价值体现为物化价值的最大占有，精神需要的满足方式采取取悦感官的路线等。三是人性需要的工具化，即真正发展意义和享受意义上的需要丧失掉自足的品质，变成了为其他目的服务的手段。人性需要是符合且有助于人性的自由充分实现的需要，是既利己又利人的社会性需要，如对精神文化产品的消费，既充实了我的精神本质力量，同时也证明了你的精神本质力量，但是很多人享受精神文化产品的很多时候，既不出于自己的自由意愿，也不能为自己带来精神力量的真正充实，只不过是为了得到更多的物化价值才去接受"强迫的享受"，这些物化价值最终导向了资本增殖的方向，如公司为员工量身定做的培训计划、出于赢利要求所进行的社交训练等。马克思曾以资本家的享受为例谈到享受的经济化趋向，"工业资本家也享受。他决不退回到违反自然的粗陋需要。但是，他的享受仅仅是次要的事情，是一种服从于生产的休息；同时，享受是精打细算的，从而它本身是一种经济的享受，因为资本家把自己的享受所挥霍的钱只限于这笔花费能通过会带来利润的资本再生产而重新得到补偿。可见，享受服从于资本，享受的个人服从于资本化的个人，而以前的情况恰恰相反。"[①] 精打细算的享受只能限于资本增殖的空间，不能超出资本的增殖要求，这使得享受丧失了自足性质，变成了"次要的事情"。四是真实需要

---

① 马克思：《1844年经济学哲学手稿》，人民出版社2000年版，第55页。

的虚假化,即真正地合乎本真生存的需要被资本利益强加的虚假需要所取代。真实需要和虚假需要的区别是由马尔库塞提出的:"我们可以把真实的需要和虚假的需要加以区别。为了特定的社会利益而从外部强加在个人身上的那些需要,使艰辛、侵略、痛苦和非正义永恒化的需要,是'虚假的'需要",而真实的需要符合这样的标准:"最充分地利用人类现有的物质资源和智力资源,使个人和所有个人得到最充分的发展。"[1] 就像历史的人们一样,现代人的消费活动始终存在着超越性的维度,但很多现代消费形式不是追求超越性,而是被资本逻辑严格地限定在资本赢利的范围内,这就造成了真实需要的虚假化。如符号消费带给人的自由感,是借助品牌之间的攀比实现的,消费者高人一等的感觉,不过是资本逻辑刻意向大众心理输入的结果。以上四个方面说明,资本逻辑制造的大量消费需求,尽管属于"历史形成的需要"而超出了"自然的需要"的本能和素朴水平,但在价值作用上却扭曲和异化了人的本真生存方向,使得人的价值屈从于物的价值,这从根本上造成了现代消费方式对生存的消极影响。

第二节 消费生存论关系的双重性质

资本的增殖逻辑决定着它要突破现有的生产条件的限制,决定着它要突破现有的消费档次的限制,即与资本增殖要求相适应的应当是各种消费需要和消费欲望被开发出来的人,这是"历史形成的需要"逐渐取代"自

---

[1] 马尔库塞:《单向度的人——发达工业社会意识形态研究》,刘继译,上海译文出版社2006年版,第6、7页。然而,"真实需要"和"虚假需要"的区分却既是一个最没有争议的区分,也是一个最有争议的区分。说它是一个最没有争议的区分,是因为即使要否定这个区分,我们也会一不小心就使用诸如"'真实'与'虚假'的区分是虚假的"这样的说法,但到底什么是"真实"与"虚假"的区分? 一提到这个问题,意见分歧就接踵而来。但不能忘记的是,在数千年文化积淀的基础上,在几百年现代生活的条件下,人类毕竟形成了一些关于什么是真正合乎人性的生活方式(包括生产方式和消费方式)的观念,即使这一区分有很大的局限,但局限的存在恰恰证明了区分在局限之内仍然是有效的。关于真实需要和虚假需要的详细论述请参见童世骏:《资本的"文明化趋势"及其内在限制》,《学术月刊》2006年第10期。

然的需要"的过程。建立在"历史形成的需要"基础上的现代消费方式表现出两重性：一是文明化的性质，二是异化的性质。文明化的性质集中体现了现代消费方式的积极意蕴，异化的性质集中体现了现代消费方式的消极意蕴。

现代消费方式的双重性质都是由以增殖为目标和限度的资本逻辑造成的，资本逻辑既会对文明化水平很高同时利润空间很大的消费满足方式感兴趣，也会对异化程度很深同时利润空间也很大的消费满足方式感兴趣。可以说，资本逻辑追求增殖的本性既推动着消费的文明化方式的演进，也决定着消费的异化方式达到的程度。过去有哪个世纪的人们会想象到现代人竟然有如此众多的消费需求和满足方式？同样可以预见，今天的现代人也难以想象到未来人的消费需求和满足方式会如何改变。"当代人越来越少地将自己的生命用于劳动中的生产，而是越来越多地用于对自身需求及福利进行生产和持续的革新。他应该细心地不断调动自己的一切潜能、一切消费能力。假如他忘了这样做，就立即会有人好心地提醒他没有权利不幸福。"[①] 在这种意义上，被当作现代生活典范的现代消费及其社会建制（如信用卡、分期付款制度等）就因提升了生存档次而具有"文明化"的效果，又因扭曲了人的本真生存而产生"异化"的作用。

一、消费的文明化性质

消费的文明化性质是指人们的社会化的需要越来越代替自然的需要，人化的、指向人并为了人的满足方式越来越代替自在的、低级的满足方式。消费的文明化性质直接来自于现代消费方式的文化性质。文化的核心要旨是人对自身的重塑和改造。尽管消费作为文化活动已是非常久远的事情，但是当消费具有了现代性质时，它的文化性质才突出出来，以至于文化成为现代消费的显现形式。现代消费方式的文明化性质，说明人对生存世界的人化属性的更高程度领受，说明人把自己看作是有资格去探求更有

[①] 鲍德里亚：《消费社会》，刘成富、全志钢译，南京大学出版社2001年版，第72页。

内涵、更有品位的生存意义的特殊主体，就此而言，现代消费方式的文明化无疑意味着人的生存内涵的质性提升，意味着人类满足需要的方式从整体上已经开始超越维持生命存活的水平。超越是人的生存活动中根深蒂固的本性，哪怕是在被资本逻辑所规定的现代消费生活中，消费的形式和内容也表达出了文明化的趋势。

首先，商品中文化含量的多少反映出消费需要层次的高低，当人们普遍选择具有文化含量的商品来表达生活理念时，这就表明文明化的方式已经成为现代消费方式的优先选择。按照马斯洛的需要层次理论，人的需要分为生理需要、安全需要、社交需要、尊重需要和自我实现需要五类，依次由较低层次到较高层次。资本逻辑在商品生产和销售中融入了大量文化因素，使得商品在作为物质商品的同时还具有诸多的文化内涵，从而使人们在消费商品的使用价值时，同时消费了商品所提供的符号价值、象征价值、体验价值和意义价值。使用价值是商品能够满足人们某种需要的属性，这里的需要主要是指生理需要和安全需要，如食物可以充饥、衣服可以御寒、房屋可以遮风避雨。使用价值是商品的自然属性，是由物品的物理、化学、生物、几何属性决定的。传统消费模式下，人们困于生存水平的低下，消费时首先注重的是物品提供给人们的使用价值，而资本逻辑提供的商品不仅满足了人们对使用价值的需要，而且商品中广泛渗透的符号价值等文化因子，满足了人们的社交需要、尊重需要和自我实现需要，使得人们的消费需要层次不断递升，这一点鲜明地反映出现代消费方式的文明化趋势。

中国人光顾麦当劳餐厅和在老舍茶馆喝茶的体验就是在现代消费模式下注重象征价值的突出例子，麦当劳固然满足人们的口腹之欲，但是人们往往把它当作体验美国文化的一种方式，老舍茶馆固然可以缓解口渴，但是人们经常是为了欣赏传统文化才去光临。人们的消费选择本身就是一种文化价值上的选择，而不单单是消费商品的使用价值。在现代消费生活中，人们喜欢某种商品，其原因往往不仅是商品的使用价值能够满足人们的功能性需要，更重要的在于商品的符号象征价值等能够满足人们精神上的交际性需要、表现性需要，这些需要本身都是现代人提高生存质量、提

183

升生存水平和扩充生存自由的重要体现。

其次，现代消费方式所塑造的文化世界内涵丰富、包罗万象，是现代人追求意义境界的文明化方式的重要体现。任何商品都有文化因子的存在，但文化因子在商品中发扬光大并成普遍趋势，则是在现代消费条件下实现的。现代消费模式将文化元素、艺术元素、象征元素与物质材料、实用技术有机融合，形成新形态的商品，为消费者提供新的消费模式和消费选择，从而满足人们在心灵沟通和精神表达方面的需要。20世纪30年代，德国包豪斯学院倡导的"技术美学"，提出要把文化因子渗透到建筑设计中，在学院大型展览会的一篇开幕词的宣言中就打出了"艺术与技术，新的统一"的口号。从此以后，包豪斯学院倡导的将艺术与技术、文化与设计相结合的理念便成为现代建筑和居住的主导理念之一。①

全面考虑人的实用需要和精神需要已经是现代消费方式的主要特点，这不仅是商品出售者一方的特点，更是商品接受者一方，即大众的特点。大众往往青睐那些既能满足自己实用需要，同时更能与自己的生命体验、价值选择和意义领悟相吻合的商品，因为消费商品的过程，同时也是个体展现生命力量、体验文化意涵、提升生命境界的过程。正是大众自己有着对生存意义的感悟，所以他们才会将商品所传递的文化信号"嫁接"到自己身上，使之成为自己生命的内在组成部分，同时也将自己的意义偏好体现到消费的具体物品中，使得有形物品成为精神世界的载体。通过商品中文化意涵和大众意义领悟的有机互动，文明化的消费方式成为大众发现生活价值的重要渠道。

再次，生态学意义上的生存问题凸显了消费主义生存方式的非理性后果，人们越来越把维护生态环境作为意义实现的重要维度。消费主义生存方式造成的生态恶果破坏了人类共同的生存环境，由此人们开始把维护生态环境作为思考其他问题的重要出发点，这反映出一向自命不凡的现代人对消费主义及其后果的自觉程度，这一自觉以国家战略、国际合作、企业责任和民众意识等方式体现出来。以人们越来越认同的绿色消费为例，人

---

① 胡慧林、李康化：《文化经济学》，上海文艺出版社2003年版，第157~158页。

们在决定购买某种消费品时，更多地考虑环境因素，宁肯多花点钱也乐意购买绿色产品和符合环境标准的商品。换句话说，消费者在不放弃生活水准的前提下，以生活健康、保护环境和维护家园作为生活理念的重要内容，并以持续一贯的绿色意识对市场形成一种巨大的环保压力，以此迫使遵循资本逻辑的现代企业要把维护生态环境作为一项不可缺少的责任。相比于以前那种根本不考虑行为的非理性后果的生存方式，这种消费意识体现出的生存自觉程度无疑是极大地进步了，而这种进步的文明化方式正通过时尚方式日益纳入到主流生活方式中，成为现代消费生活中不可忽视、更不可缺少的重要内容。

总之，现代消费方式表现出了文化满足方式越来越代替自然满足方式、人化满足方式越来越代替非人化满足方式、自觉消费方式越来越代替自在消费方式的趋势，这些趋势正是文明化性质日益凸显的过程。在现代之前，文明化性质也存在着，但既不普遍，又会时常被打断，因为贫困一直是威胁传统人生存的严重问题，贫困使得人的生存世界始终停留于被求生冲动支配的你争我夺乃至你死我活的状态中。只有对现代人而言，消费的文明化性质才开始了坚实之旅，或者说，文明化性质才成为现代消费生活的题中之义。

二、消费的资本化性质

现代消费方式的文明化性质尽管意义重大，但它有着内在的限度。一方面，现代消费越来越多地采取文明化方式，并不意味着那些非文明化方式就此绝迹，后者可能只是被驱赶到了一些不怎么显著、不怎么为现代人重视的领域。比如，现代社会自1968年之后便一直从整体上保持着政治稳定的大局面，期间没有发生过动摇现代文明根基的政治事件，但这一点超出现代社会的范围就不再有效。在那些"现代"性质不怎么突出、只不过是伴随着中心区国家从时间上跨过现代门槛的边缘地区，贫穷、动荡、失落、衰退和削弱等非文明方式是社会常态的组成部分，一次又一次的危机把这些地区多年来努力挣得的成果抵消殆尽。如果承认他们也是现代人的话，那么我们就不会再对现代消费方式的文明化性质抱有廉价的乐观态度了。再如，现代社会生态意识保持得最好的是发达中心区，然而即便如此，也不能否认发达中心区的环境清洁在相当程度上是依靠把工业淘汰品和生活垃圾向外输出、并以商品形式卖给边缘区这一事实。也正是在这种意义上，不能过高地估计现代人对于自身生存方式引起的环境恶果做出的自觉规制，这不仅是因为现代人仍然无法在认识层面上穷尽人类与环境之间的复杂关联，而且更难以在实践层面上真正彻底地按照生态原则来规范自己的生存方式。归根结底，人与自然之间关系的自觉程度决定于人与人之间关系的自觉程度，当人类社会的各种结构性矛盾重重发生时，单方面期望人与自然之间的和谐共处是不切实际的，更是简单幼稚的，那种不关注人与人之间关系改善的生态保护做法，对于解决生态危机是难以达到预期效果的。

另一方面，在文明化方式越来越深入人心的同时，那些动物式的、仅仅停留于生理层次的需要和欲望也越来越多地采取了文明化方式。生理层次的需要和欲望并不一定就是动物式的，它们往往是高雅艺术的创作源泉，然而如果把它们"加以抽象，使这些机能脱离人的其他活动领域并成为最后的和唯一的终极目的，那它们就是动物的机能"[①]。比如，一部分人频繁出入装修豪华的高档消费场所，只不过是为了满足口腹之欲和追求身体狂欢，他们把生命价值定位于此，可谓是极度的消费主义理念。他们的消费满足方式尽管采取了颇为现代化的形式，但是当它们成为生存意义的主要呈现，即消费成为生活目的时，消费本应具有的人性的、创造性的和通达幸福的体验被极大弱化了，较低层次的需要被花样翻新的现代手段制造出来，并成为生命得以维持的唯一理由，这不能不说是现代文明的自我悖谬。

现代消费方式表现出的非人化、野蛮化和粗俗化的特征，可以归结为消费的资本化性质，即本是从属于人的生存活动和生命自我完善的消费，越来越被导向了资本增殖的方向，被资本增殖的根本要求支配着。资本逻

[①] 马克思：《1844年经济学哲学手稿》，人民出版社2000年版，第55页。

辑不会对文明化水平很高但利润空间很小的消费方式感兴趣，否则就违背了资本逻辑的增殖本性，相反，如果一种消费方式尽管异化程度较深，但带来的利润空间很大，那么资本逻辑就会像马克思所说的那样"蠢蠢欲动"、敢于"冒险"，直至"践踏人间一切的法律"。例如，资本逻辑对严肃艺术等公共文化产品的投入度始终处于较低的层次上，尽管公共文化产品表达的精神内涵是现代生存方式得以提升的重要渠道，但由于经济效益低下，资本逻辑很少投入十足的精力。相反，那些取悦于人的感官满足的通俗文化商品却是资本逻辑极力开发的领域，其中的原因不外乎是通俗文化商品有着巨大的利润空间。人的本真生存趋向被扭曲到何种程度，根本不是资本逻辑在乎的对象，资本视野中只有价值增殖一条原则。至于这条原则将会导致人的需要的野蛮化，那是资本逻辑不予考虑的事情。

在资本化要求下，人的生存表现出了异化特征。具体而言，这些异化特征可以从现代人的价值标准、自我实现途径和奋斗目标三方面得到理解。首先，金钱和财产成为判断个人成功的价值标准。就像商品是天生的平等派一样，金钱在消费主义的语境中也是绝对的平等派，所有的幸福和满足都与手中持有一定数量的金钱密切相关，"金钱越来越成为所有价值的绝对充分的表现形式和等价物，它超越客观事物的多样性达到一个完全抽象的高度。它成为一种中心，在这一中心处，彼此尖锐对立、遥远陌生的事物找到了它们的共同之处，并相互接触。所以，事实上也是货币导致了那种对具体事物的超越，使我们相信金钱的全能，就如同信赖一条最高原则的全能，那就是：在任何时候它都能为我们提供这种具体的、较低的东西，仿佛它能将自身转换成这种东西。"① 金钱作为等价物可以购买任何商品和服务，由此金钱成为人们识别事物的基本方式，金钱成为判断人生价值的主要标杆。例如资本习惯以身价多少来判断一个人的价值，理性人习惯以工具价值大小来决定是否和陌生人进行交往，看一下今天报纸上刊登的征婚启事，最普遍的择偶条件便是"房子车子"，而所谓的"房子车子"无非是"票子"的实物体现，把自己的一生幸福都托付在"票子"

---

① 西美尔：《金钱、性别、现代生活风格》，顾仁明译，学林出版社2000年版，第13页。

所承载的物化价值上，不啻为一场拿幸福做赌注的金钱赌博，难怪这样的一种征婚模式总给人以"嫁人是虚，嫁钱是实"的印象。金钱已经上升为现代人日常生活的中心点，并深入到个人的身心层面成为个人看待现实生活的意识系统。

除了金钱在现代价值体系中的主导地位外，财产在评价人的价值方面表现出来的作用同样突出。在消费主义的观念背景下，财产是人们维持利益、情感和信心的主要支撑，财产定义了一个人的社会地位，人们把财产的增多视为价值增加、自尊提升、信心增强，把财产的减少看成是价值贬损、自尊受害、信心减弱，财产成为人们看待自我的主要方面，这又导致了以占有为取向的人格特征。弗洛姆曾把西方工业社会中的生存方式分为两种：重占有和重生存，在重占有的生存方式中，人"与世界的关系是一种据为己有和占有的关系，在这种情况下，我要把所有的人和物，其中包括自己都变为我的占有物"，当以占有方式来处理自己和外部世界的关系时，我必然会变成一个贪婪成性、欲壑难填、总感觉自己受到损害、总以嫉妒性心理来对比他人的经济动物，"因为占有就是我生活的目的，我占有得越多，我的生存实现得也就越多；我对其他所有的人都抱一种敌视的态度，我想欺骗我的顾客，毁灭我的竞争者和剥削我的工人。我永远不会满意，因为我的愿望和要求是无止境的。我嫉妒那些比我占有得多的人和害怕那些比我占有得少的人。但是，我必须要驱除所有这些情感，像所有的人那样面带微笑，装成是一个理智的、诚实的和友善的人"[1]，面具和伪装成为现代人左右逢源、八面玲珑的必要条件。

其次，消费被认为是自我实现的最佳之道。在早期资本主义阶段，工作处于日常生活的中心地位，它是造成个人依赖与自主、自卑与自信、自弃与自爱的分水岭，工作场所还是一个人接受社会陶冶的主要地点，工作占据了大部分的生活时间，因此工作的纪律规范成为个人社会化的主要保证。当工作纪律压抑个人自由，或个人宣泄情绪时，他往往是挑中工作背景中的某一事物：机器、厂房或资本与劳动的等级关系作为斗争的目标。

---

[1] 弗洛姆：《占有还是生存》，关山译，三联书店1988年版，第8页。

<<< 第五章 消费生存论关系的探源

由于这些斗争目标危及资本的生命安全,因此资本想方设法促使人们的注意力转向工厂的高墙之外,转向新的消费市场。因为资本发现"消费者市场是一个既提供又获得自由和确信的地方。当享有确定性又不用损害主体的人身自由时,自由就免除了痛苦。这是消费者市场了不起的成就,没有其他制度能如此成功地消除自由的多重矛盾"①。于是,在"许多年以前,一个人如果难受,不知如何是好,他也许上教堂,也许闹革命,诸如此类。今天,你如果难受,不知所措,怎么解脱呢?去消费!"②

从一般性角度而言,享有自由便意味着承担责任,这一点是许多刚刚摆脱人治状态的人们不习惯的,所以才会出现"逃避自由"、渴望专制的现象。而现代消费提供的消费自由既提供给大众以自由,又免除了责任带来的压力,既为大众准备好了多样化的选择,同时也不削弱他人追求自主的机会,反而刺激出他人更多、更强烈的自主冲动,因为现代消费的竞争主要是商品象征符号的竞争,符号在竞争中只会增殖,一方得胜不仅不会造成另一方失败,反而会激起另一方更强的得胜欲望,这样人们为追求符号而形成的你追我赶的竞争态势必造成对商品更大规模的需求,这正满足了资本的获利胃口。于是,本来可以通过工作、交往、思考、创造和批判等多种方式实现的自由被降格为通过消费去实现的自由,自由蜕变成了消费主义,消费替代宗教、政治和工作成为寻求认同的方式,而对消费者实施的控制不再被计算为管理费用和代价,而是当作资本财产和利润了。

再次,手段取代目的成为人们的奋斗目标。按照西美尔的分析,人们追求导向生活幸福的手段而不是追求幸福本身,或者说"目标为手段所遮蔽,是所有较高程度的文明的一个主要特征和主要问题"③。较高程度的文明必然是复杂程度较深的文明,它积累起的丰富的社会关系和社会体制自从产生之后便具有了不以人的意志为转移、不以人的利益为转移的独立价

---

① 鲍曼:《自由》,杨光、蒋焕新译,吉林人民出版社2005年版,第87页。
② 高丙中:《西方生活方式研究的理论发展叙略》,《社会学研究》1998年第3期,第63页。
③ 西美尔:《金钱、性别、现代生活风格》,顾仁明译,学林出版社2000年版,第10页。

值,当发展到一定程度时,它们便在人自身和人的愿望之间构筑起异常复杂和遥远的手段系列,"复杂的生活技术迫使我们在手段之上建筑手段,直至手段应该服务的真正目标不断地退到意识的地平线上,并最终沉入地平线下。"[1] 本来是服务于人的手段却发展出一个庞大的中介系统,人们越是急切地满足自己的欲望,越是为了实现目的而不择手段地运用中介系统,便越是陷于这个系统不能自拔,最后人迷失于实现目的的手段,而遗忘了自己的目的。

对于每天都在消费主义氛围中生活的现代大众而言,与其在口头上谈论革命、解放、自由等宏大话题,远远不如在实际行动中为自己、为家人和为朋友多创造一些改善生活、增进便利的资源,而要成功地做到这一点,便需要诸多手段的支持,而且在这些手段体系的内部,前一个手段又是实现后一个手段的手段。比如,为了生活得更舒服、更惬意,需要买一套体面的住房,而买房就需要拥有足够的金钱,赚钱首先要找份好工作,找工作又要求具备相当的学历,而取得学历意味着付出相当数量的金钱……树立了消费主义生活理念的人们终日奔波于这些实现"最后幸福"的手段系列中,而很少停下来想一想自己正在追求的到底是什么以及自己到底想要什么,自己追求的手段到底在多大程度上偏离乃至反对着自己设定的那些原初目标。

第三节 小结

以上分析所表明的是:现代消费方式的生存论关系处于一个既克服资本"增殖原则"的限制又接受这些限制、既催生自由的可能性又消解自由的可能性、既解放又限定"历史形成的需要"的矛盾对决场域,资本逻辑既以文明和文化的方式发展了人的生存,又以扭曲和异化的方式限制了人的生存。资本逻辑培养的现代消费方式是以物的依赖性为基础的文明化消

---

[1] 西美尔:《金钱、性别、现代生活风格》,顾仁明译,学林出版社2000年版,第11页。

费,这里的"文明化"相对于传统消费方式,当然是真实的消费进步和生存成就,不过这种进步和成就又被资本逻辑嵌入到物的依赖关系中,使得现代消费方式的生存论关系表现出张力的特征。

归结起来,现代消费方式成为"资本推动"和"资本限定"这一张力关系的冲决产物和表达方式,并始终内在于此一张力的缠绕中。这样,内在于资本推动作用中的超越性要求,凭借消费的文明化性质时刻强调它不断进步、不断趋于本真生存的趋势,要求社会承认它的积极品质;同样,内在于资本限定作用中的从属性要求,借助于现代消费的物化形式转化为消费主义理念,要求人的生存方式对资本增殖的完全服从。这实际上将消费的生存论关系放在了相互冲突、自相矛盾的位置上,使其命定般地要同时接受两种截然对立的要求,同时满足注定无法同时满足的要求,而现代人之所以同时感受到生存质量的提升和生存意义的焦虑,其深刻原因即在于此。

最后,简短结论便是:现代消费方式的生存论关系在资本推动和资本限定之间矛盾地发展。资本推动和资本限定之间的矛盾张力贯穿到现代消费方式中,使得现代消费方式在象征价值层面上表达为独立自足的一极,在经济价值层面上表达为被控制的一极,由此现代消费裂化为两个完全对立却又缠绕互补的领域:一个寻求超越的领域和一个寻求增殖的领域;一个只有超出自身才能实现自身的意义场和一个只有最大化自身才能完成自身的资本场。然而,这种张力又始终包含在现代消费方式中,它从不外在于现代消费方式自身,而是现代条件下消费得以可能的条件,如果是抽去了其中的任何一极,那么现代消费方式就不复为自身。就此而言,任何试图对现代消费问题有所言说的理论都应当建立在承认消费之矛盾性质的基础上,才能真实地有所言说。

第六章

建构生存论的消费方式

人们凭借现代消费方式获得了传统时代无法比拟的消费便利和生活富足,这是现代消费不容抹杀的历史合理性,但是与之相随的是持续不断的人际冲突、恶性竞争、社会不公乃至生态危机,这正表明了一个事实:现代人没有伴随消费的生存论转向而从根本上转换消费活动的基本视界和根本主题,还是滞留于传统的、非生存论的基本视界和根本主题。因此现代人要走出消费活动所导致的一系列困境,首要的任务是改变传统的消费方式,代之以生存论的消费方式,确立具有生存论之根本性质的基本视界和根本主题。简言之,即建构生存论的消费方式。

第一节 生存论的消费方式:消费即生存

马克思在《1844年经济学哲学手稿》中提示我们:"当物按人的方式同人发生关系时,我才能在实践上按人的方式同物发生关系。"[①] 所谓"物按人的方式",意指作为人的对象性活动的产物,物体现出人的本质性力量,亦即人的对象化,而"按人的方式同物发生关系",意指物具有属人的性质,并且物所体现的人的本质性力量回复、增强和改造着人,亦即对象的人化。如果是从生存论视域来看,马克思不过是以辩证的语言表达

---

① 马克思:《1844年经济学哲学手稿》,人民出版社2000年版,第86页。

了一个极为普遍、极为正常的事实：人的生存一定是为人的，否则脱离了人的生存性质的任何"物"都会丧失"物"的身份，对人来说都是一个抽象的无。从这一点出发可以说，任何消费活动的最终目的都是为了人的生存，只不过为了人的生存这样一个再明白无误的目的，人们才会去吃、喝、住、穿、用等等，即进行各种各样的消费活动。在这种意义上，消费即是人的生存的具体展开和实现，生存即是消费的出发点和归宿，亦即消费就是生存。从生存的角度去进行消费，其实就是将生存作为消费活动的基本视界和根本主题，这正是生存论的消费方式。与消费主义理念将消费作为生存之目的不同，生存论的消费方式合理地"颠倒"了消费和生存之间的关系，将人的生存置于消费的目的之维和基础之维上，这就厘清了消费和生存之间的正常的关系，确立了消费的真实形象。

迄今为止，人们谈论消费最多的场合是在经济语境和经济学中，标志便是人们往往把消费和生产理解为一对相互对照、相互对应的概念。其实，这种理解方式具有深刻的历史不合理性。这里的"生产"只不过是物的生产，其实质是资本的增殖，消费被放置在资本增殖语境中加以考察，这就根本性地颠倒了消费的本真含义。而消费在本来意义上只不过是属于人的生存并为了人的生存的，人的生存才是消费的价值基础。因此，如果消费和生产作为一对概念还有生存论意义（而非经济意义）的话，这里的生产只能是人自身的生产，作为人的自我证实和自我实现的生产。笔者认为，经历了近一个多世纪的消费生存论研究历程和由个体主义消费方式、经济主义消费方式以及文化主义消费方式构成的流行性消费方式所引发的诸多矛盾之后，我们应该回到人自身了。"回到人自身"就是回到人的现实发生着的、时刻生成着的生存世界中，回到每个现实的人展示其生存、开展其关系、展现其可能的具体生存世界中。从人的角度观照消费，首先应当把消费看作是人的消费，然而仅仅归结到这一点，并不能彰显出消费的本真内涵。这是因为这里的"人"如果不进行深入具体地界定，那么就是马克思曾经批判过的抽象的、栖息于世界之外的、离群索居的人，这样的人只是毫无具体内容的抽象范畴，而所谓的"人的消费"也不过是一个空洞抽象的范畴，没有任何解释力可言。那么，"人的消费"的意蕴何在呢？

我们的回答是：消费只不过是为了人的生存，为了人的生命力量的充分发挥和展开，为了使人的现实的不甚美好的生存世界成为人的能够承诺其生存可能性的家园世界。因此可以说，看似平淡无奇的消费，其实承载着丰厚而又沉重的生存论意义，每一次的消费活动，其实都是人的生存的展现形式，都是人的生命活力的开放形式。不管是吃喝玩乐、穿着打扮、洋房别墅，还是琴棋书画、读书看报乃至艺术欣赏，各种形式的消费活动在原初意义上都是人的生存的不同形式，都是人在生存过程中与自己和周围世界打交道的不同方式。在这种意义上可以说，生存规定着人的消费，消费充实着人的生存；生存是人的消费之起点，也是人的消费之结果，而消费是人的生存之显现。

然而，这里的生存并不是通常所说的"活着"，"活着"意谓作为"基本事实"的生存。生存作为"基本事实"并不等于"原初事实"，前者指的是人"最基本的生命存在状态"，其实就是"最低限度地活着"，后者指的则是人"本然本真地活着"。前者是经验地描述对象实然的基础层次，后者则是反思地展示事情内在而始源的性质。[1] 本真意义上的生存不是仅仅活着就可以了，也不是生命的存活这一事实所能涵容的。它不仅不是动物式的生存，而且也不同于古代人的生存，它不会无批判地领受日常生存赋予它的一切，而是按照自己的生存意识和生存理解去不断地超出生存，亦即超出自身。"吃、喝、生殖等等，固然也是真正的人的机能。但是，如果加以抽象，使这些机能脱离人的其他活动领域并成为最后的和唯一的终极目的，那它们就是动物的机能。"[2] 可见，哪怕是最经常被人们等同于动物式生存的人的食色活动，也具有不断超出自身而生发出本真生存境界的意蕴。问题的真实意义不在于吃喝玩乐之类的消费活动被冠以"低级"称号，也不在于读书看报之类的消费活动被赋予"高级"性质，而是一种消费活动只有不断地超出自身，它才能够真正地实现为生存自身，才

---

[1] 张曙光：《当代中国语境中的生存哲学》，《天津社会科学》2000年第3期，第13页。

[2] 马克思：《1844年经济学哲学手稿》，人民出版社2000年版，第180页。

能够表明自己的生存身份，这是关于消费的生存论理解，也是关于消费的本真理解。

第二节 生存论消费方式的三个维度

生存论消费方式的核心是以生存作为消费的基本视界和根本主题，具体而言，它内在地包括三个维度：人本维度、规范维度和极限维度，这三个维度实际上是生存论消费方式的内涵的展开。

一、人本维度

如果从生存论视域进行考察，会发现消费主义存在两个突出问题：在质的层面上，消费主义将消费颠倒为生存的目的，在量的层面上，消费主义追求物质财富的最大化占有，这样两个层面都与人的本真生存方向相违背。人既要生存，又要发展，在生存论语境中，这里的"生存"是维持生命存活的意思，"发展"是更好的、更自由的生存的意思，维持生命存活是自由生存的基础和前提，自由的生存才能更高质量地维持生命存活。然而，消费主义把本是为了自由生存的消费升为目的，又把消费定位在占有物质财富的单一维度上。在这个意义上，消费主义体现了一种以物为中心、以物为旨归的物欲意识。物欲意识根本性地颠倒了人与物的关系，把本来是人的活动产物的东西推崇为人的价值中心，因此要批判消费主义理念及其物欲意识，就需要真正地树立起消费的人本维度。

消费的人本维度是生存论消费方式的根本维度，指的是任何消费活动无论具体目的是什么，其终极旨归都是为了人的生存和发展，并且有利于人的生存和发展。对于现实的人而言，没有什么东西比人的生存和发展更应当成为人的活动的价值旨归了，消费活动自然也应当确立为了人、有利于人的自觉意识。它有两个方面的要求：

1. 超越物欲意识，确立"为了人"的消费理念。物对于人的生存和发展具有重要作用。人的生存和发展不是想象式的思辨活动，而是需要一定的现实条件才能完成的历史活动，其中最重要的便是具备一定的物质资料、物质资源。即使在未来理想社会的情况下，物的前提性作用也绝不会消失，相反，如果任何情况下缺乏相应的物做支撑，那么只能导致极端贫困的普遍化，只能导致陈腐污浊的死灰复燃，这就是马克思所强调的人类生活得以实现的"永恒的自然必然性"。就此而言，消费主义的合理性在于肯定了物质财富对于人的生存和发展的前提性作用，表达了人们对于自己的生存基础的理解。不过，消费主义在重视物的同时，把生活的重心都定位在物的单一维度上，这不能不说是消费主义的偏颇之处。很明显，追求物的维度涵盖不了人的生存和发展的全部内容，对于人的生存尤其是对于人的发展而言，具有关键意义的是自由时间、"普遍的社会物质变换"、"全面的关系"、"多方面的需求"和"全面的能力体系"等人本身的财富，追求人本身的财富才是"为了人"，为了人的生存和发展。在这个意义上，人本身的财富和"为了人"的消费理念处于同一层次上，追求人本身的财富意味着"为了人"的消费理念的实现，"为了人"的消费理念的题中之义便是追求人本身的财富。马克思曾经多次将"为了人"的基本理念理解为追求人本身的财富，他说随着机器大工业的发展，"劳动表现为不再像以前那样被包括在生产过程中，相反地，表现为人以生产过程的监督者和调节者的身分同生产过程本身发生关系"①，如此导致的结果便是"表现为生产和财富的宏大基石的，既不是人本身完成的直接劳动，也不是人从事劳动的时间，而是对人本身的一般生产力的占有，是人对自然界的了解和通过人作为社会体的存在来对自然界的统治，总之，是社会个人的发展"②。他还认为随着劳动和资本对立的消除、社会生产力的迅速发展，"真正的财富就是所有个人的发达的生产力。那时，财富的尺度决不再是劳动时间，而是可以自由支配的时间。"③ 可以说，人本身的财富是物质财富的价值基础，人本身的财富的消费统摄和规定着物质财富的消费，

---

① 《马克思恩格斯全集》第46卷（下），人民出版社1980年版，第218页。
② 同上。
③ 同上书，第222页。

凡是从根本上有悖于人本身的财富的消费活动都是不应当提倡和推崇的。

2. 确立"有利于人"的消费之合理性尺度。什么样的消费是合理的，什么样的消费是不合理的，这在不同时代、不同历史环境中有着不同的尺度，例如在中国传统社会，臣民不能穿黄色衣服，因为这违反了封建等级标准，而这样一个标准在现代社会则完全失去了作用，所以抽象地谈论消费之合理性尺度是没有意义的。但是在特定的历史环境下，消费活动则有着合理性的评判尺度。尤其是在市场经济的总体历史环境下，现代消费方式的生存论关系已经彰显，这为确立"有利于人"的合理性尺度奠定了现实基础。所谓"有利于人"是指不仅有利于人的生存，而且有利于人的发展；不仅人的生存活动为发展目标提供坚实保障，而且在人的发展活动中实现人的生存；不仅有利于人的近期的生存和发展，而且有利于人的远期的生存和发展。如果说"为了人"的消费理念是生存论消费方式的出发点，那么"有利于人"的消费尺度则是生存论消费方式的归宿。前者侧重于主观上的一种自觉意识，后者则不仅包括主观要求，而且更侧重于客观上的实现要求。如果一种消费活动出于"为了人"的自觉意识，但客观结果却是损害人的生存和发展，那么这种消费活动同样是不应当提倡的。

二、规范维度

任何消费活动都不是自我规定的活动，都具有一种外部性效应，哪怕是以个体为单位的消费活动，都是在与他人的社会关系中进行的，这意味着消费必须要遵循一定的规范。消费的规范维度是生存论消费方式的内在要求，一个人要正常地生存和发展，必须要在社会成员达成一致和共同遵守的规范内行动，否则基本的生存秩序都无从谈起，更何况人的发展。这一要求体现在人们的消费活动中，便是消费的规范维度。它包含着三个方面的要求：

1. 克服消费的个体性视界，确立消费的社会性视界。一种消费活动的内容和性质，直接地决定于人们进行消费活动时的视界，例如有的人热衷炫耀性消费，这和他认为的"消费能够提高个人地位"的理解是分不开的，而这种理解始终停留于个体性视界中。虽然现代消费活动极大地开拓了人们的生存空间，凸现出越来越多的生存论关系，但是现代消费的视界始终未能从根本上突破个体性的界限。在马克思哲学看来，立足于个体性视界、仅仅从个体基点上寻找生存改善的途径，注定是一条走不通的死胡同，现代社会越来越显示出与个体性主体路向相反的趋势，即社会性主体的路向，它强调合理生存世界的建构要通过社会性实践，以社会关系的运作和打磨才能成就个人的生活价值。其实，消费成为一种文化活动，便预示着消费是一种在社会范围内展开的活动，并有着丰富的社会内涵。这些内涵包括人与自然、人与人、人与自我之间的关系，其中消费所蕴含的人与人的关系又内含着道德的相关性、经济的相关性、政治的相关性乃至全球的相关性，这些关系和相关性都构成了消费活动的社会性视界的基本内容。由此不难发现，一种消费活动如果在个体性视界中呈现着较大的私人性和自由度，但一旦放到社会性视界的平台上，便会呈现出极其丰富的社会内涵，这无疑提示我们：生存论消费方式的规范维度应当建立在社会性视界中。

2. 树立科学消费的意识。规范维度的第一个要求是以科学的方式进行消费活动，即科学消费。科学消费是指符合人的身心健康和全面发展、促进社会经济文化的协调发展、追求人与自然和谐的消费方式。以联系的、整体的和全面的观点来理解消费，必然会看到消费活动始终处于与人自身的全面发展、与社会的平衡协调、与自然的和谐共处的关系维度中，这就要求人们的消费观念、消费结构、消费内容和消费方式都要内在地贯彻科学性的维度。科学消费首先要求消费者具备一定的消费科学知识，并运用这些知识指导自己的日常消费活动。其次要正确处理生存和发展、消费和积累、即期消费和长远消费、物质消费和精神消费的关系，使得消费活动既能够保证身心健康，满足当前需要，又能够兼顾全面发展，满足长远需要。再次要正确处理消费过程中的自我和他者的关系，即自我与他人、自我与社会、自我与生态的关系，使得自我和他者之间的关系具有和谐共生的性质。

3. 树立道德消费的意识。作为一种社会性行为，消费活动必然引起道德意义上的社会关系的调整问题，其实，现代社会的文明水准、自然资源的有限性和贫富两极分化的状况决定了道德意识在消费活动中的不可或缺性，因此规范维度的重要内容便是树立道德意识。在所有消费活动中，比较突出地关联着道德问题的是消费主义生活方式，这种生活方式追求以物质为载体的当下刺激和即时感受，迷信越多越好、越新越好的消费风格，丝毫不考虑或是蔑视消费活动引起的道德问题、社会问题以及生态问题。因此树立道德消费意识的关键是改变消费主义生活方式的高消费和奢侈消费偏好，促使人们养成在考虑社会影响和生态影响的前提下进行消费的习惯。当然，道德消费不是要求人们节衣缩食和禁欲苦行，而是向人们表明除了高消费和奢侈消费能够带来刺激和享受之外，道德价值、人际关系价值和生态价值同样能够提供给人们以实质性的享受和幸福，同样能够满足自我利益实现的需要，而且这些是比奢侈享受更为深刻的感性和理性统一的精神幸福的实现。

三、极限维度

极限维度主要针对消费活动所蕴含的人与自然之间的关系。就绝大多数消费品的直接形态而言，无疑是人们的劳动产品，但就其终极形态而言，则是大自然的自然资源。大自然将自然资源赋予给人类，人类经过生产活动和消费活动后将人化的自然资源还给大自然，大自然再经过一定的物质转化过程重新开启这样一个过程，这本是自然与人类之间的正常物质循环，但是长久以来人们都认为自然资源是取之不尽、用之不竭的，资源无限的理念支持着和推动着人们毫无限制地开采资源，以致20世纪的人类史是一段生态关系严重失衡、生态危机频频发生的生态破坏史，这其中的重要原因便是人们没有自觉地贯彻极限维度。极限维度是生存论消费方式的一个重要维度，是指人们在进行消费活动时，认识到消费活动与生态系统支持能力的相关性，从而对自己的消费保持一种自我限制、自我克制的意识。它体现为两方面的要求：

1. 人与自然的共生意识。自从人类产生以后，人与自然就始终处于相互作用、相互制约的联系中，对于人来说，自然绝不仅仅是人类取用资源的资料库，而是人的"无机的身体"，是人的一部分。就人的肉体生活和精神生活的全部资料和内容都来自于自然而言，这种联系不外乎是自然同它自身相联系，因此人又是自然的一部分。人与自然本是同根相连、荣辱与共的，"共生"是两者的本质联系。马克思曾特别强调了这种"共生"特征："历史可以从两方面来考察，可以把它划分为自然史和人类史。但这两方面是密切相联的，只要有人存在，自然史和人类史就彼此相互制约。"① 这里的"共生"当然不是指人类产生之前的一种关系，人类产生之前的自然对于人而言只不过是一个抽象的无。人自从产生的那一刻起，就历史地处于与自然相互联系、相互制约的生存情境中。人们的消费活动和生产活动能够强烈地改变自然本身的变化及其过程，而自然的变化及其过程也同样极大地作用于人们的生存和发展。因此，生存论消费方式的极限维度揭示出了人与自然的"同根共生"的关系性质，这就要求人们在进行消费活动时，应当确立"保护自然就是保护人类"的共生意识。

2. 对自然的自主性的意识。20世纪频频发生的生态危机向人们表明了一个无可辩驳的事实：自然本身是一个能够发挥出巨大辐射力的自主性系统。事实上，在人类通过自己的活动来改造自然的同时，自然始终在自我改变、自我塑造，而且由于加入了人对自然的作用力，自然本身的自我改变和塑造更加具有不确定性，甚至具有对人而言的威胁性。可以说，自然对人的威胁是自然的自主性的极端表现形式。而人们长期以来缺乏对自然的这种自主性的自觉意识，仅仅是把自然当成是被动的、人的对象来看待，因此遭到了来自自然的猛烈报复。只有深切地认识到自然的自主性，认识到自然对人的强烈作用力，人们才有可能真正地确立起对自然的敬畏之心，从而确立起对人类自己的限制意识。当然，这种限制是合理意义上的限制，它表明人们意识到了自己的生存条件，意识到了人的力量的边界，因此它又是人类不断走向成熟的标志。

---

① 《马克思恩格斯全集》第3卷，人民出版社1960年版，第20页。

第三节 生存论消费方式的建构路径

毫无疑问,生存论消费方式是符合消费之生存论转向的消费方式,它标志着人们消费活动的基本视界和根本主题,转换到了与人的本真生存方向相一致的生存论路向上来。然而生存论消费方式的内涵和多重维度只是描述了理想消费方式的一种结果性事项,更为根本性的问题是如何促使人们的个体主义消费方式、经济主义消费方式和文化主义消费方式转换为生存论消费方式以及完成这种转换所需要的社会建制的关键因素是什么。简言之,生存论消费方式如何建构?我们认为,现代消费方式的生存论关系既然根深蒂固地决定于资本运动中,那么生存论消费方式的建构路径也应当从资本运动中延伸出来。

一、建构基点:资本边界意识的自觉

现代消费方式在资本运动中表现出来的双重生存论关系提示人们应当辩证地对待资本逻辑,即形成对资本边界意识的自觉。既要认识到资本逻辑对现代消费方式的积极塑造,充分运用资本力量推动消费的生存论意义,又要认识到资本逻辑对现代消费方式的消极限定,借助资本自身的力量和社会性手段来规制资本逻辑,使得资本逻辑发挥出更多的积极作用和更少的消极作用。可以说,资本边界意识的自觉是建构生存论消费方式的基点,它包括两个方面的要求:

首先是发展和占有资本文明。资本逻辑出于增殖需要,培养出了现代消费方式的生存论意义,培养出了具有多方面需要和丰富享受能力的人,这使得自然经济对人的生存的积极作用相形见绌,它以传统人无法想象的广度和深度改造着消费的性质,并促使这些性质发挥出积极的生存论关系,这些都对现代人提出了发展和占有资本文明的历史任务。

发展和占有资本文明是建构生存论消费方式的前提,否则不依据资本

逻辑的内在运动，那么新型消费方式的建构就会缺乏存在论的根基，而且更为可怕的是，没有资本文明支撑和排斥资本文明作用的消费方式，注定是缺乏历史合理性的消费方式。这种消费方式尽管可以在形式层面上比资本文明下的消费方式优越很多，但在实质层面上远远比资本文明下的消费方式落后很多，它只能是传统消费方式的变体而已，即或者是采取了社会主义形式的封建主义等级制消费方式，或者是采取了供给制形式的生存主义消费方式。在人类历史上，曾经有过多次在排斥资本文明基础上改造消费方式的试验，这些试验都无一例外地以失败而告终。例如苏联在成立初期实行的"战时共产主义"政策，禁止所有私人贸易活动，取消货币流通和商品交换，实施实物交换，将全部工商业加以国有化，最重要的是以余粮收集制为基础的粮食分配措施，对粮食按照阶级原则由国家统一分配，国家收购农民的农产品时，只付给农民一定数量的货币或少量工业品。尽管"战时共产主义"政策保证了苏联能够动用一切力量赢得战争胜利，但它不完全是出于战争的需要才提出来的，而是被当时的领导人列宁当作了向共产主义直接过渡的手段和途径，"我们要强迫地方机关把中央的政策贯彻到底，它们应该习惯这一点。这是很苦难的。千百万人习惯于把中央政权看作强盗、地主和剥削者。对中央根本不信任，这是很自然的；但这种不信任必须克服，不然就不能建成社会主义，因为建成社会主义就是建成集中的经济，由中央统一领导的经济。"[①] 不难看出，列宁的"战时共产主义"政策排斥对资本文明的占有，排斥市场交换式的消费方式，试图走出一条绕开资本文明而直接迈向共产主义的道路。事实证明，"战时共产主义"政策没有帮助苏联走向共产主义，反而造成了极其严重的政治、经济和社会后果，其中重要的方面便是绝大多数人的消费水平急剧下降，大批农民的切身利益受到损害，消费状况甚至不如十月革命之前，这也成为广大农民从不信任政府到发动暴动的导火索。再比如我国建国之后长期流行的平均主义消费方式，要求生活必需品通过官方机构进行发放，而不是由市场进行分配，个人的衣食住行、生老病死都要执行国家统一标准，

---

① 《列宁全集》第35卷，人民出版社1989年版，第414~415页。

<<< 第六章　建构生存论的消费方式

凭票据进行供应，不管干多干少、干得好干得差，从事同一岗位的人拿的是完全相同的工资、奖金和津贴。居民的消费个性被抹杀，消费差异被抹平，消费需求被压抑，而且正常的消费活动都被赋予了政治色彩，穿衣服要有领有袖，否则便是心中无领袖，"许多娱乐性的活动，如跳舞、郊外野营和一些业余爱好俱乐部都被怀疑有'资产阶级'的倾向而遭到大规模的削减。当局还试图通过鼓励人们在传统节日加班，并禁止人们吃月饼、焚香、赛龙舟和其他一些因节日而举行的仪式，来阻止人们对传统节日的庆贺。"[1] 这种平均主义消费方式统摄下的消费方式表面看来是计划消费，按照国家计划统一向人们发放日常消费品，实质上只是一种依据主观原则、任意分配的命令式消费、等级式消费，如此导致了大众的消费水平长期停留于维持生存的层次，表现为一种匮乏型和温饱型的消费生活。

由此可见，离开资本文明基础的消费必定远远低于资本文明造成的消费生活成就，在不具备资本文明的条件下强行以高于资本的方式来推进消费方式的改造，结果也只是一种不切实际的举动，唯一的道路只能是发展和占有资本文明，充分运用资本逻辑的力量来为现代人的消费方式转换提供坚实基础，如此，现代人才能获得无愧于现代条件的消费成就和生存成果。那么，应当通过什么方式来发展和占有资本文明呢？

需要指出的是，这里的"资本文明"并不仅仅限于通常谈论的资本主义社会所创造的文明形态，资本不等于资本主义，资本的范围远远大于资本主义的范围，因此，资本文明就是以资本生产方式为基础创造出来的文明形态。资本生产方式既包括资本的物质生产力，也包括资本的社会生产关系，而且是两者的统一，这也就意味着发展和占有资本文明，就是发展和占有资本生产方式开拓出来的整体化的文明形态，不仅有机器化生产体系、电子化生产体系、先进的科学技术、优良的物质设施，而且还有平等民主的观念形式、自由多元的意识内容、注重享受的生活理念以及"普遍的社会物质变换、全面的关系、多方面的需求和全面的能力的体系"。全面完整地认识资本文明的内涵，才能不局限于仅仅从形式层面发展和占有

---

[1] 麦克法奈尔、费正清：《剑桥中华人民共和国史》（1965～1982），谢亮生译，中国社会科学出版社1990年版，第759页。

资本文明,而且还要从实质层面发展和占有资本文明,以资本文明改造传统社会的文明形态,从而更好地服务于生存论消费方式的转换。

既然资本文明是包括了生产力和生产关系的整体化的文明形态,那么发展和占有资本文明的具体方式就只能是资本的方式,而不能是任何其他别的方式。不管是低于资本的封建方式,还是高于资本的共产方式,都不是现代条件下的合理选择,因为以封建方式发展和占有资本文明,最终仍会把生产方式拉回到前资本时代,这只会为日后的发展造成障碍,而以共产方式发展和占有资本文明,这是在带有空想性质的试验,尽管动机很好,但结果往往是苦难,仍然会造成生产方式的衰退。只有资本的方式才是发展资本文明、占有资本文明的唯一的合理途径。"劳动生产力的任何提高……都是资本的生产力的提高,而且,从现在的观点来看,这种提高只有表现为资本的生产力,才是劳动的生产力。"① 在现阶段,我们发展和占有资本文明的具体形式是市场经济。通常认为市场经济是以市场作为资源配置方式的一种经济形式,其实,市场经济更为本质的内涵和基础是资本生产方式,正是在资本造就的经济系统中,市场经济才能获得自己的典型表达,资本是市场经济的本质规定,市场经济不自觉地实现着资本生产方式的一般目的和本质趋向。自从改革开放以来,我国便开始从计划经济向市场经济转变,邓小平同志为不断冲破传统社会主义经济观念做出了重大努力。1979年,邓小平就指出:"说市场经济只存在于资本主义社会,只有资本主义的市场经济,这肯定是不正确的。社会主义为什么不可以搞市场经济,这个不能说是资本主义。"② 1985年邓小平再次指出:"社会主义和市场经济之间不存在根本矛盾。问题是用什么方法才能更有力地发展社会生产力。"③ 1992年邓小平的南方谈话更加鲜明地指出:"计划多一点还是市场多一点,不是社会主义与资本主义的本质区别。计划经济不等于社会主义,资本主义也有计划;市场经济不等于资本主义,社会主义也有

---

① 《马克思恩格斯全集》第46卷(上),人民出版社1979年版,第306页。
② 《邓小平文选》第2卷,人民出版社1994年版,第250页。
③ 《邓小平文选》第3卷,人民出版社1993年版,第184页。

市场。"① 在邓小平理论的指导下，我国一步步破除了计划经济模式，并成功地完成了向市场经济模式的转变。可以说，我国市场经济体制的建立，是历史地发展和占有资本文明的合理路径，是充分运用资本逻辑力量来提高人民消费水平和生活水平的有效途径，也是运用资本生产方式来建构生存论消费方式的具体方式。

其次是限制和超越资本逻辑。资本逻辑释放出来的历史能量对人们的消费方式发挥了积极影响，这只是问题的一个方面，问题另外一面是资本逻辑造成了普遍和深刻的消费异化，从而使得消费的生存论性质发生扭曲。马克思曾经深刻地指出，资本由于反人性、反历史的固有局限，使得它无法容纳它自己创造出来的历史成果，"资本的垄断成了与这种垄断一起并在这种垄断之下反升起来的生产方式的桎梏。生产资料的集中和劳动的社会化，等到了同它们的资本主义外壳不能相容的地步，这个外壳就要炸毁了。资本主义私有制的丧钟就要响了。剥夺者就要被剥夺了。"② 马克思在19世纪中叶就预测了资本主义必然灭亡的历史命运，尽管这一命运还没有成为现实，但马克思所说的资本必然被资本自身所克服和扬弃的历史运动时刻在进行中。当然在资本文明的基础上，资本生产方式有可能在自我推翻之前就已经和平地过渡到了更高级的生产方式，从而不经历那种社会、经济和日常生活普遍遭受崩溃的局面，但资本逻辑日益积累起来的消费异化却是真实存在的。毫无疑问，这些异化是否定意义上的消费性质，在这种情况下，限制和超越资本逻辑的问题就提了出来。

限制和超越资本逻辑的目的是为了使资本逻辑造成的生存论异化作用最小化，使资本逻辑释放的历史能量更多地为人们的消费和生存服务。限制和超越资本逻辑不是否定资本逻辑，也不是绕开资本逻辑，否则它就又变成了对待资本逻辑的传统愚昧做法。具体而言，限制和超越资本逻辑包括两方面的内容：一是限制。既然是限制，那么就不是根本意义上的否定和排斥，限制的措施往往是在资本逻辑损害了人们生存利益的情况下提出的，被作为资本消极作用的反应物提出来，因此对待资本逻辑消极作用的

---

① 《邓小平文选》第3卷，人民出版社1993年版，第203页。
② 《马克思恩格斯选集》第2卷，人民出版社1995年版，第269页。

合理方式是规制、约束等限制方法，而不是铲除、排斥等否定方法。限制的方法主要是通过社会性手段如社会规制、社会教育、社会劝导、社会强制和社会规划等来限定资本逻辑发生作用的范围、层次和水平，尽可能地将资本逻辑导向有利于消费之生存论意义的方向上去，削弱资本逻辑的消费异化作用，其表现形式多种多样，主要有教育、劝导、规划、立法等等，极端的做法还有暴力等措施。很明显，这些措施肯定不是资本逻辑所欢迎的，因此就需要采取社会性的手段来进行，而且限制资本逻辑的动力来自于不断增长的"社会的人的属性"，来自于人的本真生存自觉意识的提高和完善。

二是超越。尽管资本逻辑发挥着积极作用，但资本逻辑不是不应当超越的，资本逻辑导致的消费异化使得超越资本逻辑成为必要。有的人认为超越资本逻辑虽然必要，但现阶段的主要事情是充分运用资本逻辑，等资本逻辑的历史能量发挥完毕后再去超越也不迟。这种观点把运用资本逻辑和超越资本逻辑完全对立起来，因此是错误的。其实，运用资本逻辑的过程本身便是超越的过程，马克思曾经指出自我异化的扬弃要从异化的途径中去寻找，即异化扬弃与异化走的是同一条道路。同样，资本逻辑的扬弃要从现阶段的资本逻辑运用途径中去寻找，资本逻辑被扬弃的所有手段、可能性都蕴藏在运用资本逻辑的历史过程中。从这个意义上来说，今天运用资本逻辑，正是为未来扬弃资本逻辑创造必要的条件。而且更为关键的是，在运用资本逻辑的过程中，有没有超越资本逻辑的指向，带来的历史效果是不一样的。为了扬弃目的而运用资本逻辑和为了永远保存目的而运用资本逻辑，这两种做法会产生根本不同的意义，前者自觉意识到了资本逻辑的历史局限，力图把资本逻辑纳入到更为宽阔的社会运动过程中，因此能够最大限度避免资本逻辑的异化作用，后者将资本逻辑永恒化，必然不能充分认识资本逻辑的历史缺陷，从而也就无法避免资本逻辑异化作用的泛滥。超越资本逻辑的指向应当贯彻到运用资本逻辑的整个过程中，成为运用资本逻辑的基本原则之一，如此，两者才能保持适度的张力，从而使资本逻辑成为建构生存论消费方式、促进人的生存和发展的重要基础。

二、消费正义的制度安排路径

在生存论视域中，消费活动蕴含着人与自然、人与人以及人与自我的多方面关系，而这些关系内在地贯通着"正义"所表达的内容，正义成为生存论消费方式的重要内涵。正义在不同语境下具有不同的含义，我们这里所使用的正义概念是指人们在具体的活动方式中所实现的多方面关系的和谐统一，消费正义正是消费活动所蕴含的多方面关系的"和谐统一"。首先就人与自然的关系而言，消费品的最终来源不过是自然界，人们在生产和消费某种消费品时，事实上也是在间接地与自然界发生关系，今天人们已经越来越深刻地认识到了人与自然关系的紧密，从而才能自觉地通过一定的消费活动来调整人与自然的关系。其次就人与人的关系而言，人们从来不是作为"单独个人"开展自己的消费活动，而是凭借社会的价值标准、根据社会的价值要求来确立自己的消费方式，并且自己的消费活动也直接和间接地影响到社会，在消费的社会属性基础上，现代社会的广告、时尚、潮流等"非个人性"的现象才能够存在，由此人与人的关系意识也更多地出现在人们的自觉意识层面。再次就人与自我的关系而言，不管一个人主观上如何，消费都体现着他的生活理念、渗透着他的认同意识并且表达着他的生存方式，因此如何处理人与自我的关系，也是消费活动始终面对的一种重要关系。

结合上述阐述，我们认为消费正义实质上是消费的正当合理，是将消费的正当性依据放到正义的价值维度中加以考量，以对具体的消费活动进行理性反思和价值引导，从而建立一种提升人的生存方式并与人的本真生存方向相符合、相一致的消费方式。可见，消费正义是生存论消费方式的具体化，与生存论消费方式保持着价值指向和实质精神的一致性。那么，消费正义如何才能实现呢？

在我们看来，任何消费正义问题都蕴含着三个方面的预设：一是资源的稀缺性。只有在具有稀缺性的自然资源和社会资源面前，才会产生不同个人、不同群体、不同地区乃至不同时代之间的分配方式和消费方式，由于资源总量是有限的，消费者也是有限的，因此无论如何分配和消费都表达出一种消费正义状态。当然，不同的消费正义对于不同的人具有不同乃至截然相反的实际意义，人们从来不会真正地关心抽象的消费正义是什么，人们只关心具体的消费正义是什么，即消费正义到底会给自己带来什么。从历史进步的尺度而言，一种为更多的人认同的消费正义将会是最大限度地代表最大多数人利益的消费方式。至少迄今为止，"最大多数"原则是解决资源稀缺性问题的最具合理性的方式。二是人的素质的差别性。无论是人的先天素质，还是后天通过教育、训练等培养的素质，人的素质都是千差万别的。具体来说，人的素质包括知识、能力、品德、修养等，这些素质都会在人们的消费活动中现实地发挥作用，从而给不同的人以不同的实际效果。但是如果从社会层面看，这些实际效果能否以"和谐统一"的方式体现出来，还是一个未知数，因此人的素质的差别性也使得消费正义问题成为可能。三是人的实践活动的效果。在真实的社会情境中，人们都是根据自己的实践活动——表现形式有工作、业绩、贡献等——的效果来确定自己所享受的消费份额，这种方式当然具有合理性。不过，一旦我们将视野扩大到社会和自然层面，就会发现在资源的稀缺性环境中，如果仅仅考虑实践活动效果因素，那么人们的消费活动就会产生无尽的冲突和纷争；如果仅仅考虑同时代人的生存和发展，那么后代人的生存和发展就会成为问题，这也使得消费正义成为可能。中国改革开放30多年来，人们因为消费问题所引起的斗争和冲突是难以计数的，它们时刻都在生成着消费正义的必要性和紧迫性。因此，实现消费正义从根本上不能依赖人们的主观觉悟，而必须依赖能够规范和引导人的行为的制度，通过合理的制度安排来调整人们在消费过程中所发生的各种关系，从而促使人们的消费活动达致消费正义的境界和本真生存的要求。

这样，消费正义的制度安排路径就分为两个维度展开：首先是消费的代内正义。消费的代内正义是现实生活着的人们在消费的社会利益和生态利益方面的享受问题，换句话说是人们在消费的社会责任和生态责任方面的承担问题。这一问题又有两个维度，第一个维度是同一国家中不同群体、不同人之间的利益享受或责任承担问题。长期的历史实践证明，平均主义的制度安排方式无法达致消费多方面关系的和谐统一，只有有差别的制度安排方式才可能达致消费的和谐统一，而所谓有差别的制度安排可以表现为重视效率兼顾公平，也可以表现重视公平兼顾效率，至于效率和公平的平衡关系当然需要根据具体的历史情境加以确定。第二个维度是不同国家之间的利益享受或责任承担问题，由于不存在真正意义上的"世界政府"，各国之间的利益也各不相同，因此至今人们难以取得共识性的结论。但是，在考虑不同国家之间的制度安排时，应当根据各国的历史情况、经济社会发展程度和现有承受力来确定各国的责任问题，即根据一种"共同但又差别"的原则来进行制度安排。其次是消费的代际正义。消费的代际正义是现实生活着的人与未来的人在消费的社会利益和生态利益方面的享受问题。由于未来的人始终处于"非现实"的状态，不可能现实化地与当代人发生关系，因此消费代际正义问题又转化为当代人自我的问题。就此而言，当代人的自觉原则和主动承担原则尤为重要，当代人只能也必须毫无条件地承担起转变经济发展方式、保护生态环境的责任。

三、追求幸福的理念确立路径

人们的日常消费活动是为了更好地、更自由地生存，而不是为了消费本身。在根本的价值基础上，本真生存是消费的目的，而不能反过来说消费是生存的目的。事实上，本真的生存体现了任何人都无法遏止的一种自觉或不自觉的追求：幸福。如果扪心自问，问一下人生当中什么样的东西是自己始终渴望实现的，那么答案多半是幸福，尽管每个人的幸福内容不一定相同。以生存论视域观照幸福，我们会发现所谓更好地、更自由地生存只能在与不太好、不太自由地生存对照之下才能成立，而从后者向前者的转化必然会使人做出对生存状况的积极的评价，这种评价就是幸福所要表达的内容。在这个意义上，幸福的追求与人的本真生存是内在相通的，换句话说，幸福构成了本真生存的具体的生活指向。

消费、生存与幸福之间具有内在的逻辑关系，尽管现代人把消费物质型产品作为幸福的保证，但是拥有了物质型产品并不意味着就会享受幸福。作为呈现在心理层面的整体性感觉，幸福除了与衣食住行用有关的物质型产品相关之外，更多地与人格、道德、修养、心态、控制力、人际关系等主体因素相关，既然如此，人们消费活动的价值指向就应当遵照幸福的构成要素，按照幸福的理念来调整和引导消费方式。按照堺屋太一先生在《知识价值革命》一书中的描述，随着环境问题、难民问题和人口爆炸问题的相继发生，人们已经开始对物质财富产生"饱和感"，而对"精神生活"的需求却增加，在今后的时代里，人们将不会要求消费更多的资源、能源和农产品，而要求消费更多的"知识与智慧的价值"，更好地利用时间和智慧。[①] 这些描述或许还没有成为当今中国的普遍现实，但从历史演进的长时段角度来看，追求幸福的理念将会受到人们的重视，从而成为消费活动的价值指向。具体来说，这种价值指向的确立可以从以下三方面入手：

1. 努力促使幸福理念成为经济活动的导向和目标。"为生产而生产"固然是现代性生产的根本动力，但经济活动的终极指向是人的本真生存和人的幸福的实现，幸福既表现为生产能力的增强，也表现为社会协作的扩大，既表现为精神素养的提升，也表现为享受能力的提高。通常认为经济活动受到"不以人的意志为转移"的经济规律的支配，而经济规律和幸福没有必然联系，例如物的世界的增值——而非人的世界的增值——始终是商品经济阶段的内在趋势，因此经济活动的目标就是物的世界的增值。不过这种观点只是在经济系统内部才能够成立，如果是将视野放到更宽广的社会系统、历史系统乃至人的发展系统，那么持续不断地将经济活动纳入到幸福实现的链条上，同样也是"不以人的意志为转移"的规律，尽管这一点经过长时段才能看得清楚。经济活动只是为人的幸福的实现奠定基本条件，因此物质型产品的消费不代表人的幸福的充分实现。可以说，人的幸福是经济活动的价值基础，经济活动的终极价值要求是通过物质型产品的生产来发展"不追求任何直接实践目的的人的能力和社会的潜力"，使人的幸福不断地由可能转变为现实、由条件转变为结果。

[①] 堺屋太一：《知识价值革命》，黄晓勇、韩铁英、刘大洪译，东方出版社1986年版，第202页。

2. 在幸福观方面，应当确立精神需要满足意义上的幸福观。如果说物质型产品的消费是幸福的必要条件，那么可以说精神需要的满足便意味着幸福的直接实现。就历史的粗线条和整体面而言，人们的精神需要满足程度与幸福感呈正相关关系，即民众的精神需要满足程度越高，那么幸福感受也就越强，幸福体验也就越深刻。如果精神需要的满足程度越高，精神需求得到较好的释放，那么这至少表明物质生活的匮乏已经被相当程度的克服，在这种条件下，免于匮乏束缚的人们就更有可能去关注精神层面上的事务，生活意义层面就更容易呈现出幸福的性质。在历史上，这样的事例很多，如古希腊的奴隶主和哲学家群体、近代以来的西方民众以及当代西方发达国家的民众。今天，西方国家的许多人已经通过物质崇拜、环境恶化和人际紧张等现象认识到物质型财富观的局限，转而追求无法用数量表达的精神生活，例如一些消费者在关注产品价格、质量的同时，还关注市场交易的道德问题、公平问题以及可持续发展、良好工作条件，甚至供应链中可能发生的人权问题、第三世界问题也在考虑之列。不难看出，这些关注焦点肯定发生在物质生活相当发达的基础上，而且它们本身也成为幸福感受的重要维度，成为幸福内涵的不可缺少的重要方面。这些事例说明，精神需要满足意义上的幸福是对幸福内涵的拓展和深化，也应当成为人们追求幸福的新的方向。

3. 在财富观方面，应当从注重物质型财富转变到注重主体性财富，即以人格、能力、精神、素养等方式存在的财富。在现代社会，人们消费活动的关注点更多的是物质型产品的多量化和精致化方面，而没有实现从物到人的转变，即从物质型产品的消费向主体性财富的拥有的转变。事实上，主体性财富从根本上决定着财富物质形态的变化，财富的物质形态实质上是主体性财富的创造能力的表征。在财富创造的诸要素中，主体性的要素是第一位的，是主导性、主动性的因素，人通过自己有意识有目的的实践活动，使自然界的存在人化，创造了人的世界和人的社会，从而也创造了人自身，获得了人存在的根本意义。正是人的主体性的创造本质，赋予了人是财富核心的质的规定性，因此一种与本真生存方向相一致的财富观应当充分吸收主体性财富，将主体性财富作为现代人财富观的价值基础和根本指向。

四、消费主义的物欲批判路径

任何社会都要建立一个生存理念系统，人们通过这个系统来确立日常生活的价值依据，这类似于卡思陀瑞狄思说的任何文化体系都会存在的"社会想象的表意"。一种文化要成功地运作下去就必须对以下诸如此类的问题做出回答："作为一个集体，我们是谁？我们为了彼此的什么？我们在哪里而我们又是什么？我们要什么；我们的欲望是什么；我们又欠缺什么？"① 尽管各个社会回答的形式和内容各具特点，但任何社会的文化体系都有一些间接或直接的联系贯通着上述所有问题。在市场经济高度发达的今天，现代消费所表达的消费主义生存理念便是现代"社会想象的表意"。现代消费通过将普通消费品与身份、地位、品位进行联姻，消费不知不觉中取代了人们原有的认知自身和周围世界的感知系统，消费由此被定义为人生关怀的终极和生存价值的载体。然而，当现代消费设计了所有的生存情境之后，还是有越来越多的人感觉到生存的苦恼和悖论，感觉到生活没有意义。事实上，问题的根源就出在消费主义的物欲维度上。

作为一种生存理念，消费主义把消费归结为单一的物的消费，即把本来具有社会关系性质的物看成是物的自然形式，并把这种形式看成是影响和支配人的社会力量，从而体现出强烈的"拜物"特征。尽管消费主义肯定了物质型产品对于人的生存和发展的前提性作用，表达了人们对于自己的生存基础的理解，但它从根本上颠倒了人的生存和发展的合理内涵，阻碍了人的本真生存的彰显之路。面对这种日益被人们所认同和奉行的生存理念，我们的合理态度绝不是无奈地接受，而是要揭示消费主义对本真生存的遮蔽，真正地认清消费主义对本真生存的虚假承诺。因此这就需要对消费主义的物欲维度进行批判，其路径主要有三个：

首先，从社会层面看，消费主义的物欲维度掩饰了真实的社会关系。

---

① 汤林森：《文化帝国主义》，冯建三译，上海人民出版社1999年版，第297页。

消费主义把人与人之间的社会关系转化成物与物之间的自然关系，这就把历史地产生的社会关系和受这些关系支配的物获得的社会规定性看成了物的自然规定性，从而将"物"和物所代表的力量神秘化。消费主义的基础是"人与人之间的关系获得物的性质，并从而获得一种'幽灵般的对象性'，这种对象性以其严格的、仿佛十全十美和合理的自律性掩盖着它的基本本质、即人与人之间关系的所有痕迹"①。当消费主义抹去了人们之间社会关系的差异、矛盾、冲突和裂沟，赋予一种"自然而然"、"本来如此"的自然性质时，消费主义的意识形态性质就凸显了出来，这为人们认清社会关系的真相并朝着更合理方向改造社会关系的努力造成了认识障碍。

其次，从个人层面看，消费主义的物欲维度夷平了人的丰富意义世界。按照海德格尔的分析，意义是展开状态的生存论形式构架，换句话说，丰富的意义世界是任何人正常生活都不可缺少的支撑结构，如果缺少了这种意义生活，那么他就会感到生活是不如意的、不理想的乃至不值得过的。这里的关键是"丰富"，意义世界必须丰富、多元才能促使一个人感到生活是丰富的、生命是充实的，如人们对生存方式的追求、对素质能力的历练、对爱情友情的向往、对事业目标的努力等，并且所有这些领域都是价值自足的，各个领域不依附于其他价值目标便能自我保持，而消费主义恰恰是夷平了这种"丰富"，使得任何意义上的"丰富"只有在有助于增加物的力量前提下才能存在，只有依附于物的增殖链条才能保持"丰富"的外观。这也就是现代社会经常出现的"结交朋友是为了赚钱、乐于助人是出于功利"等现象。所以在消费主义流行的社会里，人们普遍对道德、友情、爱情等精神价值保持敏感的怀疑态度，其原因就在于此。

进而言之，消费主义把物作为影响和决定人的社会力量，作为人的价值的"普照的光"和"特殊的以太"，其实质是以物的价值通约人的价值，以物的价值的内容取代人的价值的内容。以消费主义的典型表现形式货币拜物教为例，货币的重要特征便是它的通约性，它可以计算和交换任何商

---

① 卢卡奇：《历史与阶级意识》，商务印书馆1992年，第143~144页。

品的价值量，在一定意义上它也可以计算和交换人的价值。为什么说是在一定意义上呢？因为人的价值与货币价值既有可通约的一面，又有不可通约的一面，可通约的一面在于货币实际上是"人们互相间的物化的关系，是物化的交换价值，而交换价值无非是人们互相间生产活动的关系"①，生产活动及生产关系是人的价值世界的一种内容，因此货币价值把人的价值表达为计算和交换的符号，是人的价值世界中生产领域的题中之义，这一点不仅不是对人的否定，而且是对人的肯定，这是货币在历史上出现并一直存在下去的内在缘由。不可通约的一面在于超出生产领域之后，人的诸多价值有着自己独特的价值根据，在最终意义上也不能被归结于货币价值，如对真善美的向往、对正义的追求等，如果这些丰富的价值服务于货币价值，并被通约为货币价值，那么它们都将无法成其为自身，就像人们所说的"变味了"。现代社会的人们之所以会对道德、崇高、理想采取无所谓和不信任的态度，是因为以货币为代表的物的价值已经吸纳了那些本来确实很崇高和非常丰富的事物，并将它们变成自己增殖的手段，这就是物的价值通约了不可通约的人的价值，将人的丰富意义世界定位于物的价值一极上。

再次，从生命层面看，消费主义的物欲维度导致了生命感觉的钝化和萎缩。当对于物的获取被看做是生活的主要内容时，人们的生命感觉就被定格在物的单一维度上。仍以货币拜物教为例，因为货币作为一般等价物可以购买到任何商品和服务，所以货币自然就成为了现代生活的中心。在文化哲学家西美尔看来，货币地位的上升，以致成为"我们时代的上帝"，其深远意义在于现代生命感觉的改变。在传统社会生活中，人与人之间的依赖关系是人身化、固定的，而现代货币经济迫使人们依据货币价值对日常活动和他人进行估价，使货币价值作为唯一有效的价值出现在意识中，这样对象本身的品质和人身性不再受到心理上的重视，人们就越来越同事物中那些货币上无法表达的意义和价值擦肩而过，对此的报应便是"生活的核心和意义总是一再从我们手边滑落；我们越来越少获得确定无疑的满

---

① 《马克思恩格斯全集》第46卷（下），人民出版社1980年版，第107页。

足，所有的操劳最终毫无价值可言"，我们这个时代充斥着"麻木不仁"的态度，"人们对于事物的微妙差别和独特性质不再能够做出感受同样细微的反应，而是用一种一律的方式，因而也是单调无味的，对其中的差别不加区别的方式，去感受所有一切。"① 这就是现代人生命感觉的钝化和萎缩。货币经济教会现代人如何分毫不差地估算每一种价值的价格，教会现代人如何在最高级和最低级事物面前保持同等程度的波澜不惊的心态，只是在某种事物与货币发生联系时，现代人才表现出"放荡不羁"的激情和"肆无忌惮"的潜力，除此之外的事物都无法引起现代人的重视。由此现代生活的内容越来越缺少内在的质地感，越来越没有个体灵魂的痕迹，人们体验的只是货币式的"躁动不安"和"狂热不休"，而在根基处，却是生命本身的无聊感和无意义感。

总之，消费主义的物欲维度遮蔽了人的生存的本真面相，对此我们应当坚持批判的态度和方式。不过消费主义在现代社会的盛行时刻提醒我们，当今的人们还是习惯于从"物"的维度来理解消费、理解生存，这反映出现代人的生存理念隐藏着极深的问题，乃至极深的危机，而这种危机只有当人们深刻地认识到自己消费的生存论性质的时候，才能加以破解和克服。当然，现代社会还没有为消费之生存论性质的普遍自觉创造出历史条件，但是社会历史运动必定会带来这一切。当历史条件成熟的时候，人们将不再从物欲维度寻找消费的依据和生存的意义，而是自然地看待和理解消费及其与生存之间的关系，消费将会成为"人的本质力量的新的证明和人的本质的新的充实"，这是现代消费方式的生存论转向所蕴含的根本性价值取向。

---

① 西美尔：《金钱、性别、现代生活风格》，学林出版社2000年版，第8~9页。

参考文献

一、中文部分

（一）

1. 马克思恩格斯选集（1~4卷）[M]．北京：人民出版社，1995.
2. 马克思恩格斯全集（第3卷）[M]．北京：人民出版社，1960.
3. 马克思恩格斯全集（第12卷）[M]．北京：人民出版社，1962.
4. 马克思恩格斯全集（第13卷）[M]．北京：人民出版社，1962.
5. 马克思恩格斯全集（第23卷）[M]．北京：人民出版社，1972.
6. 马克思恩格斯全集（第24卷）[M]．北京：人民出版社，1972.
7. 马克思恩格斯全集（第25卷）[M]．北京：人民出版社，1974.
8. 马克思恩格斯全集（第46卷上）[M]．北京：人民出版社，1979.
9. 马克思恩格斯全集（第46卷下）[M]．北京：人民出版社，1980.
10. 马克思．1844年经济学哲学手稿[M]．北京：人民出版社，2000.
11. 列宁．列宁全集（第35卷）[M]．北京：人民出版社，1989.
12. 邓小平．邓小平文选（第2卷）[M]．北京：人民出版社，1994.
13. 邓小平．邓小平文选（第3卷）[M]．北京：人民出版社，1993.
14. 中国共产党第十七次全国代表大会文件汇编[M]．北京：人民出版社，2007.

（二）

1. 陈庆德，马翀炜．文化经济学[M]．北京：中国社会科学出版社，2007.
2. 陈昕．救赎与消费——当代中国日常生活中的消费主义[M]．南京：江苏人民出版社，2003.
3. 韩庆祥．人学——人的问题的当代阐释[M]．昆明：云南人民出版社，2001.

4. 何中华. 哲学: 走向本体澄明之镜 [M]. 济南: 山东人民出版社, 2002.
5. 胡大平. 崇高的暧昧——作为现代生活方式的休闲 [M]. 南京: 江苏人民出版社, 2002.
6. 胡慧林, 李康化. 文化经济学 [M]. 上海: 上海文艺出版社, 2003.
7. 厉以宁. 资本主义的起源——比较经济史研究 [M]. 北京: 商务印书馆, 2004.
8. 刘森林. 辩证法的社会空间 [M]. 长春: 吉林人民出版社, 2006.
9. 刘森林. 重思发展——马克思发展理论的当代价值 [M]. 北京: 人民出版社, 2003.
10. 刘晓枫. 现代性社会理论绪论 [M]. 上海: 上海三联书店, 1998.
11. 鲁品越. 资本逻辑与当代现实——经济发展观的哲学沉思 [M]. 上海: 上海财经大学出版社, 2006.
12. 陆扬. 大众文化研究 [M]. 上海: 上海三联书店, 2001.
13. 罗钢, 刘象愚. 文化研究读本 [M]. 北京: 中国社会科学出版社, 2000.
14. 罗钢, 王中忱. 消费文化读本 [M]. 北京: 中国社会科学出版社, 2003.
15. 莫少群. 20 世纪西方消费社会理论研究 [M]. 北京: 社会科学文献出版社, 2006.
16. 南帆. 双重视域——当代电子文化分析 [M]. 南京: 江苏人民出版社, 2001.
17. 孙伯鍨, 张一兵. 走进马克思 [M]. 南京: 江苏人民出版社, 2001.
18. 汪晖, 陈燕谷. 文化与公共性 [M]. 北京: 三联书店, 1998.
19. 汪民安. 现代性基本读本 [M]. 郑州: 河南大学出版社, 2005.
20. 王成兵. 当代认同危机的人学解读 [M]. 北京: 中国社会科学出版社, 2004.
21. 王德胜. 扩张与危机——当代审美文化理论及其批评话题 [M]. 北京: 中国社会科学出版社, 1996.
22. 王宁. 消费社会学 [M]. 北京: 社会科学文献出版社, 2001.
23. 夏莹. 消费社会理论及其方法论导论 [M]. 北京: 中国社会科学出版社, 2007.
24. 徐贲. 走向后现代与后殖民 [M]. 北京: 中国社会科学出版社, 1996.
25. 许宝强, 汪晖. 发展的幻象 [M]. 北京: 中央编译出版社, 2001.
26. 仰海峰. 形而上学批判——马克思哲学的理论前提及当代效应 [M]. 南京:

江苏人民出版社，2006.

27. 仰海峰. 走向后马克思［M］. 北京：中央编译出版社，2004.
28. 衣俊卿. 文化哲学——理论理性和实践理性交汇处的文化批判［M］. 昆明：云南人民出版社，2001.
29. 衣俊卿. 现代化与日常生活批判［M］. 北京：人民出版社，2005.
30. 于文秀. "文化研究"思潮导论［M］. 北京：人民出版社，2002.
31. 袁贵仁. 价值学引论［M］. 北京：北京师范大学出版社，1991.
32. 袁贵仁. 价值观的理论与实践［M］. 北京：北京师范大学出版社，2006.
33. 张曙光. 生存哲学——走向本真的存在［M］. 昆明：云南人民出版社，2001.
34. 张雄，鲁品越. 中国经济哲学评论［M］. 北京：社会科学文献出版社，2005.
35. 张天勇. 社会符号化［M］. 北京：人民出版社，2008.
36. 张一兵，蒙木桂. 神会马克思［M］. 北京：中国人民大学出版社，2004.
37. 张一兵. 文本的深度耕犁——西方马克思主义经典文本解读（第1卷）［M］. 北京：中国人民大学出版社，2004.
38. 赵剑英，庞元正. 马克思哲学与中国现代性建构［M］. 北京：社会科学文献出版社，2006.
39. 郑红娥. 社会转型与消费革命——中国城市消费观念的变迁［M］. 北京：北京大学出版社，2006.
40. 邹诗鹏. 生存论研究［M］. 上海：上海人民出版社，2005.

（三）

1. 阿伯克龙比. 电视与社会［M］. 张永喜，鲍贵，陈光明译. 南京：南京大学出版社，2002.
2. 阿多诺. 否定的辩证法［M］. 张峰译. 重庆：重庆出版社，1993.
3. 阿尔都塞. 保卫马克思［M］. 顾良译. 北京：商务印书馆，2006年.
4. 巴特. 流行体系——符号学与服饰符码［M］. 敖军译. 上海：上海人民出版社，2000.
5. 鲍曼. 个体化社会［M］. 范祥涛译. 上海：上海三联书店，2002.
6. 鲍曼. 流动的现代性［M］. 欧阳景根译. 上海：上海三联书店，2002.
7. 鲍曼. 现代性与矛盾性［M］. 邵迎生译. 北京：商务印书馆，2003.
8. 鲍曼. 自由［M］. 杨光，蒋焕新译. 长春：吉林人民出版社，2005.

9. 贝尔. 资本主义文化矛盾 [M]. 赵一凡, 蒲隆, 任晓晋译. 北京: 三联书店, 1989.

10. 贝克, 吉登斯, 拉什. 自反性现代化: 现代社会秩序中的政治、传统与美学 [M]. 赵文书译. 北京: 商务印书馆, 2001.

11. 本雅明. 摄影小史: 机械复制时代的艺术作品 [M]. 王才勇译. 南京: 江苏人民出版社, 2006.

12. 波德里亚. 象征交换与死亡 [M]. 车槿山译. 南京: 译林出版社, 2006.

13. 波德里亚. 消费社会 [M]. 刘成富, 全志钢译. 南京: 南京大学出版社, 2000.

14. 波兹曼. 娱乐至死 [M]. 章艳译. 桂林: 广西师范大学出版社, 2004.

15. 博德里亚尔. 完美的罪性 [M]. 王为民译. 北京: 商务印书馆, 2000.

16. 布迪厄. 艺术的法则: 文学场的生成和结构 [M]. 刘晖译. 北京: 中央编译出版社, 2001.

17. 布罗代尔. 15至18世纪的物质文明、经济和资本主义（第1卷）[M]. 施康强, 顾良译. 北京: 三联书店, 1992.

18. 布罗代尔. 资本主义的动力 [M]. 杨起译. 北京: 三联书店, 1997.

19. 布希亚. 物体系 [M]. 林志明译. 上海: 上海人民出版社, 2001.

20. 德波. 景观社会 [M]. 王昭凤译. 南京: 南京大学出版社, 2006.

21. 杜宁. 多少算够: 消费社会与地球未来 [M]. 毕聿译. 长春: 吉林人民出版社, 1997.

22. 凡勃伦. 有闲阶级论 [M]. 蔡受百译. 北京: 商务印书馆, 1964.

23. 费瑟斯通. 消费文化与后现代主义 [M]. 刘精明译. 南京: 译林出版社, 2000.

24. 弗洛姆. 爱的艺术 [M]. 陈维纲等译. 成都: 四川人民出版社, 1986.

25. 弗洛姆. 健全的社会 [M]. 蒋重跃等译. 北京: 国际文化出版公司 2003.

26. 弗洛姆. 在幻想锁链的彼岸 [M]. 张燕译. 长沙: 湖南人民出版社, 1986.

27. 弗洛姆. 占有还是生存 [M]. 关山译. 北京: 三联书店, 1988.

28. 哈贝马斯. 现代性的哲学话语 [M]. 曹卫东等译. 南京: 译林出版社, 2004.

29. 哈维. 后现代的状况 [M]. 阎嘉译. 北京: 商务印书馆, 2003.

30. 赫舍尔. 人是谁 [M]. 隗仁莲译. 贵阳: 贵州人民出版社, 1994.

31. 霍克海默, 阿多诺. 启蒙辩证法 [M]. 洪佩郁, 蔺月峰译. 重庆: 重庆出版社, 1990.

32. 吉登斯.现代性的后果［M］.田禾译.南京：译林出版社,2000.

33. 吉登斯.现代性与自我认同［M］.赵旭东,方文译.北京：三联书店,1998.

34. 加塞特.大众的反叛［M］.刘训练,佟德志译.长春：吉林人民出版社,2004.

35. 杰姆逊.后现代主义与文化理论［M］.唐小兵译.北京：北京大学出版社,1997.

36. 堺屋太一.知识价值革命［M］.黄晓勇,韩铁英,刘大洪译.北京：东方出版社,1986.

37. 凯恩斯.就业利息和货币通论［M］.徐毓译.北京：商务印书馆,1963.

38. 凯尔纳,贝斯特.后现代理论［M］.张志斌译.北京：中央编译出版社,2004.

39. 康德.实践理性批判［M］.关文运译.桂林：广西师范大学出版社,2002.

40. 里泽.麦当劳梦魇——社会的麦当劳化［M］.容冰译.北京：中信出版社,2006.

41. 凯夫斯.创意产业经济学：艺术的商业之道［M］.孙绯等译.北京：新华出版社,2004.

42. 卢卡奇.关于社会存在的本体论（下）,白锡堃,张西平,李秋零等译.重庆：重庆出版社,1993.

43. 卢卡奇.历史与阶级意识［M］.杜章智,任立,燕宏远译.北京：商务印书馆,1992.

44. 卢瑞.消费文化［M］.张萍译.南京：南京大学出版社,2003.

45. 马尔库塞.单向度的人——发达工业社会意识形态研究［M］.刘继译.上海：上海译文出版社,2006.

46. 哈里斯.文化人类学［M］.李培茱,高地译.北京：东方出版社,1988.

47. 麦克法奈尔,费正清.剑桥中华人民共和国史（1965~1982）［M］.谢亮生译.北京：中国社会科学出版社,1990.

48. 米瑟斯.自由与繁荣的国度［M］.韩光明等译.北京：中国社会科学出版社,1994.

49. 莫斯可.传播：在政治和经济的张力下［M］.胡正荣译.北京：华夏出版社,2000.

50. 亚里士多德.尼各马科伦理学［M］.苗力田译.北京：中国人民大学出版社,2003.

51. 奈特罗其, 奈仁. 法国 1968: 终结的开始 [M]. 赵刚译. 北京: 三联书店, 2001.

52. 齐泽克. 意识形态的崇高客体 [M]. 季广茂译. 北京: 中央编译出版社, 2002.

53. 奇波拉. 欧洲经济史第二卷: 十六和十七世纪 [M]. 贝昱, 张菁译. 北京: 商务印书馆, 1988.

54. 奇波拉. 欧洲经济史第一卷: 中世纪时期 [M]. 徐璇译. 北京: 商务印书馆, 1988.

55. 桑巴特. 奢侈与资本主义 [M]. 王燕平, 侯小河译. 上海: 上海人民出版社, 2005.

56. 舍勒. 价值的颠覆 [M]. 罗悌伦等译. 北京: 三联书店, 1997.

57. 斯塔夫里阿诺斯. 全球通史 [M]. 吴象婴, 梁赤民译. 上海: 上海社会科学院出版社, 1999.

58. 泰勒. 现代性之隐忧 [M]. 程炼译. 北京: 中央编译出版社, 2001.

59. 泰罗. 科学管理原理 [M]. 曹丽顺译. 北京: 中国社会科学出版社, 1984.

60. 汤林森. 文化帝国主义 [M]. 冯建三译. 上海: 上海人民出版社, 1999.

61. 汤普森. 意识形态与现代文化 [M]. 高铦等译. 南京: 译林出版社, 2005.

62. 托克维尔. 旧制度与大革命 [M]. 冯棠译. 北京: 商务印书馆, 1992.

63. 托克维尔. 论美国的民主 [M]. 董果良译. 北京: 商务印书馆, 1988.

64. 韦伯. 新教伦理与资本主义精神 [M]. 于晓, 陈维纲译. 北京: 三联书店, 1987.

65. 西美尔. 货币哲学 [M]. 陈戎女, 耿开君, 文聘元译. 北京: 华夏出版社, 2002.

66. 西美尔. 金钱, 性别, 现代生活风格 [M]. 顾仁明译. 上海: 学林出版社, 2000.

67. 西美尔. 时尚的哲学 [M]. 费勇等译. 北京: 文化艺术出版社, 2001.

68. 詹明信. 晚期资本主义的文化逻辑 [M]. 陈清侨译. 北京: 三联书店, 1997.

69. 詹姆逊. 文化转向 [M]. 胡亚敏等译. 北京: 中国社会科学出版社, 2000.

(四)

1. 鲍曼. 消费主义的欺骗性 [N]. 中华读书报, 何佩群译. 1998-6-17.

2. 陈芬. 消费主义的伦理困境 [J]. 伦理学研究, 2004, (5).

3. 成伯清. 消费主义离我们有多远? [J]. 江苏行政学院学报, 2001, (2).

4. 樊小贤. 试论消费主义文化对生态环境的影响 [J]. 社会科学战线, 2006, (4).

5. 丰子义. 关于财富的尺度问题 [J]. 哲学研究, 2005, (6).

6. 高丙中. 西方生活方式研究的理论发展叙略 [J]. 社会学研究, 1998, (3).

7. 郭莲. 文化的定义与综述 [J]. 中共中央党校学报, 2002, (1).

8. 韩庆祥, 邹诗鹏. 当代哲学的主题形态何以是人学?——我们的哲学观 [J]. 社会科学战线, 2001, (3).

9. 何建华. 消费正义：建设节约型社会的伦理基础 [J]. 浙江社会科学, 2005, (5).

10. 何清涟. 由"有闲阶级"所引发的关于财富和贫困的思考 [J]. 读书, 1998, (2).

11. 胡建. 西方消费主义对我国青少年的影响及其对策研究 [J]. 贵州师范大学学报（社会科学版）, 2005, (4).

12. 黄力之. 消费主义文化的挑战与西方马克思主义的突围 [J]. 社会科学, 2008, (8).

13. 金元浦. 谁在出售商品阅听人? [J]. 读书, 1999, (7).

14. 李立. 自由与耽溺：从后现代伦理学到消费社会的审美实践 [J]. 河南师范大学学报（哲学社会科学版）, 2009, (1).

15. 里夫金. 技术渗滴和市场现实 [J]. 现代外国哲学社会科学文摘, 1998, (3).

16. 刘冠君. 论消费社会审美时尚的运行机制 [J]. 求索, 2008, (2).

17. 刘桂茹. 底层：消费社会的另类符码 [J]. 东南学术, 2006, (5).

18. 刘丽娟. 解读消费社会语境中的广告观 [J]. 大众文艺（理论）, 2008, (11).

19. 刘明艳. 消费主义文化价值观在我国的历史际遇 [J]. 西安电子科技大学学报（社会科学版）, 2004, (3).

20. 刘晓君. 全球化过程中的消费主义评说 [J]. 青年研究, 1998, (6).

21. 卢风. 论消费主义价值观 [J]. 道德与文明, 2002, (6).

22. 卢翎. 消费主义的都市文学想象 [J]. 河南师范大学学报（哲学社会科学版）, 2008, (2).

23. 卢卫斌. 大众消费主义时代青年群体正确消费观的德育培养 [J]. 社会心理科学, 2006, (3).

24. 马雪芹. 明清黄河水患与下游地区的生态环境 [J]. 江海学刊, 2001, (5).

25. 毛勒堂. 超越消费主义 [J]. 思想战线, 2006, (2).

26. 毛世英. 消费主义与可持续发展观的冲突分析 [J]. 沈阳师范大学学报（社会科学版）, 2004, (6).

27. 申霞艳. 消费社会的文学生产 [J]. 文艺争鸣, 2009, (2).

28. 孙玉霞. 生态学语境中的消费主义文化审视 [J]. 江西社会科学, 2008, (7).

29. 田婷婷. 消费主义与我国社会转型下的电视剧 [J]. 安徽文学（下半月）, 2008, (8).

30. 王清清. 当代中国电视剧的消费主义批判 [J]. 中国电视, 2007, (11).

31. 王雨辰. 消费批判与人的解放——评西方生态学马克思主义对消费主义价值观的批判 [J]. 哲学动态, 2009, (1).

32. 徐贲. 当今社会的现代犬儒主义 [J]. 时代潮, 2001, (17).

33. 徐岿然. 西方消费社会的资本—符号迷宫及其逻辑关系 [J]. 长白学刊, 2008, (3).

34. 晏辉. 消费正义及其相关问题 [J]. 社会科学辑刊, 2007, (4).

35. 燕道成. 电视剧的女性主义，消费主义及后现代主义——《绝望主妇》的多维解析 [J]. 中国石油大学胜利学院学报, 2008, (4).

36. 殷晓蓉. 法兰克福学派与美国传播学 [J]. 学术月刊, 1999, (2).

37. 于秀珺. 论媒介与消费主义的合作范式——理解媒介与消费主义关系的第三种视角 [J]. 大众文艺（理论）, 2008, (9).

38. 张曙光. 当代中国语境中的生存哲学 [J]. 天津社会科学, 2000, (3).

39. 张筱薏. 消费·消费文化·消费主义——从使用价值消费到符号消费的演变逻辑 [J]. 学术论坛, 2006, (9).

40. 张志丹. 历史唯物主义视阈中的消费社会批判 [J]. 马克思主义研究, 2008, (8).

41. 赵力. 审美与消费相关问题研究 [J]. 南方论丛, 2006, (4).

42. 郑也夫. 消费主义批判 [J]. 书摘, 2008, (3).

43. 郑永奎. 消费正义与人的存在和发展 [J]. 东北师大学报（哲学社会科学版）, 2002, (4).

44. 朱生坚. 消费文化与日常生活的审美 [J]. 黑龙江社会科学, 2007, (5).

二、英文部分

1. Jean Baudrillard, Selected Writings, Ed. Mark Poster, Standford University Press, 1988.
2. Jean Baudrillard, Simulacra and Simulation, The University of Michigan Press, 1994.
3. Davis Joseph, Identity and Social Change, Transaction Publishers, New Brunswick, 2000.
4. Leslie Sklair, Sociology of the Global System, Harvester Wheatsheaf, 1991.
5. James Houston, The Heart's Desire, a Guide Personal Fulfillment, A Lion Book, Oxford Batavia Sydney, 1992.

后 记

本书是在我的博士论文基础上修改而成的。回想博士论文的写作过程，从最初选题的宏大抱负到中间写作的苦思冥想，再经过反复修改的百转回合，直至完稿时的诚惶诚恐，我理解了师兄们曾说过的"写作博士论文就是一场炼狱"的含义。对于论文的质量，自己心里不敢有任何奢望，但是，论文的整个写作过程我是认认真真地走了一遍，在这艰辛的求索过程中，不仅浮躁的心平静了下来，而且对于生命的意义和价值也有了更为深切的领悟，恐怕这是比单纯的论文写作更为重要的事情。

在此，我要感谢我的导师袁贵仁教授，蒙老师不弃，得以受教于门下。尽管老师的行政事务异常繁忙，但老师还是抽出时间为我的论文把脉，从论文的写作方向、选题确定，到章节安排、修改完稿，老师都给出了关键性意见，这些都打破了我自己的自以为是，促使我一步步深入到问题的实质。老师高屋建瓴的观察力、直击要害的洞察力和对马克思主义的真诚信仰，以及为人称道的人品，将始终是我人生道路上不断前行的榜样和动力。

对本书写作和修改产生直接影响的还有李景源研究员、丰子义教授、杨耕教授、张曙光教授、宫玉宽教授、邹吉忠教授、贺金瑞教授、廖申白教授、崔新建教授、朱红文教授、晏辉教授、吴向东教授、沈湘平教授、兰久富副教授、张立波副教授，对他们的关怀和教诲，一并致以衷心谢意。尤其是吴向东教授和沈湘平教授，既是我的老师，也是我的师兄，他们不仅对本书的写作给予了悉心指导，而且在日常生活中给予了我许多的关怀和帮助，这些都令我终生难忘。

在三年的博士学习生活当中，北京师范大学的各位领导、老师和同学也给予了我许许多多的帮助。感谢邹兴明博士、毛殊凡博士、邢云文博士、夏庆波博士、王葎博士、李海青博士，他们是我的师兄师姐，都已经走上了繁忙的工作岗位，但他们仍然经常关心我的学习和生活情况，尽可能地帮助我这个师弟。感谢我的大学和研究生同学们，他们以不同的方式帮助和支持着我，尤其是徐伟波、姜文博、陈国强、李建芳、孟庆玉、杜恒林、李新伟、高宁、田率、李冠福、郑伟。同时感谢王媛博士给予我的无私的友情援助，她为我借阅和复印了大量文献资料，极大地促进了本书的写作。

本书的出版得到了张金良先生的支持和帮助，没有他的推荐和相助，此书难以如此之快地面世。同时还要感谢《中国社会科学文摘》《马克思主义研究》《马克思主义与现实》《哲学动态》《自然辩证法研究》《上海交通大学学报》等刊物，通过它们，本书的很多部分已经先期发表。

最后，我要特别感谢我的父母和妻子，没有他们的理解和支持，我不可能完成本书的写作。这些年我把大部分时间都用在了教学和科研上，疏忽了对他们的关照，欠下的亲情太多，我会在今后的岁月里好好弥补。

鲍金

2016年8月